데이터로 보는 한국 정치의 놀라운 진실

바보 선거

데이터로 보는 한국 정치의 놀라운 진실

바보 선거

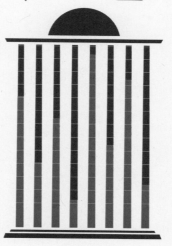

| 최광웅 |

국내 1호 데이터 정치평론가

아카넷

선거철이 되면 망국적인 지역 연고투표를 배격해야 한다는 당위론이 판을 치지만 정작 개표결과를 보면 지역주의 투표행태가 나아지지 않는다. 이 책은 당위가 아닌 실리에 입각한 투표가 어떻게 나와 지역, 국가를 발전시킬 수 있는지 실례를 통해 보여준다. 많은 정치학자가 그동안의 선거 데이터를 토대로 표심 왜곡을 지적하며 선거구제 개편을 주장해왔다.

이 책은 저자가 국민의 다양한 정치적 욕구로 표현되는 다당제는 국민에게 어떻게 구체적인 이익을 주는 것인지, 그리고 경쟁이 사라진 양당제의 폐해는 무엇인지에 대해서도 구체적인 사례를 통해 설득력 있게 제시한다. 무엇보다 이 책의 가장 큰 장점은 청와대, 국회, 정당에서 풍부한 국정경험을 쌓은 저자가 그 특유의 성실함과 꼼꼼함으로 오랫동안 정치현장을 누비며 체득한 생생한 체험이 녹아있는 '선거 이야기'를 쉽게 풀어놓은 데 있다. 막연한 정치학 교재보다는 정치현장의 살아있는 이야기가 눈에 쏙쏙 들어와 책 읽는 재미를 선사한다.

정당정치가 국민의 신뢰를 회복하기 위해서는 정당정치가 제대로 자리 잡아야 한다. 대의민주주의인 정당정치가 제대로 잡기 위해선 풀뿌리민주주의와 상향식 공천만이 국민의 지지를 받는다는 저자의 지적은 정치 불신의 시대에 던지는 아주 시의적절한 메시지이다.

— 김부겸 (전 국회의원)

이 책은 오랫동안 정치현장에 몸을 담았던 저자의 통찰력과 데이터를 모으는 저자의 부지런함이 빚어낸 책이다. 한국선거와 관련된 서적이 대부분 여론조사 통계와 그래프로 가득 차 있는 것과 달리, 이 책은 선거에 출마했던 사람의 이야기가 있다. 이 때문에 정치학을 전공으로 하는 학자는 물론, 정치 지망생, 그리고 일반 독자에게도 선거현장에 대해 좋은 길라잡이가 될 것이다. 또한 이 책은 지역주의 투표가 지역 발전에 도움이 되지 않음을, 풀뿌리에서부터 커온 지역 인재들이 선거경쟁력이 있음을 생생한 자료를 통해 보여줌으로써 한국 정치가 가야 할 방향을 제시하고 있다. 대통령제나 양당제, 그리고 선거구제에 대해 모은 광범위한 자료는 저자의 평가에 동의하지 않는 독자도 일독할만하다.

—김민전(경희대 후마니타스 칼리지 교수)

최광웅 데이터정치연구소 소장을 알고 지낸 지도 벌써 11년이 넘었다. 그 사이 노무현 정부 청와대 과학기술 인사행정관에서 국내 제1호 데이터 정치평론가로 변신에 성공했다. 2012년부터 '청색기술연구회'에서 함께 차세대 성장 동력을 궁리하면서 그의 성실성과 직관력에 놀란 적이 한두 번이 아니다. 이처럼 부지런하고 사려 깊은 그가 젊은 시절부터 정치 일선에서 축적한 선거 관련 '빅 데이터'를 바탕으로 집필한 이 책의 초고를 받아보면서 새로운 세상을 꿈꾸는 그의 뜨거운 열망에 얼마나 가슴이 뭉클했는지 모른다. 미래의 25만 독자 여러분도 나와 똑같은 마음일 것이라고 확신한다.

— 이인식(지식융합연구소장, 과학칼럼니스트)

우리가 꿈꾸는 희망의 정치는 가능한가?

우리 국민은 선거의 홍수 속에서 살고 있다. 잊을 만하면 찾아와 전국을 떠들썩하게 만들고 신문과 방송을 도배하니 도저히 관심을 두지 않을 수가 없다. 국회의원을 뽑는 총선이 4년마다 찾아오고 대통령선거도 5년이면 어김없이 해야 한다. 2012년처럼 총선과 대선을 같은 해에 치르는 경우도 20년마다 생긴다. 총선 사이에 지방선거가 또 4년 주기로 있으니 2년에 한 번씩은 나라 전체가 선거로 들썩이게 된다. 여기에 매년 보궐선거가 빠지지 않고 등장해 사실상 선거 없이 지나가는 해가 한 번도 없을 지경이다.

최근 5년 사이에 우리나라에서는 보궐선거를 포함해 총 14회의 선거가 치러졌다. 이처럼 빈번하게 치르는 선거에서 유권자인 국민은 자신을 대신해 국가대사를 결정할 인물을 뽑고 그들이 나라와 지역과 자신을 위한 발전기회를 만들어 주리라 기대하며 살아간다.

1948년 제헌국회 구성을 시작으로 이런 선거를 계속해왔으니 우리의 선거 역사도 70년이 다 돼간다. 그동안 우리 국민이 투표로써 보여준 의사결정의 내용은 과연 어떤 것이었을까? 도대체 우리 국민은 지혜롭게 투표에 임했으며 그 결과 유권자가 기대한 대로 나라가 발전하고 지역 경제가 살아날 수 있는 기회를 얻었을까?

필자는 과거의 선거 데이터와 국내외 관련 자료들을 통해 이를 직접 확인해 보기로 했다. 그리고 이러한 데이터를 통해 우리가 평소에 간과하고 있던 중요한 사실들을 확인할 수 있었다. 예를 들어 1971년 박정희(朴正熙)-김대중(金大中) 후보가 맞붙은 제7대 대선에서는 적어도 오늘날과 같은 영남이나 호남 몰표는 없었다. 제8대와 10대 총선에서는 야당인 신민당이 부산에서, 민주공화당이 전남에서 더 많은 당선자를 배출했다. 또한 1987년 직선제 대통령선거 부활과 1988년 국회의원 소선거구제가 도입된 이후의 선거 결과와 이와 관련된 각종 여론조사 수치들을 따져보니 우리가 상식으로 알고 있던 것과 다른 사실들이 많았다.

이런 데이터를 통해 필자는 우리 국민이 투표를 통해 이루고자 한 열망의 근원을 조금이나마 읽을 수 있었고, 이를 따라간다면 앞으로 우리 정치와 선거가 어떻게 진화해야 할지 이해할 수 있을 것 같았다. 국내 1호 데이터 정치평론가를 자처하고 나선 것도, 그간의 분석 결과를 모아 이 책을 펴낸 것도 이런 이유와 목적 때문이다.

우리 국민은 투표를 하면서 습관처럼 당연하게 생각하는 것들이 있다. 그 대표적인 몇 가지 사례를 살펴보자. 첫째, 유권자들은 영호남의 지역대결 구도 속에서 자기 지역 연고정당 후보에게 투표하면 당연히 그 지역이 다른 지역보다 발전할 것이라고 믿고 있다.

이것이 사실이라면 적어도 박정희 시절부터 전두환(全斗煥), 노태우

(盧泰愚)를 거쳐 현재의 박근혜(朴槿惠) 대통령을 배출한 대구경북 지역은 우리나라에서 가장 발전된 지역경제를 보여주어야 옳다. 김대중과 노무현(盧武鉉) 대통령을 절대적으로 지지하여 승리를 일궈낸 호남 역시 그에 상응하는 보상을 받았어야 마땅하다. 그 정도는 아니더라도 호남 유권자가 매번 민주당과 새정치연합을 절대적으로 지지한 최소한의 대가는 확보해야 맞다. 반면에 만년 들러리 신세였던 충청권은 가장 낙후된 지역으로 남아 있어야 한다. 과연 이 세 지역의 실상은 어떤가?

40년 권력을 누려온 대구 경제를 보자. 20년째 꼴찌에서 제자리걸음을 하고 있다. 농민 수 최고를 자랑하는 경북의 농가소득도 중위권 이하에서 맴돌고 있다. 지난 2012년 18대 대선에서 대구경북 유권자들은 80.5%의 몰표로 박근혜 후보를 지지했지만 20년째 꼴찌인 지역소득 수준은 변하지 않고 있다. 호남은 또 어떤가? 2002년 대선에서 노무현 후보에게 93.2%의 몰표를 주면서 민주정부 10년의 역사를 이어갔지만 호남 경제는 오히려 곤두박질쳤다.

여태껏 새누리당만 지지하고 평생을 민주당만 찍어왔지만, 경쟁이 없는 판에서 대구경북과 호남은 자기 지역의 이익을 챙기지 못했다. 이에 비하면 충청도 유권자들은 대단히 현명했다. 충청도 유권자들은 선거 때마다 지지정당을 바꾸어가며 자신들의 권리를 극대화해왔다. 지금 대한민국에서 지역경제가 가장 꽃피고 있는 곳은 바로 직선 대통령 한 명 배출하지 못한 대전충청 권역이다.

여야를 막론하고 기득권이라고 하는 20세기 낡은 유령이 공정한 경쟁을 가로막고 있다. 정치권에서 말하는 이른바 친박 기득권과 친노 기득권이 바로 그것이다. 이것을 깨뜨려야 지역이 발전하고 정치가 바로 선다. 개개인 유권자에게도 좋은 일이자 나라 발전에도 도움이 되는 너무나 쉬운 일이다. 이 사실을 현명한 유권자가 자각하는 순간, 20대 총선에서는 그동안 경쟁이 없었던 TK와 호남이 함께 손잡고 생산적인 경쟁에 나서는, 새로운 선거 혁명이 시작될 것이다. 아무 의미도 성과도 없는 연고주의의 망령을 뿌리치고 지역을 살리고 정치를 선진화하는 뜻깊고 값진 한 표를 행사해야 한다.

둘째, 우리 국민은 양당체제가 당연한 것이고 정치안정에도 도움이 되기 때문에 늘 양당구조를 지향하는 투표를 해왔다고 알고 있다. 하지만 이 또한 사실과 다른 인식이다. 우리 국민은 과거 선거에서 여러 차례에 걸쳐 사실상 다당제를 선택하는 투표결과를 만들어냈다. 하지만 이런 투표결과가 다당제로 이어지지 못한 것은 우리 선거제도 때문이었다. 아무리 유권자가 여러 당에 분산된 지지의사를 표명하더라도 왜곡된 선거제도가 그것을 양당제로 수렴해버리기 때문이다.

흔히 양당체제가 가장 안정적이고 그래서 가장 선진화된 정치제도라고 믿는 국민이 많다. 이는 매우 편향된 미국식 사고이고 그릇된 선입견이다. 1인당 GDP 5만 달러가 넘는 15개 선진국 중에서 양당제를 채택한 나라는 미국이 유일하다. 정치가 발전된 나라일수록 다당제를 통해 대화와 타협의 연합정치를 일상화하며 사회 각계각층의 요구를 담아내고 있다.

우리의 헌정사를 보더라도 다당 구도가 성립한 때 오히려 민주주의와 민생을 활짝 꽃피웠다. 대통령직선제 개헌 쟁취, 지방자치선거 부활, 집회 및 시위에 관한 법률 개정, 전 국민 국민연금 시행, 전 국민 건강보험 시대 개막, 고용보험제도 도입은 모두 3~4당 체제 때 입법이 이루어졌다.

그러나 두 거대 정당이 완충지대 없이 격렬하게 맞설 때는 세계인에게 부끄러운 여의도 정치사를 써내려왔다. 전기톱과 해머, 심지어 최루탄까지 등장한 이른바 육탄전 장면은 외국 언론이 우리 국회의 후진성을 인용하며 자주 보도하는 TV 자료 화면이다. 지방자치선거 실시촉구 단식농성, 사학법 개정반대 53일 장외투쟁, 세월호특별법 제정요구 36일 장외투쟁 및 단식 등도 모두 양당체제에서 발생한 사건들이다. 양당제를 기반으로 최고 권좌에 오른 역대 대통령들은 모두 비참한 최후를 맞거나 본인 또는 가족이 감옥에 다녀와야 했다.

그러니 이제부터는 개헌을 통해 권력을 나누고 선거구제 개편으로 국민의 의사를 적확하게 반영해야 한다. 그리고 2016년 20대 총선이야말로 그동안 정치시장을 지배해온 두 거대 독점정당 체제의 해체를 알리는 신호탄이 되어야 한다. 이제는 우리도 선진화된 새로운 국회의 역사를 써나갈 때가 되었다.

셋째, 정치전문가부터 일반인에 이르기까지 많은 사람들이 선거 때만 되면 선거연대로 양강구도를 만들어내야 유리하다고 믿고 기계적인 연대구도에만 집착한다. 이 또한 데이터를 통해 다시 살펴보면 전혀 그렇지 않은 경우가 많았다. 예를 들어 중도개혁을 표방하는 민주당 계열 정당과 진보정당 간 선거연대가 항상 필승을 담보하지는 않았다.

2012년 18대 대선은 진보정의당 심상정(沈相奵), 통합진보당 이정희(李正姬) 등 두 후보가 차례로 사퇴하며 13대 대선 이후 진보계열 후보가 없는 최초의 선거였지만, 결과는 문재인(文在寅) 단일후보의 3.5%포인트 차이 패배였다. 2014년 지방선거도 경기도와 부산에서 통합진보당 후보들의 막판 사퇴로 양자 구도가 성립됐지만, 야권 단일후보가 각각

0.87%포인트와 1.31%포인트 차이로 석패했다.

그러나 16대 대선에 출마한 노무현 대통령은 권영길(權永吉) 후보의 연이은 출마로 상당한 표가 잠식됐음에도 불구하고 당선에는 지장이 없었다. 2014년 지방선거 때 재선 도전에 나선 최문순(崔文洵) 강원지사는 통합진보당 후보가 1만 5,000여 표를 가져갔음에도 여당 후보를 1만 2,000여 표 차이로 따돌렸다. 역시 같은 해 연임 도전에 나선 이시종(李始鍾) 충북지사도 통합진보당 후보가 2.56%를 빼갔어도 2.07%포인트 차이의 승리를 지켜냈다.

이처럼 선거는 무엇보다 자기의 힘으로 치르는 것이 기본이다. 실력 있는 후보를 내세우고 후보 자신도 진정성을 가지고 유권자에게 다가서야 승리의 기초가 다져진다. 이것 없이는 야권 연대도 후보 단일화도 절대 필요충분조건이 되지 못한다는 사실을 알아야 한다.

필자는 지방자치선거 부활 25주년을 맞는 해에 치러지는 2016년 20대 총선이 풀뿌리 출신 정치인들의 경연장이 될 것이라고 예상한다. 지방의원과 자치단체장을 지내며 탄탄한 경험과 지역연고를 갖춘 이들이야말로 국회의원이 될 자질과 자격을 충분히 갖췄다고 할 수 있다. 실제로 최근 풀뿌리 출신 후보들의 당선이 지속적으로 늘고 있다.

초창기 지방의원·자치단체장 출신들의 공천에 인색했던 새누리당은 지금 총 60명의 풀뿌리 출신 국회의원을 배출하며 풀뿌리 정당임을 입증하고 있다. 15대 총선에서 지방의원 출신을 최초로 국회의원에 당선시킨 야당(민주당/새정치민주연합)은 지금은 오히려 40명밖에 없어 새누리당에 뒤지고 있다. 특히 2014년 7·30 재·보선에서는 풀뿌리 출신 당선자 수가 1명 대 4명으로 새누리당에 크게 밀리고 말았다.

정치의 중심이 이제 서서히 여의도에서 지방으로 바뀌고 있다. 그 주역은 결코 화려하지는 않지만 지역을 꿋꿋하게 지켜온 '작은 DJ', '작은 박정희'들이다. 야당의 거물급 인사를 꺾거나 수도권 야당 강세 지역에서 새로운 신화를 써내려가는 새누리당의 정치신인들은 오랫동안 주민과 호흡해온 지역일꾼들이다.

선거 때만 되면 공천심사위원으로 참여하는 외부 정치학자들은 여전히 명망가들의 경쟁력을 주장하지만 정작 지역활동가와 풀뿌리 정치인들의 성적표는 점점 좋아지고 있다. 이런 성과를 만들어낼 수 있었던 훌륭한 시스템은 다름 아닌 상향식 공천이다. 이 점에서 적어도 조직노선만큼은 새누리당이 야당보다 훨씬 혁신적이고 개방적이다. 2015년 1월 현재 새누리당의 선출직 지도부는 놀랍게도 3분의 2가 지방자치단체장과 지방의원 출신들이다.

2012년 총선과 대선, 2014년 지방선거 등 3대 선거 때 투표에 참여한 유권자는 평균 2,500만 명이다. 이 책은 그 1%인 25만 명에게 과거의 데이터가 주는 정치교훈을 전달하는 것이 목표다. 25년 가까이 정치권 또는 그 주변에서 일해 온 필자는, 적극적인 자원봉사활동으로 선거운동에 참여하거나 혹은 후원금 모금에 동참하거나 지지 후보에게 좋은 정책 아이디어를 제공하는 자발성을 보이는 열성 유권자의 숫자가 약 25만 명 정도라고 본다. 따라서 이들 25만 명의 마음을 얻는다는 것은 곧 선거에서 훌륭한 후보를 모두 국회의원에 당선시킬 수도 있다는 의미가 있다.

필자에게는 대한민국 정치를 근본적으로 바꾸고 싶은 간절한 바람이 있다. 뿌리 깊은 지역주의를 기반으로 하는 거대양당 독과점 체제, 그

안에서도 기껏해야 친박과 친이, 친노와 비노라는 하청 독과점의 영역 다툼만 있을 뿐, 국민의 고된 삶과 하등 관계가 없는 그들만의 정치는 이제 사라져야 한다. 그래서 과거의 선거 데이터가 보여주는 아픈 교훈들을 통해 이제라도 여의도 정치를 탈출하라는 지상명령을 이 책에 담아 보고자 했다. 따라서 이 책을 사서 읽는 독자들이야말로 필자에게는 미래 희망정치를 꿈꾸는 깨어 있는 시민이자 정치개혁의 전사이고 동지들이다.

선거와 정치에서 민심을 반영하려는 노력은 지난 14대 총선 즈음부터 여론조사라는 이름으로 막대한 비용을 들이면서 진행되어 왔다. 현재 새정치연합 민주정책연구원이 연간 지출하는 여론조사 비용은 15억 원 내외이며, 새누리당 여의도연구원은 그 이상이다. 그러나 여론조사는 주로 큰 흐름만을 읽어낼 수 있을 뿐 다양하고 세밀한 변화 하나하나까지 밝혀내기가 사실상 불가능하다. 표본수가 너무 적고 오차범위를 허용하고 있으며 무엇보다도 변화무쌍한 민심을 읽는 적절한 수단인지 여부가 불분명하기 때문이다. 그런데 각종 선거결과 데이터를 종합하여 모든 정치현상을 해석해보면, 여론조사가 갖는 많은 한계를 보완할 수 있다. 수천만 원, 수억 원의 비용을 들이지 않고서도 미래의 선거 결과를 추정하기가 어렵지 않다. 여론조사 비용 때문에 높아진 정치신인의 진입장벽을 낮출 수도 있다.

2014년 7·30 재·보선은 11 대 4, 여당의 대승으로 막을 내렸다. 당초 많은 정치평론가들과 정당관계자들이 8 대 7 또는 9 대 6 결과를 점쳤다. 그러나 필자는 일관되게 개인 블로그를 통해 이정현 의원 당선을 예측했고, 새누리당의 수도권 압승 가능성까지도 전망했다. 그것은 역대 선거 결과를 분석한 선거 데이터를 차곡차곡 축적한 데 기인한 바 크다.

필자는 1987년 대선 이후 총선, 지방선거, 재·보궐선거 등 모든 선거 데이터를 축적해 놓고 하나하나 분석해 나가고 있다. 이를 토대로 한다면 대한민국 정치의 미래 예측이 상당 부분 가능하다고 생각한다. 나아가 국민에게 희망을 주는 정치를 어떻게 싹 틔울 수 있을지에 대한 해답까지도 찾을 수 있다고 기대한다. 2014년부터 데이터정치연구소를 열고 국내 1호 데이터 정치평론가로 활동하는 이유도 깨어 있는 더 많은 국민과 함께 우리 정치의 미래를 논하고 싶기 때문이다.

2015년 1월
파주에서
최광웅

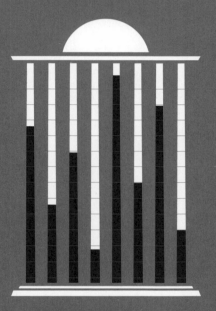

| 1장 |

인위적 양당제,
유권자 의사 아니다

철저히 배반당해온 대구경북과 호남 유권자들

국내 지방권역 중 경제 형편이 가장 나은 곳은 과연 어디일까? 1963
년부터 박정희, 전두환, 노태우, 이명박, 박근혜 대통령 등 네 명의 대통
령을 배출하며 무려 40년 이상 권력의 중심부에 서 있었던 대구경북, 즉
TK가 가장 낫지 않을까?

역설적이게도 대구경북 지역경제는 우리나라 지역경제권 중 꼴찌에
서 헤매고 있다. 그럼 최초의 평화적 정권교체를 통해 김대중 대통령을
배출했고 데릴사위 노무현 대통령을 만든 호남 경제는 어떨까? 슬프게
도 광주전라 경제도 피폐하기는 대구경북 못지않다. 특정 후보에 몰표
를 몰아주면서 정작 철저히 배반당해온 지역이 대구경북과 호남이라는
얘기다.

2012년 말을 기준으로 지역내총생산(GRDP, 시도 단위별 생산액, 물가 등

권역	수도권	PK	TK	대전충청	광주전라	강원	제주
인구비	47.37	15.71	10.21	10.27	10.31	3.02	1.14
GRDP 비중	48.21	17.02	9.32	12.33	9.73	2.46	0.92

(단위 : %, 출처 통계청)

기초통계를 바탕으로 일정 기간 동안 해당지역의 총생산액을 추계하는 종합경제지표)과 인구비중을 대비해 보면, 대구경북이 단연 최하위로 집계됐다. 다음으로 광주전라 권역이 꼴찌에서 두 번째다.

대구경북과 광주전라 지역은 지난 30년 동안 모든 선거에서 기호 1번 또는 2번만을 무조건적으로 지지해왔으며, 2012년 18대 대선에서도 박근혜, 문재인 두 후보가 80~90% 사이의 압도적 득표율을 올린 곳이다. 한마디로 경쟁 자체가 없는 특이한 지역이었다.

그러나 표에서 보듯 직선 대통령 한 명 배출한 적이 없는 대전충청이 지방권역(PK는 울산공단 때문에 GRDP 비중이 높아진다)에서는 유일하게 인구 대비 높은 지역소득을 구가하고 있다. 그 이유는 과연 무엇일까? 답은 바로 경쟁이었다. 총선 때마다 대전충청은 주인이 바뀌었다. 13대는 신민주공화당, 14대는 민자당, 15대와 16대는 자민련, 17대는 열린우리당, 18대는 자유선진당, 19대는 새누리당이 대전충청의 1당으로 올라섰다. 의석 25석을 차지하기 위해 각 정당은 갖은 지역발전 공약으로 충청 유권자들에게 구애해왔고, 그 결실이 오늘날 1인당 GRGP가 가장 높은 권역으로 당당하게 나타났다.

선거 때면 습관처럼 행해지는 투표지만 어떤 지역은 정당 간 경쟁을 유발해 발전의 모티브로 삼고, 어떤 지역은 맹목적인 연고 투표로 최악의 경제성적표를 받아들고 있다. 또다시 이런 투표행위를 반복할 것인가.

경제부국은 다당제다

우리가 지역연고에서 벗어나지 못하는 가장 큰 이유가 바로 양당제에 대한 맹신에 있다. 대다수 유권자들은 양당체제가 정치와 국정의 안정에 도움이 되고 선진국들은 모두 이런 양당체제를 통해 모범적이고 안정적인 정치질서를 만들었다고 생각한다. 하지만 이런 국민의 믿음은 사실과 다르며 따라서 크게 잘못된 것이다. 우선 선진국들이 어떤 정치체제를 가지고 있는지 들여다보자.

2014년 기준 1인당 GDP가 5만 달러가 넘는 나라는 모두 15개국이다. 이 중 산유국이면서 왕정인 카타르와 55년 1당 독재의 나라 싱가포르를 빼고 나면 다당제가 아닌 곳이 없다. 특히 서유럽 10개 나라는 제도적으로 정당득표율로 의석을 나누는 비례대표제를 시행하거나 중대선거구제 또는 양자를 혼합하는 방식의 선거제도를 채택하고 있다. 필자는 이런 다당제 시스템이 21세기 복잡다기한 사회의 다원적 이해와 요구를 충실하게 반영해내는 데 훨씬 유리하다고 생각한다.

대통령중심제 국가인 미국만이 유일하게 공화당과 민주당이 선거 결과에 따라 번갈아가며 정부를 맡는 양당제를 한다. 그러나 독자들은 미국의 정치에 대해 한 가지 알아야 할 것이 있다. 미국은 크로스보팅이 자유롭기 때문에 고전적 의미의 양당제라기보다는 오히려 의회와 행정부 간 견제와 균형이 확립된 나라라는 중요한 사실 말이다. 이것은 우리가 생각하는 기득권을 다투는 식의 양당정치와는 거리가 멀다.

그렇다면 앞서 말한 잘사는 나라의 정당제도는 과연 어떻게 운영되고 있을까? 세계 최고의 1인당 GDP를 자랑하는 룩셈부르크는 정당별 비례대표 방식으로 의회를 구성한다. 지난 2013년 총선에서는 자유당, 사회당, 녹색당 등 3당 연합이 과반수 의석을 차지함으로써 집권 기독사회당을 제치고 19년 만의 정권교체에 성공했다.

1인당 GDP가 10만 달러에 육박하는 노르웨이 역시 2013년 총선에서 보수당, 진보당, 기독민주당, 자유당 등 우파연합 네 당이 노동당, 사회주의좌파당, 중도당 등으로 구성된 중도좌파 연정을 누르고 8년 만에 정권을 탈환했다. 노르웨이는 선거구당 4~15명을 선출하는 중대선거구제에 약간 명의 비례대표를 가미한 혼합형 선거구제이기 때문에 제도적으로 다당 출현은 필연적이다.

8만 달러가 넘는 1인당 GDP를 보이는 스위스 하원은 주별로 비례대표의원을 선출하는데 2011년 총선 결과 일곱 개 정당이 난립하였다. 우파인 국민당을 비롯하여 중도우파의 기민당과 급진자유당, 그리고 시민민주당이 골고루 의석을 차지하였다. 이어서 중도좌파계열인 사민당과 자유녹색당, 그리고 좌파인 녹색당 등도 두 자릿수 의석을 나누어가졌다.

다음으로 5만~6만 달러대의 고소득을 올리는 10개 국가는 호주, 덴마크, 스웨덴, 미국, 네덜란드, 오스트리아, 아일랜드, 캐나다, 핀란드, 아이슬란드 순이다. 미국을 제외하면 모두 다당제 나라들이다.

소선거구제를 실시하는 호주는 의원의 대표성을 보완하는 방법으로 결선투표 대신 선호투표제를 채택하고 있다. 선호투표란 유권자가 지지

〈표 2〉 경제 선진국의 주요 정당수

국가명	룩셈부르크	노르웨이	스위스	호주	덴마크	스웨덴	미국	네덜란드	오스트리아	아일랜드	캐나다	핀란드	아이슬란드
정당수	6	7	7	3	7	8	2	6	5	4	3	8	7

후보 한 명만 찍는 것이 아니라 출마한 모든 후보에게 지지하는 순서대로 번호를 매기도록 하는 방식이다. 이렇게 해서 1순위로 지지한 표만을 집계하여 가장 득표수가 적은 후보의 표를 2순위 지지후보에게 넘겨서 다시 집계하고 과반수 득표자가 나올 때까지 같은 집계방식을 계속 적용해 최종 당선자를 가리는 투표제도다. 호주의 경우는 2013년 총선에서 국민당과 연합한 자유당이 노동당을 누르고 6년 만에 정권교체를 이뤄냈다. 소선거구제에 비례대표까지 없는 여건이지만 호주는 그래도 주요 3당이 정립 중이다.

　우리나라는 2004년 열린우리당 총선후보 경선에서 이런 방식을 부분적으로 도입한 적이 있었는데, 당시 1차 개표에서 3위에 그쳤던 무명의 정봉주(鄭鳳柱) 후보를 결국 17대 국회의원으로 당선시키며 전국적인 스타로 만들어준 바 있다. 그는 한국외대 재학 중 시위를 주동하고 징역 1년 6개월을 선고 받아 복역했고, 출감 후에는 월간 「말」지 기자 등으로 활동했다. 17대 국회의원 재임 중 BBK진상조사단장을 맡아 이명박 후보의 BBK의혹을 지속적으로 제기한 혐의로 기소되어 대한민국 정치인 사상 최초로 만기 출소하는 아픔을 겪기도 했다. '정봉주와 미래권력들'이라는 그의 팬클럽은 정치인으로서는 이례적으로 20만 명 이상의 회원을 보유하고 있으며, 그 역시 '정봉주의 전국구'라는 팟캐스트를 운영하

홍성교도소를 만기 출소하는 정봉주 전 의원

며 왕성한 활동을 벌이고 있다. 한편 2014년 7·30 재보선 당시에도 새정치연합 순천곡성 후보경선을 치르며 정봉주 전 의원과 같은 방식을 적용한 적이 있다.

정당비례득표율로 의석을 배분하는 덴마크는 항상 여섯 개 내외의 정당이 난립하며 연정을 통해 정부를 구성한다. 2011년 총선에서는 사민당을 중심으로 한 좌파 진영이 사회자유당, 사회주의 인민당, 적녹연맹당 등과 연합하여 집권 우파연정의 자유당, 보수당, 국민당을 누르고 10년 만에 정권을 되찾았다.

스웨덴도 2014년 9월 실시된 총선에서 사회민주주의 계열 세 개 정당이 중도우파 계열 네 개 정당에 근소하게 앞서며 정권을 교체했다. 그러나 2008년 글로벌 금융위기 이후 '자국민 우선주의'라는 구호를 내걸고 급격하게 당세를 확장해온 극우파 민주당도 13% 득표율로 약진했다. 민주당은 4년 전 의회 진입 당시보다 두 배 이상인 47석을 획득했다. 물론 이는 비례대표 방식의 다당제였기 때문에 가능한 일이었다.

대선거구별로 비례대표 의원을 선출하는 네덜란드는 2012년 총선에서 중도우파 성향의 집권 자민당과 중도좌파 성향의 노동당이 약진했다. 극우파인 자유당은 의석을 크게 잃었고 좌파인 사회당은 현상 유지에 그쳤다. 대신 기민당과 녹색당이 의석을 배정받았다. 한편 2006년 총선에서 "동물 거세를 폐지하고 동물 학대죄 처벌 강화"를 주장하며 세계 최초로 두 명이 의회에 진출, 주목을 받은 바 있는 '동물보호당'도 기존 의석을 유지했다.

비례대표제를 실시하는 오스트리아 하원은 2013년 총선에서 집권세력인 중도좌파 사민당과 중도우파 국민당이 간신히 과반수를 확보해 대연정을 이어갔지만, 극우정당인 자민당의 약진이 두드러졌다. 이는 유럽에서 부는 우경화의 바람 때문이었다.

중선거구제를 하는 아일랜드는 2011년 총선에서 제1야당인 통일아일랜드당이 대승을 거뒀다. 통일아일랜드당은 영국과의 화해와 타협을 모색해온 정당으로 오랫동안 아일랜드 정부를 맡아왔다. 집권 공화당은 노동당에 이어 3당으로 전락했다.

호주와 함께 영연방에 속한 캐나다는 영국 제도를 그대로 본떠 비례대표 없는 소선거구제를 운영하지만 늘 자연스럽게 여러 개의 정당이 출현한다. 2006년 총선에서 보수당에 밀려나 2당이 된 자유당은 2011년 총선 때 34석으로 밀리며 의석의 3분의 2가 날아갔다. 그 자리를 대신한 정당은 보다 좌파적인 목소리의 신민주당이었다. 퀘벡 주 분리를 주장해온 퀘벡당도 53석에서 49석을 잃고 단 4석으로 오그라들었다. 보수당은 단독으로 과반수를 채우며 재집권에 성공했다.

유일하게 대선거구제를 실시하는 핀란드는 2011년 총선에서 중도우파 성향의 국민연합이 44석을 얻어 제1당으로 새롭게 올라섰다. 이에 따라 국민연합은 사민당, 좌파연합, 녹색당, 스웨덴당, 기민당 등과 함께 대연정을 구성한다. 기존 여당인 중도당은 35석을 획득해 제4당으로 추락했고, 극우정당 '진짜 핀란드인'당은 39석을 차지해 창당 이래 최초로 제3당의 위치를 차지하게 되었다.

정당비례대표로 의석을 배분하는 아이슬란드는 2013년 총선 개표 결과, 중도우파인 독립당과 진보당 연합이 각각 19석을 확보하면서 과반수를 차지했다. 이들은 4년 전 총선 때 좌파 연정인 녹색당과 사회민주당에 정권을 내준 바 있다. 또한 창당 70년이 넘는 독립당은 처음으로 빼앗겼던 의회 1당의 지위도 탈환했다. 한편 관심을 끄는 대목은 창당 5개월 만에 해적당이 5.1% 득표율로 원내 진입에 성공했다는 것이다. 온라인상 사생활 보호와 정보의 자유 등을 공약으로 내걸은 아이슬란드 해적당이 지방의회가 아닌 중앙의회에 진출한 것은 이때가 처음이었다.

앞에서 살펴보았듯이 연정이 기본이고 좌·우파 대연정도 자연스러운 서유럽 내각제는 이제까지의 정치학 이론을 바꾸어 놓고 있다. 소수파 정부는 내각의 지속성이 약하고 불안정하며 비효율을 낳을 수 있다는 것이 지금까지 우리 사회의 통설이었다. 그렇기 때문에 그 대안으로 대통령제나 이원집정부제를 주장하는 학자들이 많았던 게 사실이다. 그러나 내각제는 그 특성상 승자독식이 아니라 타협과 협상에 의하여 과반수 의석을 만들어내야 하는 구조다. 다수가 찬성해야 권력을 획득할 수 있는 구조이기 때문에 비단 선거 결과에 의해서만이 아니라 정당간의 연대에 의해 대표성이 더 강화될 수 있다는 장점을 부자나라들의 오랜 제도 운영 결과가 입증하고 있다.

멈추지 않는 막장 드라마

이번에는 반대로 접근해보자. 양당제를 채택하는 나라들에서는 어떤 일들이 벌어지고 있을까? 전통적인 양당제의 나라 영국과 가끔 해외토픽에 나오는 대만 의회를 한번 들여다보자.

우리 국회는 1999년부터 모범 의원을 뽑아 라용균(羅容均) 제헌의원의 아호를 딴 백봉신사상을 수여하고 있다. 국회부의장을 역임한 백봉은 런던대학에서 수학한 영국 신사였다. 그런데 일반 국민의 인식처럼 과연 영국의회는 신사적으로 운영되고 있을까?

영국은 1970년대만 하더라도 개별 의원들 사이 폭력사태가 종종 발생했다. 지금도 의회 회의장 안에서는 거침없는 비난 세례를 어렵지 않게 들을 수 있다. 이 때문에 미국의 외교전문지 〈포린폴리시Foreign Policy〉는 2009년 한국, 대만, 우크라이나, 호주와 함께 영국의회를 '세계에서 가장 무질서한 5대 의회'로 꼽기도 했다.

영국의회는 회기 중 매주 수요일 낮 12시부터 30분 동안 총리가 직접 출석하는 PMQs(Prime Minister's Questions : 총리에 대한 질문, 우리나라 국회의 대정부질문과 유사함)가 열리는데, 국가 중대사나 정책에 대하여 야당 지도자와 의원들의 질문에 대답하고 논쟁을 벌인다. PMQs는 매우 시끄러운 분위기에서 진행되는 경우가 많다. 총리가 답변하거나 야당 대표가 질문할 때 상대 당 의원들이 단체로 야유를 보내기도 하고 때로는 같은 당 의원들이 응원의 함성소리를 지르기도 한다.

TV로 생중계되는 이 PMQs에서는 야당 의원이 면전에서 총리를 조롱하는 일도 흔하다. 마거릿 대처(Margaret Hilda Thatcher) 총리 시절 노동당의 토니 뱅크스 의원이 대처에게 "섹스에 굶주린 보아뱀"이라고 말해도 무사했고, 고든 브라운(Gordon Brown) 전 총리는 "스탈린과 미스터 빈(영국 코미디프로 주인공) 사이를 오락가락 한다"는 빈정거림까지 들었다. 데이비드 캐머런(David Cameron) 현 총리도 에드 밀리밴드(Edward Samuel Miliband) 노동당 대표로부터 "총리가 싸움을 걸고 싶어서 환장했다"는 극언을 들어야 했다. 오죽하면 2014년 2월 존 버커우(John Bercow) 하원의장이 "본회의장에서 토론을 방해하는 의원들의 야유와 소란행위를 추방하겠다"며 주요 정당 대표들에게 서한을 보내기까지 했을까.

영국은 비례대표 없이 소선거구에서 다수득표자를 뽑는 선거방식이다. 따라서 오랫동안 보수당과 노동당이 병립하는 양당체제로 운영되어 왔다. 바로 이 양당제가 신사의 나라 영국의회를 무질서와 혼란에 빠뜨리고 있는 것이다. 그런데 다행인 것은 2010년 총선 결과 총 650석 중 보수당 306석, 노동당 258석, 자민당이 57석으로 나타나 과반수 정당 없이 보수당 소수파 정부가 자민당과 연정을 출범시킨 것이다. 완충지대가 생김으로써 극한대결은 피할 수 있게 되었다. 영국에서 제3당이 약진한 것은 80년 만의 일이다. 앞으로 영국 의회에서는 어떤 변화가 생겨날지 두고 볼 일이다.

이번에는 외신에서 자주 접하는 대만 의회를 살펴보자. 1988년 장징궈(蔣經國, 중화민국 초대 총통인 장제스蔣介石의 아들) 총통 사망으로 계엄령이 해제되면서 합법화된 대만 야당은 전투적인 방식으로 의회투쟁을 전개했다. 그러나 이를 막는 40년 집권 국민당의 격렬한 저항도 만만치 않았다.

1990년 대만의회에서는 사상 최악의 폭력사태가 발생했다. 국민당은 공무원의 고용, 급여 체계, 실력본위의 승진제도 등에 관한 세 개의 법안을 야당의 반대를 무릅쓰고 통과시킨다. 우리의 국회의장에 해당하는 입법원장이 50여 명의 경찰까지 동원, 날치기 처리하자 민주진보당(민진당) 의원들은 단상을 향해 돌진하다 이를 저지하는 경찰과 뒤엉켜 거친 몸싸움을 벌였다. 1996년에도 입법원장 선출을 위한 임시회가 소집됐으나 야당의원들이 임시의장의 등단을 봉쇄했다. 이 과정에서 의원 40여명이 몇 시간 동안 뒤엉켜 서로 차고 때리고 물어뜯기까지 하는 폭력사태가 전개되었다.

2009년 여성의원 추이잉은 상대 당 의원의 따귀를 때려 법원으로부터 구류 30일을 선고 받고 철창신세를 지기도 했다. 2013년 8월에도 원자력발전소 추가건립 문제로 여야가 맞붙은 가운데 급기야 헬멧을 쓰고 동료의원에게 물을 뿌려대는 의원까지 등장했다. 이들은 서로 의사봉을 차지하기 위해 씨름을 하듯 육탄전을 벌였다. 당시에 이 광경을 대만 TV가 그대로 생생하게 방영했다.

2000년 총통선거에서 민진당 천수이볜(陳水扁)으로 평화적 정권교체가 이루어졌고, 2008년 다시 국민당 마잉주(馬英九)로 정권교체가 이루어진 대만은 아직은 여전히 정치 후진국이다. 의원 선출은 73명의 소선거구제 지역구와 33명의 전국구를 기본으로 소수의 원주민을 배려하는 방식이다. 국민당과 민진당 양당체제가 생겨날 수밖에 없는 선거제도다.

완충지대가 없어 생기는 폐해

우리나라 국회의 모습도 아름답지 못한 경우가 많았다. 그런데 이를 자세히 들여다보면 뭔가 구분되는 점이 있다. 다름이 아니라 우리 한국 국회도 양당체제로 구성되었을 때는 날치기, 몸싸움, 단식, 장외투쟁 등이 다반사였다는 사실이다. 16대 이후 현 19대 국회까지 과연 우리 국회가 어떤 모습이었는지 그 생생한 현장을 한번 들여다보기로 하자.

16대 국회는 외환위기로 의원 정수를 273명으로 줄였다. 총선 결과 한나라당 133석, 새천년민주당 115석 등 양당체제가 만들어졌다.(자유민주연합의 의석이 세 석 모자라자 공동 여당인 새천년민주당이 의원 네 명을 꿔주며 교섭단체가 결성되도록 하는 편법을 쓰기도 했지만 선거결과만 놓고 보면 양당체제였다) 새천년민주당의 의원수가 적었지만 출범 당시에는 여당인 새천년민주당 출신 이만섭(李萬燮) 의원이 국회의장을 차지했다.

의원들은 중립적인 국회 운영을 위해 국회의장의 당적보유를 금지시켰고, 표결 시 의장의 전횡 방지를 위해 '표결할 때에는 의장이 표결할 안건의 제목을 의장석에서 선포'하도록 규정했다. 본회의장 복도 또는

〈표 3〉 16대 총선 결과 정당별 의석수

정당명	한나라당	새천년민주당	자유민주연합	민주국민당	기타·무소속	합계
지역구	112	96	12	1	6	227
전국구	21	19	5	1		46
계	133	115	17	2	6	273

(단, 교섭단체는 20석 이상, 이하 같음)

심지어 본회의장이 아닌 별도의 장소에서 변칙 처리하던 관행을 막기 위한 장치였다. 그럼에도 불구하고 16대 국회는 많은 오점을 남겼다. 그 중 하나가 사상 유래가 없는 두 번의 검찰총장 탄핵 추진이다.

2000년 한나라당은 총선 불공정 수사와 관련해 박순용(朴舜用) 검찰총장 탄핵안을 제출하였다. 이만섭 국회의장이 본회의에 보고한 후 국회법에 따라 자동 폐기되었는데, 야당 의원들은 의장 사퇴와 대통령 사과를 요구하며 본회의장을 점거하고 농성하였다. 2001년에도 진승현, 정현준, 이용호 등 이른바 3대 게이트 사건을 축소수사하고 법사위에 불출석했다는 이유로 신승남(愼承男) 총장 탄핵안이 발의되어 투표 절차에 들어갔다.

16대 국회는 인사청문회법 제정으로 공직자 인사청문회 제도를 도입했는데 여기서 또 문제가 발생했다. 재·보선을 통해 거야 세력으로 자리 잡은 한나라당이 제도가 도입되자마자 장상(張裳), 장대환(張大煥) 총리 후보자를 잇달아 부결시키는 위력을 발휘한 것이다. 결국 정치권의 이해관계와 노선의 차이로 인해 새천년민주당의 일부 의원이 열린우리당으로 이탈하는 등 여야 간 극한 대립과 갈등 속에서 대통령 탄핵이라는 헌정사상 전대미문의 사건을 경험한 국회가 바로 16대 국회였다. 탄핵안 처리 당시의 본회의장 난투극은 지금도 두고두고 우리 국회의 후진성 자료화면으로 방영되고 있다.

17대 국회는 최초로 민주당 계열이 의석 과반수를 차지하며 출발했지만 역시나 바람 잘 날이 없었다. 2004년 정기국회가 시작되자마자 대통령과 여당 내 강경파 의원들이 국가보안법 폐지 추진을 천명하였는데, 이 해 한나라당 대표에 취임한 박근혜 의원은 "직을 걸고라도 막아

〈표 4〉 17대 총선 결과 정당별 의석수

정당명	열린우리당	한나라당	민주노동당	새천년민주당	기타·무소속	합계
지역구	129	100	2	5	7	243
비례대표	23	21	8	4		56
계	152	121	10	9	7	299

내겠다"고 언급하였다. 결국 12월부터 이듬해 2월까지 한나라당은 3개월 간 국회를 공전시키며 중앙당사에 '국가수호비상대책위원회' 현판을 내걸고 장외투쟁에 돌입, 끝내 승리로 마무리한다.

　1년 뒤에도 열린우리당이 개방형 이사제 도입을 골자로 하는 사학법 개정을 강행 처리하자 박근혜 대표는 의원들을 이끌고 장외로 나갔고 국회는 53일 간 개점 휴업상태에 빠졌다. 전효숙(全孝淑) 헌법재판소장 후보자 임명처리안의 본회의 상정이 네 차례나 무산된 것도 2006년의 일이다. 예정된 표결 하루 전날 한나라당이 본회의장을 점거하였고, 열린우리당도 청와대와 갈등관계에 빠지면서 결국 노무현 대통령은 103일 만에 지명을 철회하였다.

　18대 국회는 "국민도 속고 나도 속았다"는 유명한 친박 공천학살 일

〈표 5〉 18대 총선 결과 정당별 의석수

정당명	한나라당	통합민주당	자유선진당	친박연대	민주노동당	창조한국당	무소속	합계
지역구	131	66	14	6	2	1	25	245
비례대표	22	15	4	8	3	2		54
계	153	81	18	14	5	3	25	299

화 속에서 한나라당이 근소하게 과반수를 확보하면서 통합민주당과 양당체제를 형성했다. 군소정당이 여럿 등장했지만 교섭단체에는 모두 미달이었다. 18대 국회는 시작부터 말 그대로 '전투'였다. 2008년 12월 한미FTA 비준동의안이 상정되자 야당의원 보좌진이 외교통일위원회 회의장문을 해머로 부수고, "매국 협상"이라고 외치는 야당의원들이 본회의장 문을 전기톱을 이용해 잘라냈다. 한나라당은 회의실 문을 걸어 잠그고 가구를 모아 바리케이드를 쳤으며, 소화기와 소방호스까지 동원해 격렬한 몸싸움을 벌이며 막아냈다.

이 안건은 마침내 2011년 11월 22일 개회 4분 만에 처리된다. 여당 단독으로 취재조차 허용하지 않은 가운데 이루어진 비공개 회의에 홀로 참여한 민주당 강기정(姜琪正) 의원이 트위터로 현장을 중계했고, 민주노동당 김선동(金先東) 의원은 최루탄을 터트렸다가 재판에 넘겨져 끝내 의원직을 상실한다.

18대 국회의 최대의 오점을 남긴 사안은 2009년 7월 처리된 방송법 등 7개 언론관계법 처리다. 여야 모두가 본회의장을 동시에 점거하고 여당이 직권상정 등 온갖 무리수 끝에 강행처리한 이 법들은 처리 과정에서 '위법' 논란을 불러왔다. 출석하지 않은 의원이 대리투표를 하고, 다

〈표 6〉 19대 총선 결과 정당별 의석수

정당명	새누리당	민주통합당	통합진보당	자유선진당	무소속	합계
지역구	127	106	7	3	3	246
비례대표	25	21	6	2		54
계	152	127	13	5	3	300

른 의원 자리에서 버젓이 재투표를 하는 장면이 CCTV에 고스란히 포착되었다. MBC 노조위원장과 사장 출신의 최문순 의원과 천정배(千正培), 장세환(張世煥) 의원이 의원직 사퇴서를 제출하고 국회의장실을 점거하는 한편, 민주당을 중심으로 한 야당은 시민단체와 함께 '언론악법 원천무효 언론장악 저지 100일 행동'을 조직하고 장외에 나가 서명운동과 시위 등을 전개했다.

또한 2011년과 2012년에는 연속해서 정부예산안이 합의 처리가 되지 않아 여당이 날치기를 강행하는데, 이로 인해 손학규(孫鶴圭) 민주당 대표는 두 해 모두 연말연시를 전국을 돌며 장외투쟁을 벌여야 했다.

새누리당과 민주통합당이 팽팽하게 맞선 19대 국회도 극한 대결은 계속되었다. 2013년 당대표에 취임한 민주통합당 김한길 의원은 대표적인 온건 합리주의자였지만, 국가정보원 대선개입 의혹사건 진상규명국정조사특위가 증인채택 문제로 파행을 거듭하자 결국 서울시청으로 향한다. 국정원 개혁을 위한 국민운동본부를 설치하고 시민단체가 주도하는 촛불집회에도 합류했다.

천막당사 장외투쟁은 55일 간 계속됐고 국정감사 기간 중에도 원내외 투쟁은 병행되었다. 2014년 4월 세월호 사건이 발생하자 안철수 신당과의 합당으로 새로 탄생한 새정치민주연합은 특별법 제정을 둘러싸고 36일 간 국회를 공전시켰다. 경제부총리와 대통령이 차례로 나서 민생법안 처리를 주문하고 나섰지만 요지부동이었다. 이 과정에서 문재인 전 대선후보는 세월호 유족 김영오 씨 곁을 지키며 동조단식에 나섰다.

이상에서 살펴보았듯이 최근의 우리 헌정사를 보면 완충지대가 없이 직접 맞대결이 이루어지는 양당체제 속에서 극단적인 선택이 유난히 많았다. 어떻게든 통과시키려는 여당은 민생이라는 이름으로 포장하지만 대개 이념적 성격이 뚜렷한 법률이거나 혹은 주된 지지층의 이해관계를 대변해야 할 때 이런 격렬한 충돌이 발생하곤 했다.

국가보안법, 사학법, 언론관계법 등이 그것이고 한미 FTA 비준동의안도 마찬가지다. 2014년 기나긴 줄다리기 끝에 통과시킨 세월호특별법도 야당에게는 지지층의 결집이지만, 여당 입장에서는 지지층의 반대가 완강했던 사안이다. 이렇듯 국민 전체를 보지 않고 자기 지지층만을 의식하는 양당 대결구도 속에서는 결코 희망을 주는 정치가 실현될 수 없다.

막장 드라마를 끝내려면 국민이 선택한 제3신당이 있어야

그렇다면 양당구도가 아닌 시절의 우리 정치 모습은 어떠했을까? 우리나라는 소선거구제를 실시하지만 양당구도가 아닌 다당제가 출현한 경우가 많았다. 1980년대 이후 국내 정치사에서 제3신당이 성공한 사례는 모두 네 차례 있었다. 1985년 12대 총선을 앞두고 정치활동이 금지되었던 구 신민당 인사들이 해금되자 이들은 다시 모여서 신한민주당(신민당)을 창당했다. 이들은 관제야당인 민주한국당(민한당)을 쓰러뜨리고

〈표 7〉 12대 총선 결과 정당별 의석수

정당명	민주정의당	신한민주당	민주한국당	한국국민당	기타·무소속	합계
지역구	87	50	26	15	6	184
전국구	61	17	9	5		92
계	148	67	35	20	6	276

투쟁하는 야당으로 거듭나고자 했다. 이들의 대부분은 김대중과 김영삼 (金泳三)계의 야권 정치인들이었다.

선거 25일 전에 급조된 신민당이었지만 선거기간 중에 많은 군중을 동원하고, 특히 방학으로 여유 있던 다수의 대학생들이 자원봉사자로 참여하면서 승기를 잡을 수 있었다. 베이비 붐 세대의 편입에 힘입은 이들 젊은이는 당시 전체 유권자의 약 60%를 차지하고 있었다. 무려 84.6%라는 높은 투표율 속에서 신민당은 수도권과 대도시를 중심으로 압승하며 단숨에 제1야당으로 도약한다.

대통령직선제 개헌과 언론기본법 폐지, 군의 정치적 중립, 지방자치제 조기실시 등을 요구하며 전두환 군사정권 공격에 앞장선 신민당은 선명한 투쟁성을 내세워 전국적으로 29.3%의 득표율을 올리면서 67석을 확보해 35.2%의 민정당을 바짝 추격했다. 1980년 봄 이후 억눌려왔던 민주화에 대한 열망이 제3신당인 신민당 지지로 표출된 것이다. 온건한 타협정당 민한당은 19.7%의 득표율로 35석 확보에 머물렀다.

이후 신민당은 민한당을 흡수하며 100석이 넘는 거대 야당으로 재탄생해 다시 양당체제로 복귀했지만, 1988년 13대 총선 결과는 다시 네 당이 경합하는 다당제를 만들어냈다. 이 선거에서 여당인 민주정의당이

〈표 8〉 13대 총선 결과 정당별 의석수

정당명	민주정의당	평화민주당	통일민주당	신민주공화당	기타·무소속	합계
지역구	87	54	46	27	10	224
전국구	38	16	13	8		75
계	125	70	59	35	10	299

125석을 얻은 가운데 야당인 평화민주당이 70석, 통일민주당은 59석, 신민주공화당은 35석을 얻었다. 야 3당의 의석수 합계가 여당을 넘어선 것이다.

헌정 사상 최초의 여소야대이자 다당체제로 출범한 13대 국회는 국민에게 많은 이익을 가져다주었다. 야권 3당이 결속하여 지방자치법을 통과시킴으로써 오늘날 지방자치시대를 활짝 열어젖혔고, 남북교류협력에 관한 법률을 제정하여 꽁꽁 얼어붙은 남북관계에 화해 분위기를 조성했다.

악법 중 악법이라는 집회 및 시위에 관한 법률을 개정하여 집회와 결사의 자유에 대한 규제를 완화한 것도, 국회법을 개정하여 청문회 제도를 도입한 것도 바로 1988년, 13대 국회에서 이루어진 일이었다. 이 해에는 또 노무현, 이철(李哲), 김광일(金光一), 이해찬(李海瓚) 등 청문회 스타를 탄생시킨 5공 비리 청문회와 5·18 광주민주화운동 청문회, 그리고 언론통폐합 청문회가 개최되었다. 이처럼 13대 국회에서 의미 있는 활동상을 만들어낼 수 있었던 근본적인 힘은 바로 합의제 대의정치에서 나왔다. 한편 복지국가에 눈을 뜬 13대 의원들은 1988년 의료보험을 5인 이상 사업장과 농촌지역으로 확대시켰고, 이듬해에는 도시지역까지

〈표 9〉 14대 총선 결과 정당별 의석수

정당명	민주자유당	민주당	통일국민당	기타·무소속	합계
지역구	116	75	24	22	237
전국구	33	22	7		62
계	149	97	31	22	299

〈표 10〉 15대 총선 결과 정당별 의석수

정당명	신한국당	새정치국민회의	자유민주연합	통합민주당	무소속	합계
지역구	121	66	41	9	16	253
전국구	18	13	9	6		46
계	139	79	50	15	16	299

넓혀서 국민건강보험시대를 활짝 열어젖혔다.

14대 국회는 정주영(鄭周永) 회장이 통일국민당을 만들어 일약 31석의 의석으로 정국 운영의 한 축을 담당한다. 12, 13대 국회에 이어 또다시 제3신당에 의한 다당제가 출현한 것이다. 14대 국회에서도 많은 입법성과가 각 당의 합의로 처리되었다. 주요 법률로는 우선 전기통신의 감청과 우편물의 검열 등은 그 대상을 한정하고 엄격한 법적 절차를 거치게 하는 통신비밀보호법개정안이 의원입법으로 발의되었다. 이는 본격적인 PC통신 시대를 맞아 이에 대비하기 위한 법률이었다.

성폭력범죄가 흉포화하고 집단지능화됨에 따라 처벌 규정을 신설 또는 강화하는 성폭력범죄의 처벌 및 피해자보호 등에 관한 법률을 제정한다. 그리고 13대 국회부터 논의가 시작된 사회보장에 대한 개념을 명확히 하고 국가의 의무 등을 규정하기 위하여 사회보장기본법안을 제정하였다. 이 법에는 "모든 국민이 인간다운 생활을 할 수 있도록 최저 생활을 보장하고 사회공동체의 참여가 가능하도록 개개인의 생활수준을 향상시킴으로써 복지사회를 실현하는 것을 사회보장제도의 기본이념으로 한다"고 되어 있다. 오늘날 복지국가의 초석이 바로 이때 만들어진 것이다.

15대 국회 역시 다당제의 모습으로 출범했다. 이 선거에서는 충청권에 기반을 둔 자유민주연합이 새로 등장했다. 개원 당시 여소야대로 출발한 15대 국회는 도중에 DJP연합으로 역사적인 정권교체를 맞이했지만, 새로 출범한 여당의 사정은 그리 녹록치가 않았다. 의석수에서 안정과반수에 한참을 못 미치는 상황이었기 때문이다. 따라서 여야 간 협력정치는 필수불가결이었다.

15대 국회는 1988년 국정감사 및 조사에 관한 법률 제정 이후 가장 많은 23건의 활발한 국정조사 요구건수를 기록하였다. 15대 총선 공정성시비 진상규명, 한보사건 진상규명, IMF원인규명, 조폐공사 파업유도 진상규명, 언론대책 문건 진상규명 등의 특위를 여야 합의로 구성하고 활동에 들어갔다. 또한 여야 의원들은 의욕적인 입법 활동에도 많은 성과를 남겼다. 의원발의 법률안은 총 1,144건에 461건이 가결되었는데, 14대 국회가 남긴 321건 발의와 119건 가결에 비하면 엄청난 증가세다.

대표적인 복지관련 입법은 국민기초생활보장법 제정이다. 이는 1997년 이후 외환위기를 계기로 사회안전망의 정비가 우리 사회의 중심과제로 등장하면서 저소득층 국민에게 국가가 생계·교육·의료·주거·자활 등에 필요한 경비를 제공하는 공공부조를 제도적으로 보장하기 위한 목적이었다.

부끄러운 최초의 기록들

하지만 총체적으로 볼 때 우리의 헌정사는 그리 아름다운 모습이 아니다. 국민이 아직 기억에 담아두고 있을 최근 4반세기의 역사만 돌아봐도 그 부끄러움을 감출 수가 없다. 다당제를 만들어낸 선거 결과를 무시하고 정치권은 스스로 편리한 숫자를 만들어내는 합종연횡의 정당사를 써내려갔다. 덕분에 국민은 헤아리기 힘든 수많은 당명을 선거 때마다 신문을 통해 접해야 했다.

최근의 사정만 봐도 새누리당이 2012년 등장했으며, 바로 2014년에는 새정치민주연합이 국민 앞에 선보였다. 그때마다 거대 양당으로 패를 가르고 세를 모아 소속된 정당을 중심으로 여의도 전투를 이어갔다. 우리 정치가 선진화를 이루기 위해 넘어야 할 산이 아직 높은 것이다. 이번에는 선거 결과를 무시하고 각 정당이 어떻게 거대 정당을 향한 세 모으기에 나섰으며, 그 결과 국회는 얼마나 파행과 대결로 치달았는지 살펴보자. 그 첫 도화선은 1990년 이른바 3당 합당이라는 모습으로 등장한다.

1990년 1월 민정당 총재인 노태우 대통령과 통일민주당 김영삼 총재, 그리고 신민주공화당 김종필(金鍾泌) 총재는 기습적인 3당 합당을 발표한다. 이로써 민주자유당은 216석(총 의석 299석 대비 72.2%)의 거대 여당으로 탄생, 유신시대 때도 없었던 헌정사상 초유의 '숫자 정치'를 이어나간다. 당시의 사건들을 여기서 간략히 한번 살펴보기로 하자.

1990년 7월 박준규(朴浚圭) 의장으로부터 사회권을 넘겨받은 YS계 김재광(金在光) 부의장은 민자당 의원석에서 갑자기 일어나 쟁점 법안 26개를 일괄 상정하더니 불과 30초 만에 통과시켰다. 이 날은 날치기 역사상 최초로 무선 마이크가 사용되었다. 의장석이 아닌 일반 의원석에서 처리한 것도 처음이었다.

그러나 이는 서곡에 불과했다. 이듬해 5월에는 국가보안법과 경찰법

수정안을 신민당과 민주당의 반대 속에 박준규 의장이 역시 35초 만에 날치기 처리한다. 이 날도 미리 준비한 무선 마이크가 사용됐으며, 특이한 점은 당시 박준규 의장이 하필 김영삼 대표 옆 중앙통로에서 사회를 봤다는 사실이다. 야당은 본회의장 밤샘 농성에 들어갔고, 이튿날부터 장외투쟁에 돌입했다.

정기국회 회기 중인 11월 25부터 3일 간은 연속 날치기라는 새로운 기록이 수립됐다. 이때는 여야 원내총무 회담이 진행되는 도중이었음에도 불구하고, 등 뒤에서 변칙 처리가 이루어지는 등 과거 독재정권의 날치기 기록을 능가할 정도였다. 이어서 벼 수매안 등 쟁점법안 세 건을 처리하는 과정에서는 이철 의원이 여당의원에게 전치 4주의 폭행을 당하는 일까지 발생했다. 이렇게 13대 국회는 3당 합당 이후 첫 국회인 148회 임시회부터 국군조직법 날치기가 시작되어 149회 임시회 때 후반기 원 구성을 여당 단독으로 처리하더니, 정기국회 마지막 예산안까지 날치기로 점철되었다. 가히 날치기 올림픽으로 기록될 만한 국회의 모습이었다.

14대 국회는 정주영 회장이 창당한 통일국민당이 단숨에 원내교섭단체 구성까지 성공하였다. 무려 21명의 무소속 바람까지 겹쳐 민자당은 과반수에 1석 모자라는 149석을 얻는 데 그쳤다. 그렇지만 무소속 의원 영입으로 개원 당시 민자당은 156명으로 출발했고, 1992년 대선에 실패한 정주영 회장이 정계를 은퇴하고 국민당도 붕괴하면서 1년 만에 의석을 167석까지 늘린다. 이 정도면 신한국당은 각 상임위에서 안정 과반수를 확보한 상태였다. 그런데 결국은 그것이 문제였다.

1993년 12월 김영삼 대통령 취임 후 첫 국회가 추곡수매가와 소득세

법 등 예산부수법안, 국가보안법 개정안 등 3대 쟁점 안건을 끝내 합의하지 못하고, 여당 단독으로 날치기 처리함으로써 정국은 급랭하였다. 1994년에도 12·12 군사반란자 기소여부로 첨예하게 대립하던 여야는 1995년도 예산안 심사를 마치지 못한다. 결국 이춘구(李春九) 부의장은 야당을 피해 2층 지방기자석에서 30초 만에 이를 처리하는 기상천외한 방식을 선보였다.

15대 국회는 공수를 교대하며 날치기가 강행되었다. 15대 총선은 김종필 총재의 자민련이 약진하는 바람에, 간판을 바꿔 단 신한국당이 14대보다 10석이 모자라는 139석에 그쳤다. 무소속과 민주당 의원 영입으로 간신히 과반수인 151석을 채웠지만 야당의 반발로 개원은 한 달이 지연되었다. 그러나 무엇보다도 역사에 남는 기록은 1996년 말 정리해고를 법제화하는 노동법 날치기 파동이다. 12월 26일 새벽 6시 어둠을 뚫고 안기부법 등 10개 법안과 함께 155명 여당 단독으로 7분 만에 통과시킨 것이다. 오죽하면 보수주의자 자민련 김종필 총재조차 국민회의 김대중 총재와 함께 이를 규탄하는 거리홍보전에 나섰겠는가?

1997년 정기국회 때 신한국당과 민주당의 합당으로 165석에 달하던 한나라당 의석은 정권교체와 여당의 의원 빼가기로 1년 뒤 다시 140석으로 줄어든다. 반면 공동여당인 국민회의와 자민련이 1998년 정기국회 당시 153석으로 과반수를 차지한다. 사실상 안기부를 동원하여 야당 의원을 사찰하였다고 의심하고, 인위적 정계개편 시도에 반발한 한나라당 의원들이 폭발한 일이 이른바 국회 529호 사건이다. 1998년 연말 마지막 임시회가 열릴 즈음 안기부 직원들이 사용하던 사무실에 한나라당 의원들이 강제로 진입하여 자료를 열람하고 복사한 것이다. 이로 인해 1999년 신년 벽두부터 여야가 첨예하게 대립하고 김문수(金文洙), 이 재오(李在五), 하순봉(河舜鳳) 등 11명의 야당 의원이 검찰에 고발당했다. 역사는 돌고 돈다고 했던가. 이때 사건을 총괄한 서울 남부지청장은 바로 박근혜 정부의 초대 국무총리인 정홍원(鄭烘原)이다. 그는 이 공을 인정받아 1999년 인사에서 검사의 꽃인 검사장으로 승진한다.

1999년 5월에도 공동여당은 정부조직법, 노사정위원회법안 등을 단 9분 만에 차례로 날치기 통과시킨다. 여야는 서로 뒤엉켜 고함과 욕설, 몸싸움 등 갖은 추태를 보였으며, 김봉호(金琫鎬) 부의장은 의장석이 아닌 단하에서 의결을 선포하였다. 정족수 미달을 염려한 여당은 박상천(朴相千) 법무, 신낙균(申樂均) 문화관광, 천용택(千容宅) 국방 등 장관 겸직 의원까지 동원하는 등 총력전을 펼쳤다.

18대 국회는 헌정 사상 최악의 국회로 평가된다. 해머와 전기톱, 최루탄 투척, 단상 점거, 직권 상정, 다수당에 의한 단독 처리 등이 대표적이다. 법안 폐기율이 45.2%에 달할 정도로 국민의 지탄이 계속되었고, 박근혜 대선 예비후보의 지지를 받아 당시 새누리당 황우여(黃祐呂) 원내대표가 국회 개혁의 일환으로 국회 선진화법을 추진하기에 이른다. 3분의 1 이상이 요청하면 본회의 무제한 토론을 허용하는 소수의견 존중과 5분의 3 이상으로 국회의장의 직권상정 요건을 강화한 것이 핵심이었다.

이러한 여야의 자정 노력은 국회법 개정에 합의하고 19대부터 적용되었는데, 사실 이 제안은 새누리당이 총선에서 완패할 것에 대비한 일종의 보험 성격도 갖고 있었다. 그런데 19대 국회 임기 3분의 2가 지나도록 무제한 토론은 단 한 차례도 지켜지지 않고, 야당은 관행처럼 장외로 나가는 투쟁방식을 고집하고 있다.

2014년 국회는 약 6,000억 원의 예산을 사용했다. 의원 1인당 20억 원으로 계산된다. 그런데 세월호법 입법 지연으로 206일을 허송세월했으니 약 4,120억 원을 허공에 날린 셈이다. 백번 양보해서 새정치민주연합이 장외투쟁으로 허비한 36일만 계산해도 약 720억 원이다. 물론 애타게 법안 통과를 기다리는 관련 업체와 해당 국민이 피해본 금액은 제외하고도 말이다.

불행했던 우리의 최근 헌정사의 책임을 일방적으로 국회와 야당에게만 전가하고 몰아붙일 수는 없다. 미국의 경우 특정 사안을 제외하고는 일방적인 당론 투표가 없기 때문에 크로스보팅이 일반화돼 있다. 우리도 미국처럼 국회의원들이 자유의사로 의결에 참여할 수는 없는 것일까? 양당제적 특성이 우리에게 불가피한 것이라면 우리도 미국처럼 대통령이 나서서 민생입법을 주문하며 손수 대화와 타협을 중재할 수는 없는 것인가? 미국에서는 대통령이 야당의 초선 국회의원까지 백악관에 직접 초대해 법안을 직접 설명하는 일을 흔히 볼 수 있다. 더구나 우리나라 대통령은 여야의 당 대표를 두루 거친 4선 국회의원을 지냈던 분이 아닌가.

국민의 선택은 다당제, 여의도는 양당제

필자는 이쯤에서 이 책의 첫 번째 분석 결과를 내놓으려고 한다. 지난 30년 가까운 선거결과를 살펴보면 우리 국민은 선거에서 결코 양당제적 선택을 하지 않았다는 사실이 바로 그것이다. 이를 입증하기 위해 우선 지난 총선과 대선, 그리고 지방선거에 나타난 민심의 향배가 투표에 어떻게 반영되어 나타났는지를 살펴보기로 하겠다. 그리고 노무현 대통령 시절에 드디어 시행된 정당투표에 의한 비례대표제와 유럽식 비례대표제를 기준으로 과거 우리 국민의 정당지지가 어떤 의미를 갖는지 분석해보자.

이에 앞서 다시 한 번 강조하고자 하는 사실은 국민이 매번 다양한 정당의 출현을 인정했고 또 특정 정당에 절대적인 지지를 보내지 않았음에도 불구하고, 우리 정치가 양당체제로 지속되어 온 것이 다름 아닌 선거 후 정치권 내부의 합종연횡에 의한 것이었다는 점이다. 즉, 우리 정치권은 국민의 선택 결과에 상관없이 선거가 지나고 국회가 시작되면 여야를 막론하고 각자 적극적인 지지세력 규합에 나서 결국 거여, 거야의 양당구조를 인위적으로 만들어 버리곤 했다.

대통령직선제와 지역구 중심 국회의원 소선거구제를 특징으로 하는 개헌이 1987년에 이루어진 직후의 정치 체제는 지역 맹주들인 1노 3김이 타협을 통해 만들어낸 기형적 4당 체제로 시작되었다. 그러나 긍정적이든 부정적이든 이러한 국민의 선택 결과는 곧바로 뒤집히고 만다. 1990년 정치권 내부에서 3당 합당을 통해 양당체제로 되돌려버렸기 때문이다.

그 후 동일한 현상이 우리 정치사에 반복적으로 나타난다. 제3세력이 작은 틈을 비집고 나오면 합당, 연합, 연대 등의 방식으로 회유 또는 흡수해버리기 일쑤였다. 최근만 해도 신당 창당을 준비하던 안철수(安哲秀) 의원이 민주당과 합당에 동의한 가장 큰 이유가 바로 이 양당구도를 지향하는 선거전략 때문이었다.

그러나 투표 결과로 살펴본 국민의 선택은 정치인들의 생각과 전혀

〈표 11〉 14대 대선 주요 후보별 득표율

김영삼	김대중	정주영	박찬종
42.0	33.8	16.3	6.4

(단위 : %)

달랐다. 예외라고 할 수 있는 1987년 대선과 1988년 총선은 별개로 하더라도 국민이 소신껏 다양한 지지후보와 정당을 선택했던 사례는 얼마든지 발견할 수 있다. 그 대표적 사례 몇 가지를 여기에 소개하겠다.

1992년 14대 대선에 참여한 정주영 회장은 무려 16.3%의 득표를 가져갔다. 혈혈단신으로 나선 박찬종(朴燦鍾) 의원도 6.4%를 얻었다. 이 두 사람이 얻은 제3세력의 득표율 합계는 22.7%다. 김영삼 대통령과 낙선한 김대중 후보 간 득표율 차이가 8.2%포인트 정도였으니 22.7%면 엄청난 비율이 아닌가. 유권자들은 비록 사표가 될지언정 대선에 재수 또는 삼수를 한 YS와 DJ보다는 참신한 반값 아파트 공약을 내걸고 등장한 정주영 후보와 무균질 정치인 박찬종에게 상당한 지지를 보낸 것이다.

최초의 평화적 정권교체가 이루어진 15대 대선 때에도 제3세력에 대한 국민의 지지는 강렬했다. 민자당을 탈당한 40대 이인제(李仁濟) 후보는 13대 이후 지금까지 역대 제3후보로는 가장 높은 19.2%의 득표율을 올린다. 이명박(李明博) 대통령이 당선된 17대 대선에서도 무소속으로 세 번째 도전한 이회창(李會昌) 전 한나라당 총재가 15.1%를 가져갔고, "사람 중심 경제"라는 구호를 내 건 문국현(文國現) 전 유한킴벌리 사장도 5.8%를 얻는 저력을 보여줬다. 이밖에도 완주하지는 않았지만 16대와 18대 대선 당시 야권후보 단일화 과정에서 양보한 정몽준(鄭夢準)·안철수 두 후보는 사퇴 전에는 20% 이상의 높은 여론조사 지지율을 보이며 국민의 사랑을 받았다.

프랑스처럼 결선투표가 없음에도 불구하고 우리 국민의 상당수는 이처럼 매번 대선 때마다 소신투표를 했다. 노무현 대통령이 당선된 16대에도 민주노동당 권영길(權永吉) 후보가 3.9%를 획득해 표가 갈렸으니 진정한 의미에서 1 대 1 구도는 여야 정치인들이 인위적으로 만든 지난 2012년 18대 대선이 유일했다고 할 수 있다.

양당제적 선택이 아니라 다양한 의사표출로 분산된 의석을 만들어낸 사례들은 지방선거에서도 무수히 발견된다. 1991년 30년 만에 부활된 광역의회 선거에 김대중 총재는 재야 세력을 수혈하여 신민주연합당(신민당)으로 당명도 바꾸고 나섰다. 그러나 866개 선거구에 557명(등록률 64.3%)의 후보밖에 내지 못했고, 이들이 얻은 득표율은 21.9%였다.

이에 반해 3당 합당에 불참한 국회의원 단 8석의 민주당은 470명(등록률 54.3%)의 후보를 내고도 14.3%의 득표율을 올린다. 1988년 13대 총선 당시 김종필 총재의 신민주공화당이 81.2%의 후보 등록을 하고도 15.8%의 득표율에 그친 것과 비교하면 대단한 성적이 아닌가. 특히 부산 인천 대전 강원 등 7개 시도에서는 민주당이 신민주연합당을 눌러버

〈표 12〉 1991년 광역의원선거 정당별 득표율

	민자당	신민당	민주당
출마자수	840	557	470
득표율	40.6	21.9	14.3

(단위 : 명, %)

렸다. 1년 뒤 총선과 대선을 치러야 하는 DJ는 이런 결과에 화들짝 놀라지 않을 수 없었다. 결국 6 대 4 지분 보장이라는 파격적인 야권통합 제안을 내놨고 양 당의 합당작업은 3개월 만에 일사천리로 마무리됐다.

1995년 제1회 지방선거에서 15개 시도지사는 민자당 5석, 민주당 4석, 자민련 4석, 무소속 2석 등 골고루 나누어 가졌다. 여당인 민자당의 완패와 제3당인 자민련의 약진이 두드러졌다. 특히 충청권 3개 지역과 강원도는 자민련이 차지했고, 대구시장과 제주도는 무소속에게 돌아갔다. 한편 서울시장으로 출마한 무소속 박찬종 후보는 여당의 정원식(鄭元植) 후보를 큰 차이로 누르고 2등을 기록했다. 그가 얻은 득표율은 33.5%, 득표수는 162만 표였다. 당선된 민주당 조순(趙淳) 시장의 205만 표에 비하여 결코 적지 않은 득표였다. 비록 당시에는 야당의 승리에 가려 그 의미가 크게 드러나지 않았지만, 이때도 서울시민은 야당의 승리만큼이나 '새 정치'에 대한 열망이 확실히 컸던 것이다.

1992년 14대 총선을 앞두고 정주영 회장은 대선 출마를 위해 통일국민당을 급조했지만, 곧바로 양김의 틈새를 비집고 제3세력으로 두각을 나타냈다. 지역구 24석과 함께 득표율 17.4%(357만 표)로 전국구 7석까지 배정받아 당당하게 원내 3당으로 부상했다. 더구나 237개 지역구에 189명의 후보밖에 내지 못해 등록률이 79.7%에 불과했지만 김대중, 이기택 공동대표가 나선 민주당이 225명을 출전시켜 600만 표를 얻은 것과 비교하면 대단한 성과라고 할 수 있다. 이 선거에서는 21석의 무소속 바람까지 불어 13대에 이은 여소야대가 지속되었다.

독일식 비례대표제로 본 총선 결과

이제 지난 총선에서 나타난 국민의 정당지지 성향이 과연 어떤 의미를 갖는지 분석해보자. 이 작업을 위해 필자는 각 총선에서 정당 후보들이 획득한 득표수를 정당 득표율로 환산해 보았다. 먼저 1996년 치러진 제15대 총선의 결과를 보자.

YS의 내각제개헌 약속 파기 등을 이유로 민자당을 탈당한 JP는 자민련을 창당하고 15대 총선에 나선다. 이때의 자민련은 텃밭인 충청권 이외에도 경기, 강원, 대구경북 등지에서 17석이나 차지한다. 그리하여 지역구 41석, 전국구 9석 등 50석(득표수 318만 표, 득표율 16.2%)을 획득한 전국정당이 되었다. 김대중 총재가 창당한 제1야당 국민회의에 합류하지 않고 잔류한 통합민주당도 15석 확보에 그쳐 원내교섭단체 구성에는 실패했지만, 11.2%의 만만찮은 득표율을 보여주었다. 이러한 결과로 여당은 과반수에서 11석이나 크게 미달하게 되었다.

이를 다시 지지율이라 할 득표율을 놓고 분석해보기로 하자. 15대 총선에서 각 정당의 득표율만 놓고 보면 여당인 신한국당이 34.5%였고, 이어서 새정치국민회의가 25.3%, 자유민주연합은 16.2%를 기록했고 통합민주당이 11.2%였다. 이렇게 해서 얻은 전국구 의석은 신한국당이 18석, 새정치국민회의가 13석, 자유민주연합 9석, 통합민주당 6석이었다.

그런데 만약 1996년 15대 총선 당시에 각 당이 얻은 득표율을 가지고 독일식 비례대표제와 유사하게 전국구 의석을 배분한다면 어떤 결과가 나올까? 독일은 지역구와 비례대표가 각각 반반이며 정당득표율에 따라 일단 의석을 배분하지만 지역구에서 초과 당선자가 나오면 그대로

<표 13> 15대 총선 결과를 독일식 비례대표제와 유사하게 적용할 경우

정당명	신한국당	새정치국민회의	자유민주연합	통합민주당	무소속	합계
지역구	121	66	41	9	16	253
전국구	0(감 18)	16(증 3)	9	24(증 18)		49
계	121	82	50	33	16	302

(※ 신한국당은 득표율 대비 지역구에서 초과의석이 3석 발생하여 전국구 배분이 없음)

인정해주는 방식이다.

필자가 계산해본 바로는 신한국당은 전혀 의석을 얻지 못하고 새정치국민회의가 16석, 통합민주당이 무려 24석이나 된다. 만약 이런 결과를 전체 의석수에 반영해 합계를 내보면 당시에 교섭단체 요건을 갖추지 못한 통합민주당이 교섭단체 요건을 갖춰 4당 체제가 형성되는 결과가 나온다. 이런 결과를 놓고 볼 때 우리의 정치제도는 이미 오래전부터 의석수를 많이 획득한 거대정당에 유리하도록 만들어져 있음을 알 수 있다.

이번에는 16대 총선의 결과를 분석해보기로 하자. 16대 총선에서는

<표 14> 16대 총선 결과를 독일식 비례대표제와 유사하게 적용할 경우

정당명	한나라당	새천년민주당	자유민주연합	민주국민당	기타·무소속	합계
지역구	112	96	12	1	6	227
전국구	7(감 14)	13(감 6)	17(증 12)	9(증 8)		46
계	119	109	29	10	6	273

(단위 : 석)

자민련이 단 17석에 그치고 충청권 정당으로 위축되면서 독자적인 원내
교섭단체 구성에 실패하였다. 그러나 IMF 금융위기 이후 정치권도 위기
극복에 동참한다는 차원에서 의원 정수를 26석이나 줄였기 때문에 자민
련의 17석은 결코 적지 않았다. 그리고 득표율 9.8%와 득표수 186만 표
도 평가받을 만하다.

앞에서와 마찬가지로 독일식 비례대표제의 틀을 적용해 전국구 의석
을 다시 집계하면 자유민주연합은 전국구 의석이 5석에서 17석으로 크
게 늘어나는 결과를 얻게 된다. 자연히 교섭단체 결성이 가능해지고 16
대 국회 또한 양당체제가 아닌 3당 체제로 출범했을 것이다.

이런 가정이 현실화되는 상황이 2004년 실제로 찾아왔다. 지역주의
극복을 위한 선거제도 개혁을 필생의 과제로 추진한 노무현 대통령이
취임하자 드디어 후보와 지지정당에 각각 투표하는 1인 2표제가 처음으
로 도입되었다. 2004년 총선에서 민주노동당은 정당투표로 277만 표(득
표율 13.0%)를 획득하여 비례대표 8석을 배정받는다. 게다가 지역구 2석
까지 차지함으로써 원내정당의 꿈을 실현함과 동시에 단숨에 제3당으
로 도약한다.

〈표 15〉 17대 총선 결과에서 나타난 소수정당의 득표율과 의석점유율 격차

정당	득표율	의석점유율	차이	유럽식 적용시
민주노동당	13.0	3.3	9.7	39석(13.0%)
새천년민주당	7.1	3.0	4.1	21석(7.0%)
계	20.1	6.4	13.8	

(단위: %)

이어서 새천년민주당이 151만 표(득표율 7.1%)를 얻어 4석의 비례대표를 배정받는다. 그런데 이 두 당이 획득한 20.1%의 정당투표 득표율은 유럽방식의 비례대표 선거제도였으면 60석 가까이 할당되지만, 우리는 299석 중 겨우 56석만 비례대표로 배정하기 때문에 양당은 비례대표와 지역구를 통틀어 19석에 그치고 말았다. 따라서 두 당의 의석 점유율이 겨우 6.4%이니 극심한 민심 괴리가 아닐 수 없다.

18대 총선에서는 네 개의 제3정당들이 고른 득표를 하며 정당투표 도입 이래 최대 득표율을 기록한다. 대구, 경북, 부산 중심으로 약진한 친박연대는 226만 표(득표율 13.2%)로 비례대표 8석을 차지했고, 대전충남

〈표 16〉 18대 총선 결과에서 나타난 소수정당의 득표율과 의석점유율 격차

정당	득표율	의석점유율	차이	유럽식 적용시
친박연대	13.2	4.7	8.5	40석(13.0%)
자유선진당	6.8	6.0	0.8	20석(6.7%)
민주노동당	5.7	1.7	4.0	16석(5.3%)
창조한국당	3.8	1.0	2.8	10석(3.3%)
계	29.5	12.4	17.1	

(단위 : %)

〈표 17〉 19대 총선 결과에서 나타난 소수정당의 득표율과 의석점유율 격차

정당	득표율	의석점유율	차이	유럽식 적용시
통합진보당	10.3	4.3	6.0	32석(10.7%)
자유선진당	3.2	1.7	1.5	10석(3.3%)
계	13.5	6.0	7.5	

(단위 : %)

을 기반으로 한 자유선진당은 117만 표(득표율 6.8%)로 비례대표 4석을 배정받는다. 전국적으로 골고루 지지를 받은 민주노동당과 창조한국당은 각각 97만 표(득표율 5.7%)와 65만 표(득표율 3.8%)로 비례대표 3석과 2석을 차지하였다. 그렇지만 이 네 개 정당이 획득한 정당투표 득표율은 무려 29.5%였으나, 역시 선거제도 탓에 의석은 40석(비례대표 17석, 지역구 23석)에 불과하였다. 25.2% 정당투표 득표율의 통합민주당이 약 두 배인 81석을 차지한 것과 비교하면 엄청난 불공평이다. 2012년 19대 총선 때도 민주노동당의 후신인 통합진보당이 정당투표에서 무려 220만 표(득표율 10.3%)로 비례대표 6석을 획득한다. 자유선진당도 3.2%를 얻어 비례대표를 배정받았다.

한편 13대부터 16대 총선까지는 여소야대였다. 1인 2표제가 도입된 17대부터 현 19대까지는 여당이 가까스로 2~3석이 많은 과반수를 확보했다. 그러나 이 또한 자세히 살펴보면 선거제도와 정치권의 인위적 합종연횡이 그렇게 만들어낸 것이지 결코 유권자의 뜻은 아니었다.

유권자의 선택만을 놓고 보면, 13대는 4당 체제였고 14대에서는 국민의 17.4%가 통일국민당을 지지했다. 15대에는 16.2%가 자민련을 선택해서 50석을 획득하도록 했고, 16대에도 전국구 의석을 배정받은 자민련과 민주국민당 등 제3세력이 합하여 13.5%를 얻었다. 17대에는 정당투표에서 민주노동당과 새천년민주당이 20.1%를 얻었고, 18대는 친박연대 등 4개 정당이 무려 29.5%를 득표했다. 그리고 지난 19대 때도 통합진보당과 자유선진당이 13.5%를 득표했다.

제3세력을 열망하는 13.5%가 말해주는 불편한 진실

우리나라는 제3의 정치세력이 살아남기 힘든 소선거구 다수대표제라는 독특한 선거제도지만, 데이터를 보면 그래도 국민은 최소 13.5%이상을 항상 제3세력에게 투표를 하곤 했다. 정당비례제 또는 중·대선거구제를 하는 서유럽 방식이었다면 절대로 과반수 정당이 탄생할 수 없는 유권자의 의사 표출인데, 이를 왜곡시킨 주체는 바로 독과점을 통해 이익을 극대화하려는 몰상식한(표18 참조) 여의도 정치인들이었던 것이다.

이제 과거 우리의 선거 데이터가 보여주는 첫 번째 해답이 도출되었다. 우리는 지금까지 양당제 정치체제가 선거 결과에 의해 당연히 만들어진 줄 알고 있었다. 그래서 지역연고에 따라 무조건적으로 정당과 후보를 지지했다. 그런데 여기에서 엄청난 아이러니가 발생하고 있다. 연고정당을 무조건 지지한 결과는 지역발전에 아무런 도움을 주지 않았을 뿐더러 전국적인 투표 결과를 놓고 볼 때 그것은 전혀 양당제적 성격도 아니었던 것이다.

결국 연고정당을 무조건 지지한 지역민들은 전국적인 투표 결과로부터 괴리되면서 스스로 경제적 손해를 자초하는 꼴이 되고 만 것이다. 그런데 어떻게 우리 정치는 이런 선거 결과에도 불구하고 양당구조를 지속해 올 수 있었던 것일까? 그것은 다름 아닌 두 가지 때문이었다.

그 하나는 선거제도가 다수당에 유리한 의석 배분구조를 갖고 있었기 때문이며, 다른 하나는 매번 국회가 열리면 여야는 합의보다는 대결구도를 형성하며 인위적인 정계개편에 의한 양당체제를 만들었기 때문이다. 이 불편한 진실을 이제 유권자인 국민이 직시해야 한다. 데이터는 거짓을 말하지 않는다. 우리 유권자들은 과거에 그랬듯이 미래에도 다양한 지지와 선택을 투표로 보여줄 것이 확실하다. 그러니 이제부터라도 유권자의 소중한 선택 결과를 더 이상 정치권이 훼손하는 일이 있어서는 안 될 것이다.

〈표 18〉 역대 총선에서 양대정당의 합계득표율 및 의석점유율 비교

	13대	14대	15대	16대	17대	18대	19대
득표율	53.3	67.7	59.8	74.9	74.0	62.6	79.2
의석점유율	65.2	82.3	72.9	90.8	91.3	78.3	93.0

(단위 : %, 단 1-2당 합계)

〈표 19〉 역대 총선에서 나타난 정당별 당선자수와 정계개편에 의한 의석수 변화

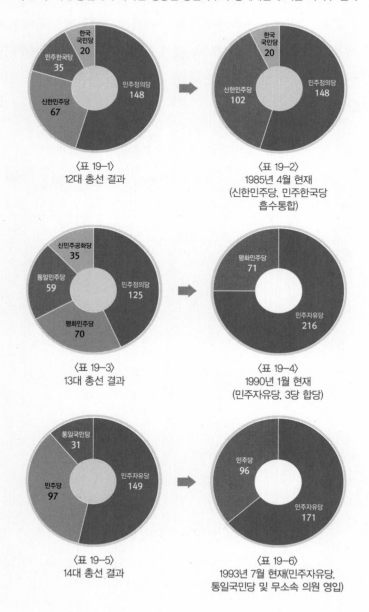

〈표 19-1〉
12대 총선 결과

〈표 19-2〉
1985년 4월 현재
(신한민주당, 민주한국당
흡수통합)

〈표 19-3〉
13대 총선 결과

〈표 19-4〉
1990년 1월 현재
(민주자유당, 3당 합당)

〈표 19-5〉
14대 총선 결과

〈표 19-6〉
1993년 7월 현재(민주자유당,
통일국민당 및 무소속 의원 영입)

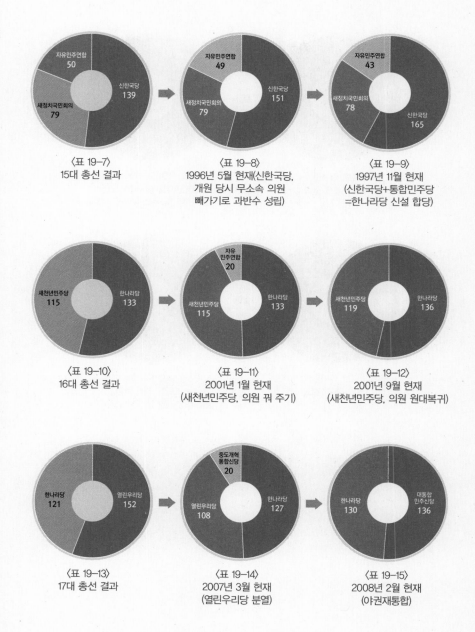

〈표 19-7〉
15대 총선 결과

자유민주연합
50
새정치국민회의
79
신한국당
139

〈표 19-8〉
1996년 5월 현재(신한국당,
개원 당시 무소속 의원
빼가기로 과반수 성립)

자유민주연합
49
새정치국민회의
79
신한국당
151

〈표 19-9〉
1997년 11월 현재
(신한국당+통합민주당
=한나라당 신설 합당)

자유민주연합
43
새정치국민회의
78
신한국당
165

〈표 19-10〉
16대 총선 결과

새천년민주당
115
한나라당
133

〈표 19-11〉
2001년 1월 현재
(새천년민주당, 의원 꿔 주기)

자유
민주연합
20
새천년민주당
115
한나라당
133

〈표 19-12〉
2001년 9월 현재
(새천년민주당, 의원 원대복귀)

새천년민주당
119
한나라당
136

〈표 19-13〉
17대 총선 결과

한나라당
121
열린우리당
152

〈표 19-14〉
2007년 3월 현재
(열린우리당 분열)

중도개혁
통합신당
20
열린우리당
108
한나라당
127

〈표 19-15〉
2008년 2월 현재
(야권재통합)

한나라당
130
대통합
민주신당
136

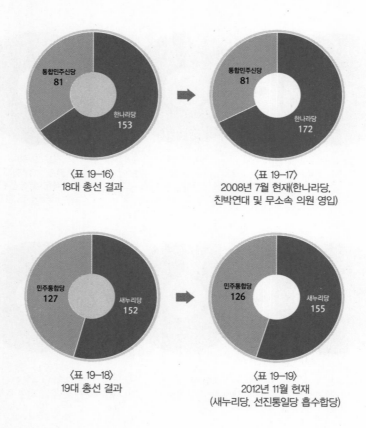

<표 19-16>
18대 총선 결과

<표 19-17>
2008년 7월 현재(한나라당,
친박연대 및 무소속 의원 영입)

<표 19-18>
19대 총선 결과

<표 19-19>
2012년 11월 현재
(새누리당, 선진통일당 흡수합당)

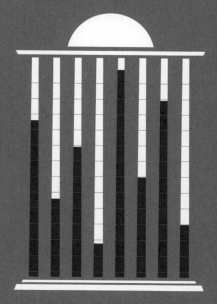

| 2장 |

'야권분열＝필패'
아니다

민주＋진보 연대는 필승의 법칙인가

2014년 7·30 동작(을) 보궐선거는 노회찬(魯會燦) 후보를 상대로 나경원(羅卿瑗) 의원이 신승하였다. 표차는 겨우 929표인데 무효표가 1,403표나 나왔다. 당세가 미미한 노동당 후보가 1,706표를 얻었다 해도 노후보는 기동민(奇東旼) 새정치민주연합 공천자와 단일후보 경선에서 승리하여 본선에 임했는데 이런 결과를 받아들었다. 이 선거가 적극 지지층들만 참여하는 보궐선거였다는 점을 고려할 때 과연 기동민 후보가 사퇴한 걸 모르고 동작 유권자들이 그 많은 사표를 만들었을까?

역대 정당투표 성향을 보면, 동작(을)은 서울 시내 48개 국회의원 선거구 중 상위 10~12권 정도에 해당하는 야당 강세 지역이다. 이 선거의 투표율도 46.8%로 당시 15곳 중 전국 2등을 차지했고, 서울에서는 21세기 들어서서 가장 높은 기록을 유지하던 2001년 10월 25일 동대문(을)

<표 20> 2014년 7·30 보궐선거에서의 동작(을)과 수원(정) 선거 결과

	새누리당	새정치연합	통합진보당	정의당	노동당	무효표
동작을	38,311 (49.9%)			37,382 (48.7%)	1,076 (1.4%)	1,403
수원정	34,239 (45.7%)	39,461 (52.7%)	700 (0.9%)		510 (0.7%)	558

(단위 : 표)

재선거(김영구金榮龜 의원의 선거무효 판결로 실시, 홍준표洪準杓 의원 당선)의 45.6%까지 갈아치웠다. 그런데 이만한 투표율과 야권연대까지 했는데도 낙선이라니?

한편 같은 날 치러진 수원(정) 보궐선거는 MBC 앵커 출신의 새정치민주연합 박광온(朴洸瑥) 후보가 새누리당 임태희(任太熙) 전 대통령실장을 약 7%포인트 차이로 여유 있게 따돌리고 금배지를 달았다. 그러나 이 선거구는 동작(을)에 비해 대대로 밭이 좋지도 않았고, 통합진보당과 노동당 후보 2명이 출마한 아주 열악한 상황이었다.

앞에서 본 것처럼 중도보수에 가까운 민주당 계열 정당과 진보정당 간 선거연대는 항상 승리를 담보하는 보증수표가 아니다. 몇 가지 대표적인 사례가 있다. 먼저 대통령 선거부터 살펴보자.

지난 2012년 18대 대선은 1987년 직선제 대통령 선거가 부활한 이후 여야가 1 대 1로 완벽하게 맞붙은 최초의 선거였다. 진보정의당 심상정 후보, 통합진보당 이정희 후보가 차례로 후보직을 내려놓았고, 무소속 안철수 후보까지 합세하면서 야권후보 단일화는 완성되었다. 그러나 결과는 민주통합당 문재인 후보의 3.5%포인트 차 패배였다.

반대의 경우는 또 어떤가. 16대 대선 때 노무현 대통령은 재수한 권영길 후보가 95만 여 표(3.9%)를 득표한 가운데 57만 표 차이로 신승했다. 선거를 앞두고 야권이 연대를 구축하고 후보 단일화를 했음에도 불구하고 패배했는가 하면, 야권 후보가 나뉘어 표가 분산되었음에도 불구하고 당선이라는 성과를 얻어냈다. 그렇다면 과거의 데이터는 무엇을 의미하는 것일까?

우선 독자들은 최근 선거에서 진보정당이 획득한 득표력에 주목해야 할 것이다. 사실 진보정당의 득표력은 2004년 정당비례투표가 도입된 이후 총선과 지방선거를 보면 항상 10% 남짓 나오고 있음이 확인되고 있다.

17대 총선 때 민주노동당이 13.0%를 얻었고, 19대에도 통합진보당과 진보신당은 양당 합계로 11.4%를 득표했다. 2014년 지방선거 정당투표(광역의원 비례대표투표)에서도 통합진보당, 정의당, 노동당, 녹색당 등 진보 4당은 통합진보당 분열과 통합진보당 해산 청구, 이석기(李石基) 의원 구속 사태, 새정치연합의 통합진보당 거리두기 등 최악의 상황이었음에도 불구하고 10.05%를 득표하면서 대단히 선방했다. 따라서 총선과 지방선거에서는 소신껏 투표하는 진보 유권자들이지만, 결선투표 제도가 없는 우리나라 대통령선거에서는 그 한계를 잘 알고 전략적인 투표를 하고 있다는 것을 알 수 있다.

'민주진보 연대 = 필승'이라는 명제가 참이 아님은 시도지사 선거에서도 어김없이 재현된다. 2014년 지방선거에서는 특히 여러 지역에서 이런 현상이 나타났다. 재선에 도전한 최문순(崔文洵) 강원도지사는 통합진보당 이승재(李承宰) 후보가 1만 5,000여 표를 가져갔음에도 불구하고 새누리당 최흥집(崔興集) 후보를 1만 2,000여 표 차이로 따돌렸다. 당 소속 국회의원 한 명 없고 정당투표 득표율에서 무려 23.8%나 뒤졌으며 기초단체장 당선자 숫자도 1 대 15석으로 절대 열세에 놓였으나, 이를 극복한 최문순 후보의 승리 비결은 과연 무엇이었을까?

최 지사는 이미 3년 도정을 '네네 도지사'라는 트레이드 마크와 도민과 직접 전화로 소통하는 친서민 행보를 이어왔다. 6·4 선거도 그 연장선상에서 "진짜 감자 문순C"와 "오직 강원!"만을 위해 뛰겠다는 실천적 구호를 내걸었고 결국에는 재선고지를 점령했다. 7급 신화의 주인공으로 강원도 부지사와 공기업 사장을 거친 여당 후보가 DMZ 평화공원 유치 등 권역별 개발공약을 들고 나왔을 때도 최 후보는 오로지 생활정치만으로 응수했다. 그는 어르신 건강카드 발급으로 의료비 8만 원 지원,

소득2배 행복2배 홍보 중인 최문순 지사

	새누리당 (최흥집)	새정치연합 (최문순)	통합진보당 (이승재)	정의당	노동당	녹색당
정당별 득표율	58.48	34.64	2.44	2.22	1.20	0.99
후보별 득표수	369,201	381,338	15,774			

(단위 : %, 표)

도 출신 대학생 등록금 연간 20만 원 지원, 청·장년층 일자리 보조금 6개월간 100만 원 지원 등을 핵심공약으로 내세웠다. 모두가 진보정당 후보에게서나 볼 수 있는 공약이었다.

강원도는 박빙 승부 지역 중에서 사전투표율(표 22)이 가장 높은 14.24%였다. 전국 평균이 11.49%였으니 얼마나 높은지 짐작이 되고도 남는다. 특히 세대별로는 최 지사의 주요 지지 기반인 20대 이하가 23.09%로 가장 높았다. 30~40대까지 합하여 전국 평균을 적용하면 3만 명 이상이 더 투표에 참여했다. 종합하면 청년층의 전폭적인 지지와 진보성향의 유권자들을 적극 흡수한 것이 결국 최문순 지사에게 간발의 승리를 안긴 원동력이 되었다.

역시 연임에 성공한 이시종(李始鍾) 충북지사도 새누리당 후보에 2.1% 포인트 차이로 승리를 따내면서 충주시장부터 이어온 선출직 7전 전승이란 대기록을 세운다. 그는 4년 전에는 행운도 뒤따라 정당투표 득표율과 도의원 당선자 숫자의 절대우세 속에 현역지사를 가볍게 제쳤다. 민선 5기 중 이 지사는 '복지'와 '경제'를 핵심 키워드로 큰 성과를 올린다.

또한 전국 최초로 초·중학교 무상급식을 실천했고, 농가소득과 광공

〈표 22〉 연령대별 사전투표 결과

	계	20대이하	30대	40대	50대	60대	70대이상
전국	11.49	15.97	9.41	9.99	11.53	12.22	10.00
서울	11.14	13.70	10.39	9.65	10.93	12.73	9.32
부산	8.90	13.35	7.22	7.42	8.49	9.48	7.29
경기	10.31	14.08	8.40	8.92	10.51	11.89	8.65
강원	14.24	23.09	13.16	13.85	14.06	11.75	8.55
충북	13.31	19.13	10.16	11.91	13.84	13.37	11.44
충남	11.93	17.90	9.17	11.26	12.53	11.74	9.13

(단위 : %)

업 생산증가율 전국 1위를 달성했다. 민선 6기 도지사 도전에 나선 이 후보는 캐치프레이즈로 "안전 충북, 행복 도민, 행복도지사"를 내세웠고, 따뜻한 일자리를 만드는 사회적 경제 대폭 확대, 시내버스 요금으로 운영하는 시골마을 행복택시제 등을 핵심 공약으로 제시했다. 내무관료 출신이지만 오랜 선출직과 야당 지방자치단체장을 하면서 주민과 직접 소통해온 땀의 결실이 그를 연임에 성공한 지사로 만들어냈던 것이다.

이에 반해 청주고 동기인 새누리당 윤진식(尹鎭植) 후보는 "국가대표 경제도지사"를 캐치프레이즈로 내걸었고, "힘 있는 여당 도지사론" 등 전통적인 여당 전략을 구사했다. 그는 옛 재무부 출신으로 관세청장, 산업자원부장관, 청와대 정책실장 등 화려한 이력을 자랑하며, 고속급행 열차(GTX) 건설과 4개 권역별 특화발전 등 주로 개발관련공약을 내세웠다.

충북은 정당투표에서 새누리당이 53.4%로 과반을 넘어섰다. 유권자의 절반 이상이 모여 사는 통합청주시장과 충주시장을 모두 새누리당

<표 23> 충북지사 선거에서의 후보별, 정당별 득표 결과

	새누리당 (윤진식)	새정치연합 (이시종)	통합진보당 (신장호)	정의당	노동당	녹색당
정당별 득표율	53.44	38.98	3.18	2.37	1.08	0.91
후보별 득표수	346,152	361,115	18,590			

(단위 : %, 표)

에 내어주고, 지역구 도의원 당선자도 9대 19로 4년 전과는 정반대였다. 게다가 통합진보당 신장호(申璋鎬) 후보가 2.6%를 얻었으니 단순 계산해도 이 후보의 당선은 기대하기 어려운 상황이었다. 그런데 사전투표율(표 22 참조)이 13.31%로 비교적 높았고 연령별로는 이 후보의 지지기반인 20대가 19.13%로 엄청 높았다. 직업공무원으로 출발은 했지만, 철저하게 생활밀착형 복지행정과 이를 이어나갈 후속 공약으로 도민들에게 적극 다가선 점이 최문순 지사와 함께 재선 고지를 넘어선 성공 배경이라 할 수 있겠다. 두 사례의 공통점이 바로 선거구도에 집착하지 않고 내실 있게 유권자를 설득하고 다가섰다는 점이다.

맹목적인 연대의 결말은

내용 없는 야권연대가 승리를 담보하지 못한다는 두 가지 사례가 여기 또 있다. 지나치게 중도층만 공략해 낙선한 야권 후보들이 그들이다. 2014년 경기도지사 선거는 우 클릭한 야당 후보와 좌 클릭한 여당 후보 간 대결이었다. 먼저 새누리당 남경필(南景弼) 후보는 "함께하는 따뜻한 경기도"를 캐치프레이즈로 걸었고 하위 슬로건으로는 "혁신 도지사"를 내세웠다. 이에 반해 새정치연합 김진표(金振杓) 후보는 "듬직! 김진표, 준비된 도지사"였다.

일단 구호만 놓고 보자면 여야가 뒤바뀐 느낌이 든다. 김 후보는 경선 때 "경제도지사"를 내걸었다가 본선에서 "준비된 도지사"로 바꿨다. 3선 국회의원을 거친 그였지만 수십 년 경제관료 경력에 더 부합하는 이미지는 당연히 "경제 도지사"였다. 그래서 오히려 보수적인 경력과 이미지를 적극 활용해 중도층 공략에 나선 김 후보는 지상파 방송 3사 출구조사를 보면, 60대 이상에서는 박원순(朴元淳) 시장 못지않은 높은 득표율을 올렸다. 그러나 20~30대에서는 박 시장보다 3%포인트 내지 4.5%포인트를 덜 얻는다. 패인은 바로 야권성향인 청년층에 집중하지 않은 탓이다.

경기도는 박빙승부 지역 중에서 사전투표율(표 22 참조)이 두 번째로 낮은 10.31%였다. 특히 세대별로는 야권의 주요 지지기반인 30대에서 8.4%로 가장 낮았다. 서울의 10.39%는 물론 전국 평균인 9.41%에도 미달했다. 또 경기도는 개표 결과 정당투표에서 약 12만 명이 무효표를 던졌는데, 지사 선거 때는 3만 명가량이 무효표 대열에 더 합류한다. 이는 김 후보의 중도층 공략에 실망한 진보성향 유권자의 추가 이탈을 의미하는

〈표 24〉 후보별 방송 3사 출구조사 세대별 지지율

	20대	30대	40대	50대	60대이상
박원순	69.9	74.5	66.0	41.8	23.1
김진표	65.4	71.4	63.9	39.8	22.4

(단위 : %)

	새누리당(남경필)	새정치연합(김진표)	진보4당 합계	무효표
정당별 득표수	2,395,867	2,204,004	412,723	120,842
후보별득표수	2,524,981	2,481,824		149,886

(단위 : 표)

것이었다. 한편 정당투표에서 새누리당은 47.6%를 얻었으므로 이론적으로는 새정치연합 43.8%와 통합진보당, 정의당, 노동당, 녹색당 등을 합하여 51.7%만 수성했어도 김 후보는 너끈하게 당선이 가능했을 것이다.

이와 반대로 남경필 당선자는 새누리당의 정당투표에 더해 야당 지지자들로부터 약 13만 표를 더 얻는다. 이는 유효투표의 약 2.6%에 해당한다. 그의 혁신 이미지와 행복도지사 마케팅, 즉 좌 클릭에 확실하게 성공했기 때문에 거둔 결실이라 할 수 있다. 한편 지지율 3% 안팎을 달리던 통합진보당 백현종 후보가 "경기도에서 새누리당 후보가 당선되는건 또 다른 재앙이다"며 투표일을 나흘 앞두고 조건 없이 전격 사퇴한다. 사실상 김진표 후보 지지였다.

그러나 그를 지지하던 진보유권자들은 상당수가 김진표 후보에게 표를 던지지 않았다. 5개월 뒤 중앙선거관리위원회는 무효표의 60% 가량이 사퇴한 백현종 후보의 난에 기표한 것이라고 확인해 준 바 있다. 60%면 약 9만 표에 해당하며, 남경필-김진표 두 후보 간 격차가 4만 3,000표(0.87%) 정도였으니 김 후보가 선거에서 이기기 위해서는 중도층 공략보다는 오히려 진보적 정체성 확보에 좀 더 진력했어야 했다.

또다른 사례는 2014년 6·4선거의 최대 이변을 낳을 뻔했던 부산시장

승부다. 한때 당선까지 넘봤던 오거돈(吳巨敦) 후보의 진짜 패인은 무엇일까? 우선 부산은 경기도와 함께 박빙 지역 중 정당투표보다 시도지사 선거에서 무효표가 늘어난 두 개의 선거구 가운데 하나였다. 마침 두 군데 모두 통합진보당 후보가 자진 사퇴를 하자 1 대 1 구도가 되었는데, 그만큼 야권단일 후보에게 표를 던지고 싶지 않은 유권자가 더 있었던 것이다.

통합진보당 고창권 부산시장 후보도 선거 6일 전에 "지방정권 교체를 열망하는 부산시민의 뜻을 저버릴 수 없어 후보직을 내려 놓는다"며 일방적으로 사퇴 기자회견을 갖는다. 부산은 정당투표에서 2.8%의 무효표가 나왔는데 시장 선거에서는 3.4%로 늘어나 5만 4,000표가 된다. 서병수(徐秉洙)-오거돈 두 후보의 표 차는 2만 표(1.3%)였으니 얼마나 아쉬운 일인가? 오 후보는 새정치연합의 김영춘(金榮春) 후보와 단일화를 했으면서도 무소속 구청장·시·구의원 후보들까지 모두 흡수하기 위해 야권단일 후보가 아닌 '기성정당 반대와 범시민 단일후보'를 표방했다. 새정치연합 기초단체장 후보들과 공동유세는 물론 공동기자회견도 한 번도 없었음은 물론이다.

박원순, 안희정(安熙正) 후보 등이 세월호 참사 때문에 로우 키 행보를 하면서도 필요에 따라 공동 공약 발표회 등으로 기초단체장 후보들을 지원사격한 것과는 확연하게 대비된다. 오 후보는 30년 관료 이력을 내세워 행정 전문가를 표방했고, 해양수산부 장관과 한국해양대학교 총장 경력을 앞세워 "동북아 해양경제수도 건설"을 캐치프레이즈로 내걸었다. 야권 후보임에도 불구하고 65세 이상 마을버스 무료화, 버스 환승요금 200원 폐지 외에는 눈에 띄는 복지공약도 없었다.

<표 26> 서병수–오거돈 후보의 득표수와 정당득표수 및 무효표 수 비교

	새누리당 (서병수)	무소속 (오거돈)	새정치연합	진보4당 합계	무효표
정당별 득표수	921,198		520,414	142,822	44,014
후보별 득표수	797,926	777,225			54,016

(단위 : 표)

이에 반해 새누리당 서병수 후보는 메인 슬로건을 "일자리 시장"으로 들고 나왔다. 그는 경제학 박사 출신에 가업인 운수회사 사장을 역임했다. 국회의원 재직 중 주로 경제관련 상임위원회에서 활동했고, 기획재정위원장 경력을 십분 활용하여 매년 5만 개씩 일자리를 만들겠다고 구체적으로 제시하기도 했다. 물론 여당 후보로서 '동북아 해양중심 도시' 구상도 밝혔다. 결국 이웃이 떠나가고 살기도 점점 힘들어진 부산시민들은 실현 가능성이 불분명한 개발공약보다는 친박 실세가 제시하는 현실적인 이익에 한 표를 행사한 것이라고 할 수 있다. 그러니 결국 오 후보의 60대 이상을 겨냥한 중도층 공략은 아무 소용이 없었다.

또한 부산은 접전 지역 중에서 사전투표율(표 22 참조)이 가장 낮은 8.9%를 기록했다. 특히 세대별로는 야당의 주요 지지기반인 20대 이하 13.35% 등 20~40대 청년층에서 전국 평균을 적용하면 약 4만 명 정도가 투표에 참여하지 않았다. 박빙으로 무릎을 꿇은 오 후보가 통합진보당의 내용적인 지원사격에도 불구하고 청년층과 진보 성향 유권자들을 흡수하지 못한 아쉬운 대목이다.

다야(多野)일수록 여소야대로

여기서 일단 정리를 해두자. 후보 당사자의 진정성 있는 접근 없이 맹목적인 연대와 지지층 넘겨주기만으로는 절대로 선거에서 성공하지 못한다는 것을 앞의 사례들에서 보여준 바 있다. 그렇다면 이런 경우는 어떨까? 만약 예기치 않게 선거를 앞두고 단일 여당 후보 앞에 분열된 다수의 야당 및 무소속 후보가 난립하는 상황이 벌어진다면 여권은 당연히 필승의 결실을 거두는 것이 아닐까? 과거 데이터가 보여주는 결론을 미리 말해두자면 천만의 말씀이다. 현명한 우리 유권자들은 영악하지도 않았지만 그렇다고 절대 바보짓도 하지 않았다.

16년 만에 부활된 1987년 직선제 대통령 선거에서 야권은 양김 단일화에 실패함으로써 노태우 후보에게 청와대 주인 자리를 헌납하고 만다. 그것이 교훈이었을까? 역시 17년 만에 소선거구제로 바뀐 1988년 13대 총선 때도 계속해서 야당 정치인들의 분열이 이어졌지만, 유권자들은 영리하게도 황금분할 구도를 만들면서 민주정의당(민정당)을 역대 보수 여당 가운데 최악의 의석수인 125석으로 만들어버린다.

특히 77석이 걸린 수도권에서는 과반수는커녕 32석 확보에 그쳤다. 이것이 당시 여소야대를 만든 가장 큰 원인이 되었다. 통일민주당(민주당), 평화민주당(평민당), 신민주공화당(공화당) 등 야권 3당은 수도권에 모두 216명의 후보를 출마시키며, 그들끼리도 자존심을 걸고 평균 2.84 대 1의 혈투를 벌였으나 이런 상황에서도 민정당은 어부지리를 차지하지 못했다.

지금은 언감생심 꿈도 꾸지 못하는 강남지역 선거구이지만, 그때는

	민주정의당	평화민주당	통일민주당	신민주공화당	기타·무소속
총 의석수	125	70	59	35	10
수도권 의석수	32	18	15	9	3

(단위 : 석)

야권에서 당선자를 세 명이나 배출했다. 강남(갑)은 외국어대 총장을 지낸 민주당 황병태(黃秉泰) 후보가 야권 3당 후보들은 물론, 친야 무소속 후보인 장기욱(張基旭) 현역의원까지 출마하는 대혼전 속에서도 1위를 차지하는 기염을 토했다. 이웃한 서초(을)에서도 민주당 김영삼 총재의 측근 김덕룡(金德龍) 전 민추협(민주화추진협의회의 약칭. 김영삼계와 김대중계의 구 야권 재야 정치인들이 김영삼의 단식투쟁과 양김의 8·15 공동선언을 계기로 1984년에 결성하였다) 기조실장이 야권 3당과 신민당 후보가 경쟁하는 가운데에서 이동복(李東馥) 민정당 후보를 무려 13%포인트 이상의 차이로 눌러버렸다.

친야 성향의 무소속도 기세를 올렸다. 서초(갑)에 출마한 박찬종(朴燦鍾) 변호사는 야권 3당과 한겨레민주당 후보가 있었음에도 불구하고, 그 어려운 강남권에서 금배지를 목에 걸었고, 재선 도전에 나선 '돌아온 정치사형수' 이철(李哲) 의원도 성북(갑)에서 역시 야권 3당과 한겨레민주당 후보를 뿌리치고 여의도행을 결정지었다.

14대 총선에서도 비슷한 상황이 재연되었다. 1990년 3당 합당으로 탄생한 거대 여당 민주자유당(민자당)은 216석으로 출발하여 개헌 선을 돌파하였다. 그러나 1992년 14대 총선을 앞두고 일부 공천 탈락자가 탈당을 하면서 194석으로 선거를 맞이한다. 22석이 줄었지만 그래도 여전히 워낙 많은 의석수를 보유하고 있었기 때문에 이 정도면 다음 선거에서 대단히 유리한 수준이었다.

그러나 선거 결과는 과반수에 1석 모자라는 여당의 패배였다. 이유는 대통령 선거 출마를 위해 정주영 회장이 급하게 창당한 통일국민당과 무소속 후보가 돌풍을 일으키며 여당 의석을 무려 52석이나 가져갔기 때문이었다. 먼저 통일국민당은 서울 대부분의 선거구에 후보를 낸 가운데 강남권에서 두 명의 당선자를 배출한다. 강남(갑)에서 금배지를 목에 건 김동길(金東吉) 연세대 교수는 《조선일보》 논설고문을 지낸 당대 최고의 논객이었다. 그는 평민당 거물 이중재(李重載) 부총재에게는 더블 스코어, 민자당 황병태 후보에게도 15%포인트 이상 앞서며 여유 있게 개표 초반에 당선을 확정지었다.

《한국일보》 편집국장 출신의 조순환(曺淳煥) 후보는 중산층 밀집지역 송파(갑)에 잘 먹혀들어서 역시 민자당과 민주당의 3파전을 뚫고, 각각 1~2%포인트 차이로 아슬아슬한 당선의 영예를 안았다. 이밖에도 인기 코미디언 정주일(鄭周逸) 후보가 구리에서, 8전 9기의 신화 김두섭(金斗燮) 후보는 김포강화에서, 정주영 회장의 4남 정몽준(鄭夢準) 의원이 이끈 울산에서는 세 석을 모두 통일국민당 후보가 석권했다. 이렇게 통일국민당은 대구경북 네 석, 경기도 다섯 석, 강원도 다섯 석, 경남 세 석 등 각 지역에서 골고루 의석을 얻었는데, 이 모든 선거구에서 민자당 및 민주당 후보와 3파전을 치렀다.

한편 무소속 당선자 21명 중에는 여당 텃밭인 영남 지역에서만 무려 11명이 나왔다. 이것이 여소야대를 만들어낸 결정타였다. 민자당 대표를 차지하며 연말 대선후보를 예약한 YS에 대한 반발로 대구경북에는 특히 5공 인사들이 무소속으로 출마를 많이 했다. 12·12 당시 특전사령관으로 군사쿠데타에 참여했으며 5공 정권에서 내무부장관과 국방부장관을 지낸 정호용(鄭鎬溶, 대구), 전두환 보안사령관 비서실장과 청와대 정무수석을 역임한 허화평(許和平, 포항), 역시 청와대 정무비서관 출신 김길홍(金吉弘) 전국구 의원(안동), 전두환 전 대통령의 손아래 동서이자 주 호주 대사를 지낸 김상구(金相球) 12대 의원(상주) 등이 그들이다.

경남에서도 주 소련 공사를 역임한 이강두(李康斗, 거창), 일동제약 부사장을 맡고 있던 정필근(鄭必根, 진양), MBC 뉴스데스크 앵커 출신인 하순봉(河舜鳳) 11대 의원(진주)이 조만후(曺萬厚) 의원 같은 현직 또는 쟁쟁한 여당 후보들을 제치고 여의도 의사당을 향하는 경부선에 몸을 실었다.

15대 총선은 신한국당이 4년 전보다 10석이나 더 빼앗겨 13대 총선 이래 두 번째로 크게 패한 선거였다. 가장 큰 패착은 대구경북에서 자민련에 10석이나 허용한 데 있었다. 이때 자민련은 새정치국민회의, 통합민주당 등 야권 3당이 대부분의 선거구에서 후보를 내는 치열한 각축전이었음에도 눈부신 성과를 이뤄낸다. 물론 자민련은 당 총재 JP의 근거지인 충청권에서 총 28석 중 24석을 쓸어 담는다. 이 선거에서 자민련은 경기도 5석, 강원도 2석 등 총 50석을 얻으며 일약 정국운영의 한 축을 맡게 되었다.

대구는 13개 선거구에 총 103명의 후보가 출마하여 평균 7.9 대 1의 경쟁률을 보임으로써 후보가 난립하였다. 이는 여당인 신한국당에게는 분명 호재로 작용하였다. 그러나 개표함을 열어보니 자민련에 8석, 무소속에 3석을 내주고 신한국당은 강재섭(姜在涉) 대변인 등 단 두 명이 생환하는 데 그쳤다. 자민련은 최다 경쟁률을 보인 남구(11명 출마)에서 이정무(李廷武) 13대 의원이 신한국당 김해석(金海碩) 현역의원을 17%포인트 이상의 차이로 여유 있게 리드했고, 10명이 출마한 동구(갑)에서는 김복동(金復東) 전 육사 교장이 강신성일(姜申星一, 예명: 신성일) 후보를 비슷한 차이로 따돌렸다.

이밖에도 체육청소년부 장관을 지낸 박철언(朴哲彦) 의원이 당적을 옮겨 3선에 성공했으며, 박준규(朴浚圭) 후보는 재산공개 파문(김영삼 대통령이 취임 이틀 만에 첫 국무회의에서 자신과 가족의 재산을 공개했고, 이후 정부와 여당의 고위 인사들의 재산공개가 잇따르면서 큰 파문을 일으켰다. 그 와중에 박양실 보사부 장관, 허재영 건설부 장관 등 임명된 지 얼마 안 된 장관들이 물러났고, 김재순 전 국회의장, 유학성·김문기 의원이 의원직을 사퇴했고, 정동호 의원은 제명을 당했다)으로 국회의장직을 도중하차하고 당을 탈당한 상태에서 9선을 달성하며 명예를 회복했다. 그는 15대 후반기 국회의장에 선출됨으로써 헌정 사상 전무후무한 3선 국회의장의 대기록까지 남기게 된다.

경북에서도 경찰청장을 지낸 김화남(金和男) 후보 등 두 명의 당선자를 배출하는데, 통합민주당 권오을(權伍乙) 의원과 무소속 다섯 명 등 총 여덟 명의 비신한국당 의원이 탄생한다. 특이한 것은 포항의 허화평(許和平) 의원이 14대에 이어 무소속으로 연속 당선된 점이다. 경북 역시 대구보다는 다소 작지만 6.8 대 1로 경쟁률이 매우 치열했다. 전국 평균이 5.5 대 1이었으니 대구경북의 금배지 쟁탈전이 얼마나 힘들었을지 독자 여러분은 짐작하고도 남으리라.

이처럼 선거를 앞둔 정치권의 사정이 조금씩 다르기는 했지만 다수의 의석을 만들어놓고 거드름을 피우려 하는 여당에게 유권자들은 결코 맹목적인 지지를 보내지 않았다. 오히려 유권자들은 다양한 구도로 당선자들을 배분하면서 정치판에 활기를 불어넣으려 했다고 할 수 있다. 앞서 살펴본 지난 총선 결과들을 놓고 보면 유권자들은 후보난립을 야권분열로 보고 회의감을 갖기보다는 생동감 넘치는 다채로운 후보들과의 만남을 오히려 반기고 환영했다고 해도 무방하지 않을까.

생활밀착형 진보가 답이다

'야권분열 = 선거 패배'가 아니라는 사실은 1995년 제1회 지방선거 결과를 봐도 알 수 있다. 김영삼 대통령 집권 2년 3개월 만에 치러진 이 선거에서 야당은 열 곳에서 승리했고, 여당인 민자당은 다섯 곳을 차지하는 데 그쳐 참패했으며, 이름까지 신한국당으로 바꾸는 수모를 겪었다. 제1야당인 민주당은 서울 등 네 곳에서 승리했으며, 제2야당인 자민련도 강원 등 네 곳을 이겼고, 무소속은 대구와 제주 등 두 곳에서 당선자를 배출했다.

이때도 민주당은 대전, 충남북 등 충청권 전 지역에 후보를 냈지만, 이에 방해받지 않고 자민련 후보가 모두 승리했다. 특히 홍선기(洪善基) 대전시장 당선자는 63.8%, 심대평(沈大平) 충남지사 당선자는 67.9% 득표로 몰표를 받았다. 서울에서는 3년 전 대선에서 단기 필마로 출마하여 151만 표라는 만만치 않은 득표력을 보여주며 무균질 정치인으로 불린 친야(親野) 무소속 박찬종(朴燦鍾) 후보가 33.5%를 얻는 선전을 했지만, 민주당 조순(趙淳) 당선자는 민자당의 정원식(鄭元植) 후보를 3등으로 밀어내고 더블 스코어 이상으로 승리했다.

조순 후보는 서울상대 교수 출신으로 경제부총리와 한국은행 총재를 역임했기 때문에, 역시 서울사대 교수 출신으로 문교부 장관과 국무총리를 지낸 정원식 후보에 비해 결코 밀리지 않았다. 경력 충돌을 고려하지 않은 민자당의 후보 전술은 결과적으로 대패로 이어진 셈이다.

대구에서는 청와대 경제수석과 13대 의원을 지낸 무소속 문희갑(文熹甲) 후보가 당선됐는데, 자민련 이의익(李義翊) 후보가 2등, 무소속 이해봉(李海鳳) 후보가 3등, 여당인 민자당 조해녕(曺海寧) 후보가 4등으로 밀려났다. 민자당 조 후보는 정통 내무관료 출신으로 대구광역시장을 하다가 옷을 벗고 바로 출마했는데도 이런 수모를 당했다. 대구의 이 개표 결과는 1년 후 총선에서 대구경북 지역의 자민련과 무소속 돌풍을 예고

〈표 28〉 1995년 야권분열 시 시도지사 선거결과

시도	당선자	2위	비고
서울	민주당 조순(42.3)	무소속 박찬종(33.5)	민자당 정원식(20.7)
대전	자민련 홍선기(63.8)	민자당 염홍철(20.9)	민주당 변평섭(10.8)
충남	자민련 심대평(67.9)	민자당 박중배(19.2)	민주당 조중연(12.9)
충북	자민련 주병덕(36.4)	민주당 이용희(24.5)	민자당 김덕영(23.3)
대구	무소속 문희갑(36.8)	자민련 이의익(22.1)	무소속 이해봉(21.3) 민자당 조해녕(16.9)

(단위, %)

하는 것이었음을 당시는 아무도 몰랐다. 이의익 후보와 이해봉 후보는 1년 뒤 자민련과 무소속으로 각각 국회의원 배지를 달았다.

2014년 6·4 지방선거 새정치연합 충청권 전승을 이끈 주역은 단연 충남지사 재선 도전에 나선 안희정(安熙正) 후보였다. 그는 무소속 김기문(金基文) 후보가 3.8%를 가져가고 정당투표 득표율에서 마이너스 15.0%라는 절대 열세를 극복하고, 15개 시·군 가운데 12개 지역에서 완승했다. 따라서 그의 8.3%포인트 차 승리는 사실상 23.3%포인트 차이의 대승이다. 그의 이러한 승리는 정당투표 득표율이 새누리당과 동률을 이룬 서울에서 정몽준 후보에게 13.1%포인트로 앞선 박원순 시장과 비교하면 얼마나 큰 것인지 알 수 있다. 방송 3사의 출구조사에서 정진석(鄭鎭碩) 후보에게 겨우 1.7%포인트 앞섰던 안희정 충남지사는 개표결과 8.3%포인트 차이로 여유 있게 연임에 성공했다. 막판에 불어 닥친 "박근혜를 살려주세요" 구호를 뛰어넘은 그의 승리 요인은 과연 무엇일까?

4년 전 송영길(宋永吉) 인천시장, 이광재(李光宰) 강원지사와 함께 '486 트리오'로 당선된 안 지사는 공약대로 혁신 도정을 지속적으로 추진했고 많은 성과를 냈다. 3농 혁신(농어민·농업·농어촌 혁신)을 통해 농림수산식품부로부터 각종 평가 1위를 휩쓸었고, 전국 최초로 셋째 아이 무상보육도 실천했다. 또한 100% 정보공개를 통한 투명한 도정, 민·관 협력의 강화 등 인상적인 행정혁신으로 당이 다른 박근혜 대통령의 관심까지 받았을 정도다.

6·4 선거에서도 3농 혁신의 지속적 추진과 지역균형 발전을 위한 역제안을 주요 공약으로 들고 나왔다. 아울러 "충청의 선택이 대한민국의 미래"라는 구호로 충청권 큰 인물 대망론을 지폈다. 결국 이 전략은

주효했고 간발의 차이로 승리한 충북과 대전시장 선거에까지 적지 않은 영향을 미쳤다. 재선을 통과한 그는 이후 보폭을 넓히면서 차근차근 2017년 대권의 꿈을 키워가고 있다.

이에 반해 새누리당 정진석 후보는 친박 인사임을 앞세워 "대통령과 호흡하는 도지사론"을 들고 나왔다. '황해경제권 시대' 건설을 위해 힘없는 야당 도지사로는 불가능하다는 네거티브 전략도 함께 구사했다. 그러나 현명한 충남지역 유권자들은 정당투표에서 새누리당을 지지한 유권자 가운데 무려 7만 6,000여 표(8.6%)가 안희정 후보에게 크로스보팅했다.

한편 충남은 사전투표율(표 22 참조)이 11.93%로 전국 평균을 상회했다. 안 후보는 야당의 주요 지지기반인 20대 이하(17.9%)와 그의 동년배인 40대(11.26%)가 특히 높은 참여율을 보인 사전투표에서 표를 많이 받

3농혁신 토론회에 참석 중인 안희정 지사

은 것으로 보인다. 그러나 출구조사에서는 사전투표가 반영되지 않기 때문에 정진석 후보와 격차를 벌리지는 못했던 것 같다.

1995~98년 지방자치 실시 초기 민주당은 조순(趙淳), 고건(高建), 임창열(林昌烈) 등 안정감 있는 후보들을 내세워 서울, 경기를 장악했다. 그러나 지난 2010년 선거에서는 무상급식 정책이슈를 전면에 앞세우고 486 신진 기예들을 전진 배치해 불모지였던 인천, 강원, 충남을 개척했다. 바야흐로 인물 선호도까지 트렌드가 바뀐 것이다.

2014년 지방선거 때도 생활진보의 정체성을 분명히 한 박원순, 안희정, 최문순, 이시종 등 혁신형 인물은 재선에 성공했다. 반면에 화려한 경력에도 불구하고 주로 중도층을 공략한 김진표, 오거돈 후보는 각각 두 번째 도전에도 실패했다. 겸손하게 생활 속으로 찾아 들어가는 진보, 그것이 모범답안임을 이 개표결과들이 확인시켜주고 있다.

뭉치면 죽고 흩어지면 산다?

진정성 없는 야권 연대도 별 소득이 없고, 야권분열을 조장하며 선거에서 압도하려는 여권의 세력전도 유권자의 선택을 받지 못한다는 사실을 우리는 지금까지 확인해 왔다. 그렇다면 1여(與) 1야(野) 구도면 야당도 해볼 만할까?

역대 총선에서는 아이러니하게도 민주당이 포함된 야권이 분열하면 새누리당 과반수를 저지했고, 단결하면 오히려 과반수를 허용하는 상반된 결과가 나타난다. 2007년 대선에 패배한 야당은 18대 총선 때 통합민주당으로 합쳤지만, 한나라당의 과반수를 허용하고 만다. 19대 때도 민주당은 '백만 민란 국민의 명령' 문성근(文盛瑾) 대표가 이끌던 '혁신과 통합'과의 통합에 이은 통합진보당과 야권연대를 통해 전국적인 1 대 1 구도를 만들었지만, 새누리당에 과반수를 내주고 말았다.

통념으로 보면 1여(與) 다야(野) 구도일 때 야당은 필패해야 맞다. 그러나 제3당이 원내교섭단체 구성에 성공한 13대, 14대, 15대 총선은 여당인 민정당과 민자당, 그리고 신한국당이 참패하거나 과반수에 미달하는 결과를 낳았다. 특히 제3당의 의석수가 커지면 커질수록 여당의 의석수는 쪼그라들었다. 13대 때 민주당과 공화당이 각각 59석과 35석을 얻자 민정당은 125석에 그쳤고, 15대 때 자민련이 50석을 획득하자 신한국당은 과반수에서 11석이나 미달하는 139석에 머물렀다. 그리고 14대 총선 때도 통일국민당이 31석을 얻으면서 거대 여당이었던 민자당은 과반수에서 1석이 미달하는 결과를 받아들였다.

18대 총선도 이명박(李明博) 대통령의 압승 직후 치러진 선거에다 수도권에 불어 닥친 뉴타운 광풍으로 한나라당의 대승이 예상됐지만, 개표 결과는 과반수에서 단 3석 초과에 그쳤다. 그 힘은 바로 제3정당인 자유선진당과 친박연대가 한나라당으로 향한 표를 흡수했기 때문이었다. 결국 제3당의 약진이 여당의 압승을 저지했다는 사실은 친여 지지자들이 지지 성향을 바꾸지 않으면서도 일방적인 여당 지지에는 거부감을 보여준 결과라고 할 수 있다. 그러니 야권에서는 여당의 선거 패배를 자신의 성공처럼 생각해서는 안 될 것이다. 선거 데이터가 보여주는 이러한 교훈을 냉정하게 인식해야 야권이 더 많은 지지를 받을 수 있는 방법을 찾을 수 있다.

이런 교훈을 염두에 두지 않고 선거 결과를 아전인수식으로 해석하여 크게 쓴 맛을 보았던 경우도 있다. 야당의 안이한 사고를 보여주는 사례를 하나 들어보겠다. 지난 2010년 지방선거에서 완승한 민주당은 당시 민주노동당과 야권연대를 통해 시도지사 16석 중 한나라당에 단 6석만을 내주며 여유 있는 승리를 거두었다. 그리고 이러한 선거 결과를 단결의 힘으로 평가하고 나섰다.

그러나 냉정하게 돌아보면 이 선거는 15년 만에 지방선거 최고인 54.4%의 투표율을 기록할 정도로 특히 젊은 세대의 투표 참여율이 증가한 덕을 본 것도 있었고, 나아가 비록 지방선거였지만 이명박 정부 실정에 대한 심판성격을 지닌 중간선거이기도 했다. 이미 1995년 제1회 지방선거에서 당시 김영삼 대통령이 이끄는 민자당이 야당에 대패한 것과 같은 성격을 지닌 것이었으니 이는 결코 야권의 단결이 만들어낸 성과가 아니었다.

상대인 집권 여당의 잘못으로 어부지리를 얻은 사정을 인식하지 못하고 안이함에 빠져든 야당은 어떤 오판을 하게 되었을까? 선거결과를 잘못 해석한 민주통합당은 2년 뒤 19대 총선에서 다시 통합진보당과 야권연대를 통해 새누리당과 겨루는 큰 패착을 두고 말았다.

호남당은 70~80석, 비호남 야당은 30~50석

이번에는 다른 각도에서 선거 결과를 살펴보자. 국민 모두가 인정하는 것 가운데 하나가 지역 연고 투표 성향이니 과연 이런 정서 속에서 지역 연고 정당은 어떻게 탄생하고 어떤 선거 결과를 얻었을까?

먼저 13대 총선 결과를 보면 부산경남을 기반으로 한 통일민주당(민주당)은 59석을 차지했고, 충청권을 휩쓴 신민주공화당(공화당)은 35석을 얻어 원내교섭단체 구성에 성공했다. 정주영 회장이 창당한 통일국민당은 14대 총선에서 5개 시도에 골고루 당선자를 내며 31석의 원내 3당으로 우뚝 선다. YS와 결별하고 자민련을 독자 창당한 김종필 총재는 15대 총선에서 충청권 이외에도 네 개 시도에 당선자를 배출하며 무려 50석을 차지하는 기염을 토했다. 18대에서는 이회창(李會昌) 총재의 자유선진당이 충청권에서 18석, 친박연대가 영남권을 중심으로 14석을 획득했다. 이 둘을 합하면 32석이다.

양당구도가 뚜렷하게 나타난 16대, 17대, 19대 총선을 제외하면 13대 이후 총 일곱 번의 선거 중 네 번에 걸쳐 30~50석 규모의 비호남 야당이 출현했다. 그런데 비호남 야당이 출현하게 된 배경이 있다. 그 하나는 김종필, 정주영 등과 같은 강력한 대중적 리더십의 등장이 이를 가능하게 했다. 이것은 매우 긍정적인 영향 요인이라 할 수 있다. 다른 하나가 또 있다. 충청 차별 또는 친박 공천 학살과 같은 네거티브 캠페인의 등장이 그것이다. 이는 불가피할 수는 있겠지만 긍정적인 요인으로 간주하기는 힘들 것이다.

호남당은 모두 세 번 출현했다. DJ가 1987년 대선 출마를 위해 만든 평화민주당(평민당)이 첫 번째다. 그래도 평민당은 13대 총선에서 70석을 얻으며 일약 제1야당으로 부상한다. 여소야대 정국을 이끌며 오늘날 민주복지국가 시대 개막을 알리는 다양한 입법을 추진했다. 16년 만에 국정감사와 조사를 부활시켜 많은 국민의 알 권리를 해소해왔고, 집회 및 시위에 관한 법률 등 각종 민주주의관련 법률들을 제정하거나 고쳤다.

대선 삼수에 실패한 DJ가 정계에 복귀하기 위해 민주당을 분당하며 만든 두 번째 호남당은 새정치국민회의(국민회의)라는, 당시로서는 생소한 이름의 정당이었다. 야권분열에 대한 원성이 자자했으나 대부분의 민주당 의원들이 옮겨갔고 선거 결과도 과거 평민당보다 더 많은 79석을 획득한다. 이 당은 최초의 평화적 정권교체의 대기록을 남긴 정당으로 역사를 장식한다. 이 호남당이 이끈 15대 총선 결과를 보면 14대 때의 민주당 의석보다는 줄었지만, 새정치국민회의 79석, 자민련 50석, 통합민주당 15석으로 14대 당시 민주당 97석과 통일국민당 31석보다 야권의 파이가 오히려 더 커졌다.

세 번째 호남당은 이른바 '도로 민주당'이라고 불리는 18대 통합민주당이다. 민주당 계열로는 전무후무한 과반수 의석을 차지한 열린우리당은 2005년 상반기 재·보선을 시작으로 연전연패에 몰리더니 드디어 2007년 노무현 대통령 임기 말 당명도 대통합민주신당으로 바꾸고 대통령 선거를 맞는다. 그러나 정동영(鄭東泳) 대통령후보가 531만 표 차이의 대참패를 맛본 후, 단 9석을 가진 새천년민주당과의 굴욕적인 통합을 통해 총선 준비에 들어간다. 그러나 총선 개표 결과는 81석으로 과거 국민회의와 별반 차이가 없었다.

다만 국민회의는 호남과 수도권에서 당선자를 100% 배출했으나, 통합민주당은 충북에서 8석 중 6석을 차지하고 부산에서 재선에 성공한 조경태(趙慶泰) 의원 등 수도권 외 6개 시도에 당선자를 내면서 호남과 수도권 집중비율을 다소 떨어뜨려 77.3%로 낮췄다는 정도가 차이라면 차이였다. 그러나 수도권 당선자도 추미애(秋美愛, 서울 광진을)·최규식(崔奎植, 서울 강북을)·김희철(金熙喆, 서울 관악을)·이석현(李錫玄, 안양 동안갑)·천정배(千正培, 안산 단원갑) 등 대부분 호남세가 강한 지역에서 나왔다는 점을 감안한다면 호남당임을 부인할 수는 없다.

남의 불행은 나의 당선

야권 분열이면 여당 후보에게 유리하다는 명제가 일반적으로 통하는 것이 정설이었는데, 그것이 빗나간 것이 바로 15대 총선이다. 신한국당, 국민회의, 자민련과 이기택(李基澤)·장을병(張乙炳) 공동대표의 통합민주당이 함께 경쟁한 15대 총선은 13대 총선 못지않게 기록도 풍성히 남겼다. 이 선거에서 특별히 주목해 봐야 할 재미있는 개표 결과가 나오는데 유명 정치인들의 희생을 바탕으로 신진 기예들이 여의도에 대거 입성했다는 사실이 그것이다. 이른바 남의 불행이 나의 행복이 된 셈이다.

데이터를 보면 여기에는 한 가지 이상한 공식이 등장한다. 이를테면 통합민주당의 현역 의원이 재선에 성공하거나 선전을 펼치며 아깝게 진 경우에는 국민회의의 정치 신인이 그 자리를 대신해 야당의 당선을 이어가는데, 통합민주당 후보가 많은 득표를 하지 못한 경우에는 야권 표 규모 자체가 줄어듦으로써 국민회의 후보도 당선되지 못했다는 것이다. 이것이 의미하는 바는 과연 무엇일까? 자세한 상황을 사례를 통해 살펴보기로 하자.

국민회의의 분당 사태를 맞아 여기에 참여하지 않은 유력 정치인들은 낙선을 각오하며 1996년 4월 11일을 맞았다. 그러나 분당 전 민주당 최고위원을 지낸 서울 강동(갑)의 이부영(李富榮) 의원은 2위를 차지한 국민회의 김형래(金炯來) 전 의원을 13%포인트 이상 차이로 밀어내고 재선에 성공한다.

동아일보 해직기자 출신으로 전민련(전국민족민주운동연합의 약칭. 1989년에 결성되었다. 서울 등 전국 12개 지역 단체와 노동자·농민 등 8개 부문 단체, 200여 개별 단체 등을 망라한 해방 이후 최대 규모의 민족민주운동 단체였다) 상임의장을 지냈던 그는 이미 여러 언론사 정치부 기자가 꼽은 차세대 정치인 대열에서 늘 앞 순위로 보도되곤 했으니, 지역구 유권자들이 평 국회의원에서조차 그를 낙선시키지는 않았던 것일 게다.

당 사무총장을 맡아 선거를 총괄한 제정구(諸廷丘) 의원도 2등을 차지한 신한국당 이병수(李炳守) 전 두산기계 대표이사를 15%포인트 가량 큰 스코어 차이로 따돌렸다. 그는 빈민운동의 대부로 1977년 서울 양평동 뚝방 동네의 강제철거가 시작되자 철거민들을 이끌고 지금의 경기도 시흥시에 복음자리 마을을 세웠다. 그러니 설사 무소속으로 나와도 적수가 없을 정도였다. 이밖에도 경기 여주에서 출마한 민추협(민주화추진협의회의 약칭, 야권의 재야 정치인들이 1983년 5월 김영삼의 단식투쟁과 같은 해 8월 김대중·김영삼의 8·15 공동선언을 계기로 결집해 1984년에 결성한 정치단체) 대외협력국장 출신의 이규택(李揆澤) 의원이 2연속 당선에 성공했고, 이천에서는 치과의사 출신 황규선(黃圭宣) 후보가 2전 3기 끝에 금배지를 목에 걸었다.

이외에도 당선은 안 됐지만 상당한 득표율을 올리고 낙선한 통합민주당의 수도권 현역의원은 꽤 많았다. 그런데 이렇게 그들이 선전하며 낙선한 지역은 반드시 국민회의의 신인을 당선자로 등장시켰다. 민청학련(전국민주청년학생총연맹의 약칭. 1973년 김대중 납치 사건 이후 반유신 운동이 크게 일어난다. 박정희 정권은 긴급조치 1, 2호를 선포하고 집회·시위 등을 금지시켰으나 대학가에서 일어나는 집단행동을 막을 수 없었다. 중앙정보부는 민청학련이라는 불법단체가 배후라고 발표하였다. 총 180명을 구속하여 여덟 명이 사형을, 주모자급은 무기징역을, 그리고 나머지 피고인들은 최고 징역 20년에서 집행유예까지를 각각 선고받았다.) 사형수 출신 이철(李哲) 의원(3선)이 서울 성북(갑)에서 31.8%를 얻었는데, 이 선거구의 당선자는 〈MBC 백분토론〉 사회자로 명성을 날린 국민회의 유재건(柳在建) 변호사였다.

역시 민청학련 사건으로 사형을 선고받고 꼬박 4년 반을 복역한 유인태(柳寅泰) 의원(초선)이 서울 도봉(을)에서 25.9%를 득표했는데, 그는 설훈(薛勳) 전 김대중 총재 보좌관의 당선에 결정적으로 기여했다. 낙선 후 절치부심하던 유인태 의원은 17대와 19대 총선 때 같은 선거구에서 재기에 성공하여 민청학련 사건 당시 배후로 지목되어 형장의 이슬로 사라진 도예종(중앙정보부는 인민혁명당 재건위가 민청학련 사건의 배후라고 지목하여 23명을 불법 연행, 불법 고문하고 재판이 종료된 지 24시간이 안 되어 기습적으로 사형을 집행했다. 2007년 서울중앙지법은 사건 관련자 8인에 대해 무죄를 선고했다) 등 8명의 억울한 죽음이 되풀이 있어서는 안 된다며 사형제 폐지운동에 적극 앞장서고 있다.

고려대 운동권 출신으로 전민련 대변인을 역임한 서울 강서(갑) 박계동(朴啓東) 의원(초선)은 29.9%를 얻어 김대중 총재가 회심의 카드로 영입한 젊은 피 신기남(辛基南) 변호사를 당선시켜주었고, 서울대 제적생 출신으로 풀무원농장 설립자 고 원경선 회장의 아들인 경기 부천오정구 원혜영(元惠榮) 의원(초선)도 자민련 후보까지 포함한 4파전 속에서 무려 30.1%를 얻지만, 오정농협조합장 출신 국민회의 최선영(崔善榮) 후보에게 금배지를 넘겨야 했다.

야권 거물과 신인이 맞붙는 게 야권 필승 전략이다

그렇지만 통합민주당 후보가 득표율을 올리지 못하거나 무명이면 국민회의 후보는 낙선했다. 바로 통합민주당 후보가 국민회의 후보와 경쟁하는 신한국당 후보의 표를 잠식했기 때문이다. 서울 종로구에는 노무현 후보가 부산에서 지역구를 옮겨 출마했지만 17.7% 득표에 그친다. 국민회의 이종찬(李鍾贊) 후보가 신한국당 이명박(李明博) 당선자에게 7.5% 가량으로 패배한 결정적 이유가 여기에 있었다. 이명박 의원으로서는 재선이지만 지역구 선거로는 초선이었다.

14대 때 전국구로 등원한 박지원(朴智元) 후보는 재선 도전을 위해 경기 부천소사구에 나섰으나, YS가 민중당에서 의욕적으로 영입한 김문수(金文洙) 후보에게 단 1.9%, 1,760표 차이로 패하고 만다. 이 선거구에는 통합민주당에서 무명의 후보가 출마하여 겨우 5.6%만을 가져갔기 때문이었다. 분당 전 민주당 최고위원을 지낸 서울 성동(을)의 조세형(趙世衡) 의원도 호남세가 강한 지역임에도 불구하고 겨우 3.1%포인트 차이로 석패했다. 이 지역도 통합민주당은 약체 후보가 출마하여 단 5.4% 득표에 그치면서 신한국당의 40대 신예 김학원(金學元) 변호사의 승리를 도왔다.

국민회의 텃밭으로 분류되는 강북벨트에서 신계륜(申溪輪) 의원의 재선을 저지시킨 것도 역설적으로 통합민주당 후보였다. 성북구의원 출신인 경량급 황호산(黃鎬山) 후보는 단 6.8%의 득표에 그치면서《동아일보》해직기자 출신의 신한국당 강성재(姜聲才) 후보를 3.3%포인트 차이로 당선시키는 데 일조했다. 서울 도봉갑을·강북갑을·성북갑을 등 여섯 개 선거구에서 국민회의의 낙선자는 신계륜 후보가 유일했다.

한편 인천 남구(갑)에 출마한 박우섭(朴祐燮) 후보는 수도권 국민회의 후보 중 최저 득표율 차이인 1.15%로 분루를 삼켜야 했다. 이것 역시 통합민주당 후보가 겨우 4.6%밖에 얻지 못하면서 신한국당 표를 깨지 못한 결과 때문이었다. 민청련(민주화운동청년연합의 약칭이다. 1983년 결성됐으며, 1970년대 학생운동을 통해 배출된 청년활동가들이 주축이 되어 민주화 운동을 활성화하기 위해 결성했다. 초대 의장은 고 김근태 전 열린우리당 의장이다) 의장 출신인 그는 결국 방향을 틀어 2002년 인천 남구청장이 되었고, 2010년 재선을 거쳐 2014년 6·4 지방선거 때 3선에 성공했다.

새정치민주연합 소속 기초단체장협의회를 이끄는 박 청장은 81명 회원의 결의에 따라 2015년 2·8 전당대회 최고위원 출마를 선언했다. 지방자치단체장으로서 선출직 당 지도부의 일원이 되기 위해 도전장을 내민 일은 여야 정당사를 통틀어 그가 처음이다. 그는 출마의 변을 통해 "정치의 중심을 여의도에서 풀뿌리로 바꿔야 한다"고 주장했다. 또한 그

최고위원 출마 선언하는 박우섭 구청장

는 지방분권 개헌 추진과 같은 '자치와 분권' 시대에 맞는 이색 공약을 내걸기도 했다.

정치전문가는 물론이고 일반 국민도 너무나 당연시 생각하는 선거 필승의 룰이 선거연대요 후보 단일화다. 그러나 이것은 승리가 필요한 당사자의 환상일 뿐 실제 투표에 임하는 유권자들은 전혀 그렇게 반응하지 않았음을 과거의 선거 데이터는 적나라하게 보여주고 있다. 결국 근본에 충실해야 선거도 이길 수 있다. 진정성을 가지고 유권자에게 다가서는 노력이 있어야 하고 지역민이 원하는 진실한 후보를 유권자 앞에 내세워야 한다. 이보다 더 중요한 원칙은 어떤 경우에도 없다. 이 원칙이 지켜질 때 선거연대도 작동할 수 있고 지지표의 분산을 막는 노력도 효과를 볼 수가 있다.

그리고 여기에 더해 한 가지만 더 염두에 두자. 야권에서 참신한 정치 신인이 선거를 통해 의정단상에 등장하기를 희망한다면 차라리 같은 야권의 센 후보와 붙는 게 낫다. 그러면 둘 가운데 하나는 확실하다. 상대방의 선전 덕분에 본인이 당선되거나 본인의 여권 표 잠식으로 상대방이 대신 승리의 영예를 안게 될 것이다. 15대 총선이 보여준 교훈이 바로 이것이다.

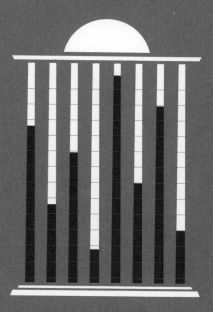

| 3장 |

개헌이

밥 먹여준다

개헌 논란 관전 포인트

2014년부터 개헌이 다시 정치권의 화두가 되고 있다. 여기서 개헌의 핵심이 되는 사안은 정부 형태에 대한 것일 게다. 현재의 5년 대통령 단임제의 문제점을 개선하고 보다 바람직한 정부 형태를 국민의 의사를 수렴해 다시 정하자는 것이 그 핵심 내용이다. 그런데 개헌문제와 정부 형태 문제를 보다 명확하게 인식하려면 몇 가지 알아두어야 할 것이 있다.

첫째, 우리나라가 채택하고 있는 대통령중심제가 외국의 경우 어느 나라에서 얼마나 채택되고 있는지 객관적으로 이해하는 것이다. 핵심부터 미리 말하자면 우리보다 잘사는 나라 가운데 미국을 제외하면 완전한 대통령중심제를 채택한 나라는 단 한 나라도 없다.

둘째, 개헌이 얼마나 자주 있었고 얼마나 쉽고 또 어려운 문제인가에 대한 고찰이다. 지금까지 우리 헌정사에서 개헌은 모두 아홉 차례 이루어졌다. 그 가운데 대통령중심제가 아닌 정부 형태는 4차 헌법개정에 의한 내각제 채택이 유일했다. 개헌이 이루어지지는 않았지만 이후에도 YS와 JP, DJ와 JP 간의 합의를 통해 두 번에 걸친 내각제 개헌 약속이 있었지만 번번이 공염불에 그치고 말았다. 노무현 대통령 시절에는 대통령중임제 개헌에 대한 구상이 처음 제기되었고 또 대연정이라는 구상으로 이원집정부제적인 발상을 내놓기도 했다.

이렇게 볼 때 현재 우리에게 개헌의 가능성은 멀지도 가깝지도 않은 상태에 있는 것 같다. 다만 어떤 정부 형태와 변화를 거기에 담을 것인지에 대한 국민적 합의와 이를 추진할 정치주체들의 신뢰도가 문제의 핵심이 아니겠는가.

현재까지 여론 조사를 비롯한 각종 조사와 핵심 정치인들의 발언을 통해 나타난 의견들을 살펴보면 아직 개헌에 대한 합의된 방향이 보이지 않고 있다. 국민은 막연한 대통령제 선호의식 속에서 대통령중임제에 더 많은 점수를 주고 있는 반면, 현직 국회의원들은 국민의 생각과 달리 분권형 대통령제를 압도적으로 선호하는 반응을 보이고 있다. 야권의 유력 대권주자들은 대통령중심제에 기울어 있는가 하면, 여당 대표는 2014년 오스트리아식 이원집정부제를 슬쩍 제시하기도 했다.

개헌 논의를 언제 어떻게 시작할 수 있을지도 문제이지만 과연 개헌의 지향점을 어디에 둘 것인지조차 아직은 안개에 싸여 있는 상황인 것 같다. 그런 만큼 과거 우리의 개헌 역사를 돌아보고 보다 진지하고 엄숙하게 개헌 문제에 다가서는 성숙한 모습이 지금 우리에게는 더욱 필요하지 않겠는가.

개헌을 어떤 면에서는 정치적인 문제로만 바라볼 수도 있다. 그러나 새누리당에서는 대우경제연구소장 출신으로 당 정책위의장을 2회 역임하고 국회 예결위원장과 기획재정위원장 등을 지낸 대표적인 경제통 이한구(李漢久) 의원이 개헌에 가장 적극적이다. 개헌 논의가 경제 회생에 도움이 안 된다는 박근혜 대통령 그리고 일반의 상식과는 달리, 낡은 정치 시스템이 오히려 경제회생을 가로막는 매우 중요한 요인이라고 생각하는 경제계의 인식을 반영하는 것이리라. 따라서 우리는 개헌을 어떤 특정한 정치세력에 유·불리한 권력 게임으로만 이해할 것이 아니라 대한민국 전체의 업그레이드라는 관점에서 조망해야 할 것이다.

잘못 꿰어진 첫 단추

2014년 봄 전대미문의 세월호 참사 때문에 안타까운 목숨 304명이 저세상으로 떠났다. 내각책임제를 하는 국가였다면 내각총사퇴 요구를 견디기가 어려웠을 것이다. 진즉 국회를 해산하고 총선을 다시 실시했을 것이다.

2006년 12월 초 《헤럴드경제》 여론조사에서 노무현 대통령의 국정운영 지지도가 5.7%로 IMF 금융위기를 불러온 김영삼 전 대통령이 획득한 최저치를 경신한다. 덩달아 여당인 열린우리당의 정당 지지도까지 한 자릿수로 떨어졌다. 원인은 한없이 폭등하는 집값, 즉 부동산정책 실패 탓이었다. 사실 분권형 대통령제였으면 내정을 담당하는 내각은 이미 붕괴되었을 것이다.

미국은 독립 초기 약체 정부가 영국과 프랑스 제국주의 잔류 군대와 싸워야 했고, 서부를 개척하는 과정에서는 토착 인디언과도 목숨을 걸고 맞서야 했다. 아메리카 신대륙을 찾아 세계 각국에서 몰려드는 다민족을 효과적으로 통합하고 치안질서를 유지하는 일도 시급했다. 헌법제정회의의 건국 구상은 결국 중앙집권적 연방국가의 실현이었고 오랜 토론 끝에 나온 결론이 바로 대통령중심제였다.

우리나라는 미군정 3년을 거치면서 고민 없이 미국식 정부 형태를 그대로 받아들였고 초대 이승만(李承晚) 대통령의 과욕도 한몫을 거들었다. 독재 대통령에 대한 반작용으로 4·19 혁명 직후 제2공화국에서 잠깐 동안 내각제를 경험했지만, 6·25 전쟁을 거치고 산업화를 추진하는 과정에서 그래도 강력한 리더십이 필요하다고 본 국민의 용인 아래 대통령중심제는 60여 년이나 지속되어왔다.

전두환 정권 기간 내내 쌓인 국민의 민주화 열망은 1987년 6월 항쟁으로 폭발한다. 간접선거에 대해 반발하는 국민은 직선제 개헌을 요구하였고, 1985년 2·12 총선에서 승리한 야당이 이에 합세하였다. 결국 당시 노태우 민주정의당(민정당) 대표는 6·29 선언을 발표, 여야 합의 하에 대통령직선제 개헌을 통한 평화적인 정권 이양을 약속한다. 이로써 직선제로의 개헌은 가속이 붙어 여야 공동으로 9차 헌법개정안이 발의되었다. 그러나 이 개헌은 "동장에서 대통령까지 내 손으로"라는 슬로건이 말하듯 국민의 직선제 열망을 담기는 하였으나, 노태우 대표와 3김 씨가 각각 대구경북과 호남, 부산경남, 충청 지역을 튼튼한 기반으로 하여 돌아가면서 정권을 차지하려고 한 속셈이 담겨있는 불완전한 헌법이기도 했다. 30년이 지난 오늘에 와서도 지속적으로 정부 형태가 논란이 되고 있는 이유가 여기에 있다.

정부 형태가 선진국을 가른다?

OECD(경제협력개발기구)에 가입한 세계 34개국 가운데 미국, 멕시코, 칠레, 그리고 우리나라를 제외하면 대통령중심제를 채택하고 있는 나라를 찾아보기 힘들다. 민주주의 발상지 유럽은 일단 내각제가 기본이다. 1인당 GDP(국내총생산, 일정 기간 동안 한 나라 안에서 생산되어 최종적으로 사용되는 모든 생산물의 가치를 합하여 화폐 단위로 나타낸 것)가 각각 4만 7,000 달러, 5만 2,000 달러, 11만 6,000달러에 달하는 벨기에, 네덜란드, 룩셈부르크 등 강소국 3총사는 모두 내각제를 한다. 세계 최고 수준의 복지 국가인 노르웨이, 덴마크, 스웨덴, 핀란드도 일찍부터 내각제를 발전시켜왔다.

1990년 베를린 장벽이 무너지고 민주화가 진전되면서 동유럽 국가들도 경쟁적으로 내각제를 채택했다. 현재 OECD에 참여하고 있는 폴란

〈표 29〉 2014년 1인당 GDP 순위

룩셈부르크	노르웨이	카타르	스위스	호주	덴마크	스웨덴	싱가포르
116,752	99,252	94,744	84,344	62,822	61,885	57,557	56,113
미국	네덜란드	오스트리아	아일랜드	캐나다	핀란드	아이슬란드	독일
54,678	52,249	51,183	51,159	50,577	50,451	50,006	47,201
벨기에	프랑스	쿠웨이트	UAE	뉴질랜드	영국	브루나이	이스라엘
47,164	45,384	44,850	44,771	44,294	44,141	42,239	37,914
일본	이탈리아	스페인	대한민국				
37,540	35,512	30,113	28,739				

(단위 : 달러, 명목 기준, 출처 International Monetary Fund)

드, 헝가리, 체코, 슬로바키아, 슬로베니아, 에스토니아 등 6개국 모두가 내각제를 실시하는 나라다.

2014년 10월 새누리당 김무성(金武星) 대표가 베이징에서 개헌 발언과 함께 언급한 오스트리아식 분권형 대통령제는 직선 대통령을 두긴 하지만 내각제에 보다 가깝다. 오스트리아 역시 1인당 GDP가 4만 7,000달러가 넘는 경제 부국이다. 핀란드, 폴란드, 슬로베니아 등도 별도로 대통령을 직선으로 선출하지만 행정권이 제한적인 내각제다. 프랑스만이 국민이 직접 선출한 막강한 대통령과 총리가 동거하는 독특한 정부 형태를 취하고 있을 뿐이다.

한편 남미 국가들은 지리적으로 가까운 미국의 영향을 받아 대부분 대통령중심제를 받아들였다. 2차 세계대전 이후 독립한 많은 아시아와 아프리카 나라들도 효율적인 정부 운영을 이유로 대통령중심제를 채택했다. 그러나 그들도 우리의 1970~80년대와 마찬가지로 장기독재 부작용 속에서 더딘 경제개발에 허덕였고, 현재 1인당 국민소득이 세계 30위권 이내에 든 나라는 단 하나도 없다.

이와 같이 미국을 빼고 나면 대통령중심제를 채택하는 나라 중에서 우리나라보다 국민소득이 높은 국가는 없다. 그러나 승자독식의 대통령제의 특성이 반영되기라도 하듯 미국은 세계에서 가장 대표적인 부익부 빈익빈의 사회다. 미국은 우리나라가 이미 1980년대에 도입한 전국민 의료보험이 없어 중병이라도 걸리면 서민은 끙끙 앓다가 생존의 위기를 맞아야 한다.

파란만장한 개헌의 역사

1948년 제정된 최초의 헌법은 4년 중임 대통령을 국회에서 선출하는 간선 대통령중심제였다. 임기 2년을 마친 제헌 국회의원들의 총선이 1950년 다시 치러졌는데, 210석 중 60%에 이르는 126석이 무더기로 무소속에게 돌아갔다. 게다가 이승만 대통령이 속한 대한독립촉성국민회는 단 14석에 그쳤다. 이로써 간선으로는 재선이 어렵다고 판단한 이승만 대통령은 국민이 직접 뽑는 직선제로의 변화를 시도한다.

1951년 6·25 전쟁이 한창이던 때였다. 그는 경찰과 군인이 의사당을 포위한 상태에서 국회의원의 기립 투표를 통해 기어이 개헌안을 가결시켰다. 이것이 1차 개헌이다. 이러한 반민주적 행위는 소위 '부산 정치파동'이라 불리며 우리 헌정사에 불법적인 개헌의 선례를 영원히 남긴다.

1954년 3대 총선에서 집권 자유당은 203석 중 114석을 차지한다. 자신감을 얻은 이승만 대통령은 국부인 초대 대통령에 한해 중임 제한을 철폐하는 내용을 골자로 하는 개헌안을 제출하였으나 단 한 표 차이로 부결되었다. 그러나 이틀 뒤 수학자까지 동원하여 해괴한 반올림 논리를 적용, 부결을 번복하고 개헌안 가결을 선포한다. '사사오입 개헌'으로 불리는 이 2차 개헌은 명백한 위헌이었다.

1961년 5월 박정희 육군 소장 등을 중심으로 정치군인들은 민정안정을 명목으로 내세워 군사 쿠데타를 일으키고 정권을 장악한다. 내각제 실험을 시작한 장면 정부가 출범한 지 9개월 만의 일이었다. 그리고 이듬해 11월 국가재건최고회의는 민정 이양을 위한 개헌안을 국민투표에 부쳐 4년 중임의 직선 대통령중심제로 복귀하였다. 그런데 영국에서 법

학박사 학위를 받으며 선진정치를 배우고 익힌 장면(張勉) 총리에게 내각제는 꿈에 그리던 일이었을 것이다. 더욱이 이승만 독재를 허물고 막 출발선상에 있을 즈음이 아니었던가. 이렇게 해서 탄생한 것이 바로 5차 개헌이다.

두 차례의 대통령 선거에서 당선된 박정희 대통령은 거의 1인 독재로 국가를 운영했다. 장기집권에 눈이 먼 박정희 대통령은 양순직(楊淳稙, 충남 논산), 예춘호(芮春浩, 부산 영도), 박종태(朴鍾泰, 전남 광산), 정태성(鄭泰成, 충북 청주), 김달수(金達洙, 충남 공주) 등 극렬 반대하는 여당의원들조차 제명 처리하고 사전 정지작업에 들어갔다. 1969년 9월 14일 국회 제3별관 특별위원회 회의실에서 새벽 2시 43분에 개의된 본회의는 민주공화당, 정우회, 무소속 의원들만 참석한 가운데 100% 찬성으로 가결되었다. 신민회 의원들이 뒤늦게 달려와 단상을 점거하였으나 때는 이미 늦었다. 그 유명한 3선 개선으로 6차 개헌이다.

1971년 대통령 선거에서 김대중 후보에 94만 표(7.4%포인트) 차이로 신승한 박정희 대통령은 한 달 뒤 총선에서도 4.4%포인트 차이로 따라붙은 신민당 때문에 골머리를 썩는다. 그는 남북 간의 긴장 완화에 지장이 있다는 명분을 걸고 연말을 틈타 국가비상사태를 선포한다. 이듬해에는 7·4 남북 공동성명을 통해 남북 간 화해 모습까지 보여주더니 돌연 비상계엄을 선포하고 헌법개정안을 국민투표에 부친다. 7차 개헌을 통해 이른바 유신헌법이 역사에 등장하는 순간이다.

민주주의의 한국적 토착화라는 명목 하에 통일주체국민회의라는 간선 선거인단으로 대통령을 선출하게 하고, 6년으로 연장된 임기는 연임에 대한 규정이 없어 사실상 무제한적 연임도 가능하게 되었다. 유신헌법은 긴급조치와 같이 법률에 의하지 않고도 민주주의와 인권을 제한함으로써 이후 박정희 1인 독재를 확고히 만드는 기반이 되었다.

10·26 사건 이후 갑자기 찾아온 '서울의 봄'을 짓밟은 신군부는 1980년 국가보위비상대책위원회(국보위)를 설치하고 정권을 실질적으로 장악했다. 이어 유신헌법을 토대로 전두환 전 국군보안사령관을 11대 대통령으로 선출하는 한편 8차 헌법개정안을 확정한다. 그리하여 이듬해 3월 대통령을 대통령선거인단에서 선출하는 대통령간선제가 실시된다. 그러나 이는 통일주체국민회의를 대통령선거인단으로 명칭만 바꾸었을 뿐 간접선거는 마찬가지였다. 또한 장기집권을 막는다는 취지로 단임제를 도입했으나 7년 임기는 정치 선진국에서는 유례가 없이 지나치게 길었다.

제왕적 대통령제가 낳은 폐단

이승만, 박정희, 전두환, 노태우, 노무현. 비참한 최후를 맞은 전직 대통령들의 명단이다. 이승만 대통령은 제왕을 꿈꾸며 부정선거를 지시했고 결국 이국 땅 하와이에서 쓸쓸하게 죽음을 맞이했다. 영구 집권을 노리며 개헌에 개헌을 거듭한 박정희 대통령도 끝내 부하의 흉탄에 세상을 떴다. 군사반란으로 정권을 찬탈하고 불법적인 방식으로 천문학적인 비자금을 조성한 전두환, 노태우 두 대통령은 나란히 재판정에 섰으며, 정치개혁 대통령으로 기록되고자 했던 노무현 대통령은 가족의 추문에 의한 검찰조사로 자존심을 견디지 못하고 스스로 목숨을 버렸다.

이밖에도 대통령 가족과 측근을 둘러싼 스캔들은 끊이지 않는다. 초대 대통령 이승만은 훗날 3·15 부정선거 주범인 측근 이기붕(李起鵬) 민의원 의장의 아들 이강석을 1957년 양자로 입적한다. 그런데 이강석을 자칭한 청년이 경주 경찰서에 나타나 "아버지의 명을 받고 경주 지방 치안 상황을 살피러 왔다"는 거짓말을 하는데, 당시 경주서장은 "대통령 각하의 아드님께서 여기까지 와주셔서 소인 한평생의 영광입니다"라며 극존칭을 써가며 온갖 아첨을 아끼지 않았다. 3일 만에 《매일신문》의 특종으로 들통이 났지만 대통령의 권력이 얼마나 막강했는지 보여주는 사건이었다.

박정희 대통령 시절에는 그의 처조카인 JP가 중앙정보부장, 민주공화당 당의장, 국무총리 등 직책을 바꿔가며 2인자로 군림했다. 1979년 신군부가 권력을 장악하면서 그는 부정축재 정치인으로 몰려 많은 재산을 헌납해야 했다. 전두환 대통령은 형 전기환이 노량진 수산시장 운영권 강탈 혐의로, 동생 전경환은 새마을금고 공금횡령 혐의로 각각 구속되어 철창신세를 진다.

노태우 대통령도 예외는 아니었다. 딸 소영 씨는 외화 밀반출 및 밀반입 혐의로 한국과 미국 양국 검찰로부터 수사를 받았고, '6공의 황태자'로 불린 처사촌 박철언(朴哲彦) 전 의원도 이른바 '슬롯머신 사건'이라고 불리는 뇌물수수 혐의로 1년 6개월을 복역했다. YS의 호인 거산(巨山)에 빗대어 소산(小山)으로 불렸던 김영삼 대통령의 차남 현철 씨는 영부인의 눈물 속에 1997년 한보 사태와 관련, 구속되었다. 그는 2004년에도 검찰 조사를 받고 기소돼 유죄가 확정됐다.

민주정부 기간 중에도 대통령 가족의 스캔들은 이어졌다. 김대중 대통령의 차남 홍업 씨는 이권 청탁 대가 금품수수 혐의로, 3남 홍걸 씨는 체육복권 사업자 선정 대가 금품 수수 혐의로 각각 구속되었다. 이들은 모두 부친의 재임 기간에 검찰 수사를 받고 구속 기소됐다. 장남 홍일 씨도 부친 퇴임 직후 나라종금 로비 사건에 연루돼 검찰 수사를 받으며 세 아들이 모두 검찰신세를 지게 되었다. 노무현 대통령의 형인 '봉하대군' 노건평 씨는 2006년 세종증권 인수 청탁 대가 혐의로 구속됐다. 노무현 대통령의 일가는 '박연차 게이트'에 연루돼 노 대통령 본인을 포함해 부인 권양숙 여사, 아들 건호 씨, 형 건평 씨 등이 줄줄이 검찰 조사를 받았고, 딸 정연 씨의 경우 이 사건과 별개로 외화 밀반출 혐의로 검찰의 수사 대상에 오르기도 했다.

'만사형통'이라는 신조어를 낳았던 이명박 대통령의 형 이상득(李相得) 당시 국회부의장은 2012년 저축은행 로비 자금 수수 혐의로 구속 기소됐고, 김윤옥 여사의 사촌오빠이자 이 대통령의 처사촌인 김재홍 씨도 저축은행 비리에 연루돼 실형을 선고받았다. 2014년 말에는 청와대 문건유출 사건과 관련하여 박근혜 대통령의 동생인 박지만(朴志晩) EG 회장이 검찰에 참고인 자격으로 출두, 조사를 받았다.

의회가 행정부에 대하여 우위에 있는 미국과 달리 우리나라 대통령제는 무소불위의 권력을 자랑한다. 지금까지 모든 대통령과 그 일가족이 단하나도 온전하지 못했다면 이는 순전히 제도 탓이 아니겠는가. 권력 분산이 없이 대통령 개인에게 선의를 기대하는 것은 그래서 무리인 것이다.

국민이 대통령중심제를 원하는 슬픈 이유

2014년 10월 김무성 대표의 베이징 개헌 발언 이후 언론에서는 개헌 관련 여론조사가 급증하고 있다. 그런데 정부 형태를 묻는 설문에 대한 답변을 들여다보면 단연 대통령제가 내각제를 압도한다. 그 이유는 무엇일까?

　정치선진국 대부분이 채택하고 있는 내각제에 대해 우리 국민이 부정적인 인식을 갖는 이유는 바로 국회 때문이다. 싸우는 국회, 일하지 않는 국회, 특권만 누리는 국회라고 하는 국민의 인식 속에는 국회의원들에게 행정권까지 부여한다는 것은 상상조차 하기가 싫지 않겠는가. 독재정권이 국회를 통과의례로 활용하기 위해 상징 조작한 면이 크고, 여기에 언론까지 덩달아 상업적으로 이용하기 위해 정치 불신을 조장한 측면도 강하지만 지금은 어쩔 도리가 없다. 아무리 대통령이 독재를 해도, 제왕적 권력을 휘둘러도 어쨌든 국민은 내각제보다 익숙한 대통령제를 선호한다.

　4·19 혁명 직후 장면 내각 이래 우리도 두 번의 내각제 개헌 기회가 있었다. 1990년 당시 민정당 총재를 겸한 노태우 대통령과 김영삼 통일민주당(민주당) 총재, 김종필 신민주공화당(공화당) 총재는 3당 합당을 통해 내각제 개헌추진을 합의하고 각서까지 썼다. 그러나 대선 출마 의지가 강했던 김영삼 대표의 약속 파기로 무효가 되고 말았다. 1997년 대선에서도 김대중-김종필 총재는 이른바 DJP 연대를 통해 후보단일화에 합의하고 내각제개헌을 공약으로 제시했다. 국민회의와 자민련은 대통령이 개헌안을 직접 발의해 늦어도 1999년 말까지 개헌을 완료한다고 밝혔으나, 이 역시 공약(空約)으로 끝났다.

　대통령 4년 중임제 개헌이 수면 위로 떠오른 건 참여정부 때였다. 대선이 채 1년도 남지 않은 2007년 벽두부터 노무현 당시 대통령은 현행 5년 단임 대통령제를 4년 중임 대통령제로 바꾸는 '원 포인트 개헌'을 직접 제안한다. 그러나 이명박, 박근혜 등 유력 대권주자들이 즐비한 한나라당의 즉각적인 반대로 무산됐다.

그런데 노무현 대통령은 원래 대통령제 신봉자가 아니었다. 그는 후보 시절 집권하면 "2004년 총선 후 다수당에 총리지명권을 부여해 현행 헌법체계에서 내각제 또는 이원집정부제를 운용하고 2007년 개헌을 추진하겠다"고 밝힌 바 있는 이원집정부제주의자였다. 2004년에는 여당 의원들과 간담회를 하는 자리에서 "앞으로는 당에서 총리를 선출할 수 있는 때도 오지 않겠느냐"고 말하였다. 또한 그는 열린우리당이 재·보선에서 연전연패하면서 여소야대로 몰리자 2005년 6월 당·정·청 11인 회의에서 "우리 헌법에 내각제적 요소가 있으니까 국회 다수파에 총리지명권과 조각권을 주면 국정이 안정되지 않겠느냐"고 언급하였다. 이른바 대연정 구상이 이렇게 제기되었다.

노 대통령은 2005년 7월, 하반기 국정운영을 원활히 하기 위해 대통령 권한의 절반까지도 내어놓겠다는 입장까지 밝히면서 야당에 대연정 구상을 제안한다. 그 즈음에 열린 중앙 언론사 편집, 보도국장 간담회에서 그는 "내각제 수준으로 대통령 권한을 이양할 용의가 있다"고 공개하기도 했다. 이런 노 대통령의 4년 중임제 개헌 제안은 뜬금이 없었고, 정가에서는 임기 말 권력 누수를 우려해 나온 전형적인 판 흔들기로 해석하는 시각이 많았다. 대통령의 임기를 4년 중임제로 바꾸는 '원 포인트' 개헌 제안은 이처럼 노대통령 특유의 '상대방 허 찌르기' 방식으로 모습을 드러냈다.

여야 통합 차기 대권주자 지지도 1위를 달리고 있는 박원순(朴元淳) 서울시장은 2014년 11월 중국을 방문한 자리에서 "다수 국민의 생각을 이유로 대통령 4년 중임제를 찬성하는 편"이라고 답변하였다. 현재 대통령 권력에 가장 근접해 있는 그가 권력이 분산되는 다른 정부 형태에 대하여 긍정적인 태도를 보일 리는 만무할 것이다.

비슷한 시기 문재인(文在寅) 의원은《중앙일보》인터뷰에서 "이원집정부제로 권력구조 자체를 바꾸는 것에는 회의를 갖고 있다"며 대통령중임제 개헌 입장을 밝혔다. 그는 지난 2012년 대선에서 대통령 4년 중임제와 정·부통령제 도입을 공약으로 내걸었다. 이렇게 차기 대권주자 지지도 1, 2위가 모두 대통령중심제 골격이 유지되기를 원하고 있다. 혹시 자신이 거머쥐게 될지 모를 권력의 분산을 그들은 원하지 않는 것이다.

분권형 대통령제가 대안이다

이상 세 가지 경우이지만 대통령중심제는 시대의 요청인 권력분산이나 국민의 이익이라는 관점보다는 오로지 정치집단의 이해관계 때문에 추진된다는 점에서 많은 문제가 있다. 더욱이 현행 5년 단임제가 4년 중임제로 바뀐다면, 최장 8년의 제왕적 대통령을 막아낼 수단이 우리에게는 별로 보이지 않는다.

한편 국민여론조사에서는 조사기관마다 다르긴 하지만 그래도 대통령 4년 중임제가 분권형 대통령제보다 더 높은 응답률이 나온다. SBS가 2015년 1월 1일에 방송한 신년 여론조사(조사기관 TNS, 조사기간 2014년 12월 29~30일, 표본수 1,000명, 표본오차는 95% 신뢰수준에서 ±3.1%p, 응답률 15.5%) 결과를 보면 대통령 4년 중임제는 36.6%, 분권형 대통령제는 25.2%의 지지를 받았다.

언론과 인터뷰 중인 정의화 국회의장

출처 : 〈연합뉴스〉

　그러나 2014년 10월 CBS 〈노컷뉴스〉가 당시 국회의원 300명을 대상
으로 전수조사를 실시해 보도한 바에 따르면, 설문에 응한 249명 의원
중 압도적인 231명이 개헌에 찬성했고 선호하는 정부 형태는 일반 국민
과는 반대로 분권형 대통령제가 더 많았다. 그 이유는 과연 무엇일까?
국민과 정치권 간 온도차는 정직하지 못한 국회의원들이 국민에게 충분
한 정보를 제공하지 않은 데서부터 시작되었다. 그동안 권력 갈라먹기
로 비쳐져오고 있는 이원집정부제라는 부정적인 이름의 이 정부 형태에
대한 국회의원들의 대국민 홍보는 매우 미온적이었다.

2014년 10월 헌법재판소가 2001년에 개정한 선거구별 인구편차 3 대 1을 규정한 공직선거법을 헌법에 불합치한다고 판결함에 따라 19대 국회의원 선거구 중에서 조정 대상은 무려 62개에 이른다. 차제에 정치개혁특위를 통한 중대선거구제와 권역별 비례대표제 도입부터 논의하자고 제안한 이가 있으니 바로 정의화(鄭義和) 국회의장이다. 그는 2014년 12월 방송기자클럽 초청토론회에 나와 "국민통합을 위해서는 연정이 필요하다고 생각하고, 이제는 양당제보다는 다당제로 가는 것도 좀 검토해야 한다"고 답변했다. 그는 개헌에 대해서는 "대통령과 의회가 권력을 나누는 분권형 대통령제 도입"을 제시했다.

이미 두 달 전 개헌 블랙홀 언급을 통해 개헌 반대 입장을 분명히 한 박근혜 대통령과는 분명 180도 온도차가 있는 주장이다. 신경외과 의사 출신으로 15대 총선 당시 김영삼 대통령의 추천으로 정계에 진출한 그는 합리적인 성품으로 여야를 두루 아우르며, 극단 대결을 일삼는 우리 국회에서는 보기 드문 선량 중의 한 사람이다. 19대 후반기 국회의장 당내 경선에서 친이계라는 약점에도 불구하고 두터운 신망을 바탕으로 직전 여당 당대표를 역임한 황우여(黃祐呂) 의원을 꺾은 바 있다. 그가 연합정치와 다당제, 그리고 분권형 대통령제를 주장하는 것은 결코 어제오늘의 일이 아니다.

지금 우리 현실에서 개헌을 추진한다고 한다면, 해방 후 60여 년 지속된 국민의 정치적 경험과 제왕적 대통령제의 폐단을 완화시키는 방향이어야 한다. 우선은 아직도 대통령제에 대하여 남아 있는 국민의 감정을 고려하는 것이 순서다. 김무성 대표가 이미 언급한 오스트리아식 이원집정부제는 대통령 권한이 제한되어 내각제에 가깝기 때문에 이보다는 대통령 중심의 이원집정부제가 우리에게는 더 바람직하다.

그리고 이왕이면 그 명칭도 이원집정부제보다는 분권형 대통령제라고 부르는 것이 국민의 공감을 얻는 데 아무래도 유리하다. 여전히 내각제를 거부하는 국민 정서를 보면 이원집정부제는 내각제의 변형이라는 인식이 강하지만, 분권형 대통령제는 대통령제의 하나로 보기 때문이다.

분권형 대통령제를 추진해야 하는 가장 중요한 이유는, 국민의 직접선거로 선출된 대통령과 국회라는 두 개의 정통성을 갖는 기관이 권력을 분점하고 책임도 함께 나눔으로써 제왕적 대통령제의 단점과 의회 다수파의 행정권 독점이라는 내각제의 단점을 동시에 극복하는 묘미가 있기 때문이다.

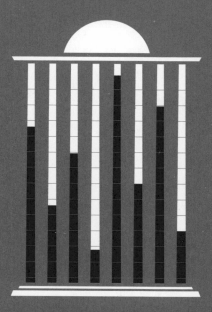

TK-호남연합 중도개혁

신당이 블루오션이다

국민의 마음은 살림살이에 있다

국민은 투표를 할 때 무엇에 가장 민감하게 반응할까? 선거 때만 되면 이른바 표심을 잡기 위한 수많은 묘안들이 등장한다. 최근에는 이 분야의 전문가를 자처하는 각계 인사들까지 나서서 표심을 잡는 묘수를 찾기 위해 혈안이 된다. 선거가 우리나라에만 있는 것이 아니니 외국에서도 비슷한 현상과 사례가 많을 것이다. 성공한 사례도 있고 실패한 사례도 있을 텐데, 과연 민심과 표심은 선거에서 얼마나 급격하고 직접적으로 작동할까?

필자는 미래의 희망정치를 논하는 입장에서 선거가 코앞에 닥쳐서야 자잘한 꼼수를 쓰는 수준의 전략과 대처를 논하고 싶지는 않다. 이보다는 더 근원적인 이야기를 시작해보려고 한다. 독자 편의를 위해 미리 한마디로 정리하자면 이렇다. 국민의 살림살이가 편해지도록 접근해야 표심이 몰려온다. 과거 권영길 후보가 즐겨 사용하던 표현이 맞았다는 것이다.

1993년 캐나다 총선에서는 169석의 의석을 보유한 집권 진보보수당이 겨우 2석을 얻는 데 그쳐 처참하게 몰락했다. 브라이언 멀루니(Martin Brian Mulroney) 총리가 이끌던 이 당은 5년 전 총선에서 단독 과반수 의석을 확보하며 자유당의 장기집권을 종식시킨바 있다. 불과 5년 사이에 이런 급전직하의 변화가 생겨났으니 놀라운 일이 아닐 수 없다. 그 사이 무슨 일이 일어난 것일까?

집권 후 멀루니 총리는 과반의석을 기반으로 연방부가세를 도입하는 법안을 1991년 국회에서 통과시켰다. '연방부가세'란 그동안 제조업에 한해 부과하던 부가세를 모든 업종으로 확대한 세제를 말한다. 즉, 우리나라의 법인세 격인 '생산자판매세(MST : Manufacturers' Sales Tax)'를 없애고, 대신 부가가치세 격인 '물품용역세(GST : Goods and Services Tax)'를 전 업종으로 확대해 적용한 것이다. 그 결과 기업이 부담하고 수입에 따른 누진율이 적용되는 직접세 대신, 징세는 용이하지만 소득수준에 관계없이 똑같이 부담해 공교롭게도 역진적 성격이 강한 간접세가 강화되어 버렸다.

비교해서 얘기하자면 지난 2014년 정기국회에서 우리 역시 대기업에 대한 법인세율 인상을 억제하는 대신, 간접세 형태로 인두세 성격이 강한 담배세 2,000원 인상안을 의결했는데, 이것과 흡사한 경우라고 할 수 있겠다.

멀루니가 야당과 국민의 강한 반발에도 불구하고 연방부가세 도입을 추진한 것은 캐나다의 누적된 재정적자를 타개하기 위한 고육지책이었다. 그러나 이로 인해 169석의 과반 여당은 2년 뒤 총선에서 흔적도 없이 사라졌다. 스티븐 하퍼(Stephen Harper) 총리를 배출한 지금의 보수당은 2003년 캐나다동맹(CA)과의 합당으로 탄생한 정당이지만, 초대 당수인 하퍼가 CA 대표 출신으로 당의 주도권을 쥐면서 과거 진보보수당과는 전혀 성격이 달라진 정당이 되어 버렸다.

1993년 총선 당시 장 크레티앙(Jean Chrétien)의 자유당은 연방부가세 철폐를 공약으로 내걸어 4년 만에 정권재탈환에 성공했다. 결국 기업의 부담을 줄이는 대신 국민의 부담을 늘리는 부가세 신설이 멀루니와 진보보수당 몰락의 주된 원인이었던 셈이다. 표면적으로는 세금 문제이지만, 가계 입장에서는 가정 경제가 걸린 중대한 사안이기 때문에 유권자들의 판단은 냉혹했던 것이다.

2014년 11월 실시된 대만 지방선거에서도 집권 국민당이 완패했다. 1949년 장제스가 공산당에 쫓겨 대만으로 건너간 이후 65년 만의 최대 참패였다. 총 22개가 걸린 단체장 선거에서 16석을 야당과 무소속에게 내주고 겨우 6석을 건지는 이변이 일어난 것이다. 특히 수도인 타이베이를 비롯하여 제2도시인 가오슝 시 등 6개 직할시 중에서 신베이 시를 제외하고 다섯 개 대도시는 전부 야당에게 빼앗겼다.

이에 따라 4년 전 15석에 달하던 의석 중 9석이 날아갔다. 현장과 현급 시장 16곳도 민주진보당(민진당)과 무소속이 11곳을 석권했고, 국민당은 겨우 5곳에서 이기는 데 만족해야 했다. 375명이 정원인 직할시의원은 국민당이 151석으로 가까스로 40.3%를 차지했으며, 오히려 민진당이 167석을 얻어 승리자가 되었다. 이밖에도 무소속이 42석을 얻는 등 약진했다. 개표 결과가 나오자 국민당은 즉각 패배를 인정했다. 마잉주 대만 총통은 선거 참패에 대한 책임을 지고 국민당 주석(총재) 직을 내놓았다.

문제는 경제였다. 마 총통 취임 이후 6년간 지속되어온 중국과의 관계 개선을 위한 노력이 만족할 만한 실물 경제의 성장으로 이어지지 못한 것이다. 2008년 총통 선거에서 민진당 천수이볜으로부터 정권을 재탈환한 그는 일찍부터 중국과 3통(통상, 통항, 통신) 교류를 추진하고, 2010년에는 경제협력 기본협정을 맺어 양안 교류를 가속화했다. 그러나 재정당국이 2014년 3/4분기 실적으로 발표한 대만의 GDP 성장률은 전년 대비 3.78%로 정체 상태이며, 게다가 일반 국민이 체감하는 경기회복 속도는 더욱 더뎠다. 정부에 대한 불만은 특히 청년층을 중심으로 높게 일었다.

대도시 참패의 주 원인이 바로 여기에 있었다. 주택 가격과 에너지 가격이 오르는 반면 일자리는 중국 본토로 이동하면서 소득이 줄어드는데 대한 대학생들의 불만이 표출된 것이었다. 2014년 3월 시민과 학생들은 중국과의 서비스무역 협정 비준을 앞두고, 급속한 경제교류는 대만 경제를 중국에 더 예속시키고 일자리를 없앤다며 대규모 시위를 벌인 바 있다. 해바라기 꽃을 가슴에 달고 20여 일 동안 국회를 점거한 이른바 '해바라기 운동'이 바로 그것이다.

선거와 경제 간 밀접한 함수관계가 비단 외국의 사례만 있는 것이 아니다. 1997년 최초의 평화적 정권교체는 DJP 연대와 이인제 후보의 독자 출마라는 어부지리가 있었음에도 불구하고 가장 큰 이유는 경제였다. IMF 외환위기가 발생한 1997년은 10년 이래 가장 낮은 실질 경제성장률 4.7%를 기록했고, 결국 이것이 정권교체의 계기로 작용한다.

투표 한 달 전에 터진 '외환위기 선언'이 결정타였다. 11월 16일 미셸

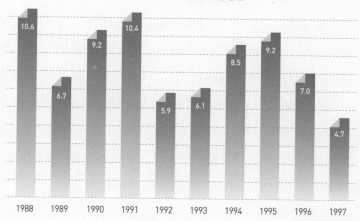

〈표 30〉 연도별 경제성장률

캉드쉬(Michel Camdessus) IMF 총재가 극비에 우리나라를 방문하고 21일 드디어 우리나라는 외화차입 완전 불가능을 선언한다. 12월 3일 총 210억 달러에 이르는 구제금융 지원에 합의함으로써 다행히 고비는 넘겼지만 이것이 보름 뒤 선거에서 가장 큰 변수로 작용했다. 당시 여당의 이회창 후보는 대쪽 대법관 출신으로 감사원장과 국무총리를 하면서도 대통령과 맞서며 꼿꼿한 이미지를 쌓아왔고, 여당의 9룡 전쟁에서 최종 승리한 후보였으니 대통령이 되는 것은 의심의 여지가 없었다. 그러나 결국 경제가 그의 발목을 잡은 것이다.

IMF 사태는 사실 1997년 벽두부터 이미 예고되기 시작됐다. 당시 재계 순위 14위를 달리던 거대 기업 한보그룹이 한보철강을 통해 제철소 설립에 욕심을 부리다가 그만 과잉투자로 1월 23일 부도를 낸다. 이 당시 한보에 들어간 은행 대출만 무려 5조 7,000억 원이었다. 이후 대기업들의 본격적인 부도 사태가 이어지는데 6월까지 삼미·진로·대농·한신

4장 TK–호남연합 중도개혁 신당이 블루오션이다

공영 그룹이 차례로 넘어가고, 탄탄하기로 소문난 기아자동차 그룹도 7월에 정부와 은행당국으로부터 융자지원을 요청한다.

이때는 동남아와 태국 등지에서 외환위기가 시작되면서 산업은행도 대출금리를 인상하고, 이에 따라 CP(국내 우량기업이 금융시장 실세금리 수준으로 어음을 발행하고, 금융회사가 이를 인수하여 일반고객에게 판매하는 기업어음)나 어음 매매를 통한 신용 대출을 근간으로 하는 종합금융사들이 특히 직격탄을 맞는다. 10월에는 쌍방울 그룹이 부도를 맞고 융자지원을 요청했던 기아자동차 그룹이 법정관리에 들어간다.

이때 드디어 IMF 조사단이 우리나라에 입국하여 시장을 살피고, 세계 3대 신용평가사 중 하나인 스탠다드앤푸어스(S&P)와 무디스가 나란히 우리나라 국가 신용등급을 강등시키기 시작한다. 급기야 한국은행은 11월 초 IMF 등으로부터 외화 지원을 받아야 한다고 정부에 건의하기에 이른다. 이 상황이 코앞에 닥친 대선에 어찌 영향을 미치지 않을 수 있겠는가. 천하의 대쪽 이미지로도 이런 경제사정을 가지고는 도저히 국민을 설득할 수 없었던 것이다.

노무현 대통령 당선의 가장 큰 공신은 경제

민주정부 10년을 가능하게 한 노무현 후보 당선의 1등 공신은 무엇이었을까? '노풍'이라고 불리는 국민참여 경선이었을까? 아니면 선거 막바지에 극적으로 합의한 노-정(노무현-정몽준) 단일화의 힘이었을까? 물론 두 가지 모두 적지 않은 영향을 미쳤지만 역시 무시할 수 없는 백그라운드는 경제였다.

IMF 환란위기로부터 국가를 넘겨받은 김대중 대통령은 이념이 다른 자민련과의 동거정부에 보수야당과 극우세력들의 발목잡기가 더해지면서 국정수행에 큰 걸림돌이 되었지만, 준비된 대통령이라는 수식어에 걸맞게 탁월한 리더십으로 위기 극복에 나선다. 외국자본을 유치하고 금 모으기 운동을 통해 국민을 결속시켰으며, 외환위기를 초래한 금융, 기업, 노동, 공공 등 4대 분야 구조조정을 과감하게 밀어붙인다. 이러한 강도 높은 개혁을 통해 취임 초 1년 반 만에 환란 극복 약속을 지켰고, IMF로부터 차입한 195억 달러의 구제금융을 예정보다 앞당겨 3년 만에 전액 상환한다.

위기 극복 여세를 몰아 DJ는 21세기 주력산업으로 IT에 주목했다. 정보·기술(IT) 강국을 목표로 초고속 통신망을 설치하고, 시골 구석구석에 이르기까지 전 국민 정보화 교육을 실시하여 우리나라가 오늘날 세계 최고 수준의 IT강국으로 발전하는 기틀을 마련하였다. 또한 벤처기업을 집중적으로 육성하여 실리콘 밸리와 같은 많은 벤처 신화를 만들어냄으로써 이전 정부의 재벌 중심 경제정책과 비교가 되기도 했다. 이는 성장의 열매가 실질적으로 중산층과 서민들에게 돌아가게 하는 데 큰 기여를 한다.

이러한 경제체질 개선의 성과로 인해 그의 재임기간 동안 경상수지 흑자가 역대 최고인 900억 달러를 넘어섰고, 임기 말에는 1,400억 달러에 달하는 외환보유고를 쌓아 우리나라는 거액의 채무국에서 오히려 순채권국으로 전환되었다.

이로써 IMF 사태 때문에 취임 첫해 전무후무한 마이너스 6.9%라는 최악의 성장률을 기록했지만, 이내 회복세를 통해 벤처 붐이 일던 1999

년과 2000년에는 각각 9.5%와 8.5%라는 경이적인 성장률을 기록하며 재임 중 4.38%라는 비교적 높은 평균 성장률을 남긴다. 2000년 16대 총선에서 새천년민주당은 115석을 얻어 민주당 계열로는 최초로 세 자릿수 의원을 배출한다. 공동여당이 비록 과반수는 실패했으나 한나라당의 과반수를 저지한 것은 바로 경제 때문이었다.

게다가 소비자물가 상승률은 외환위기 후유증으로 1998년 7.5%로 치솟았지만, 임기 중 평균 3.5%를 안정적으로 유지함으로써 외견상 국민은 신바람 나는 삶의 연속인 것처럼 보였다. 김대중 정부는 2002년도에만 7.2%의 고성장을 기록한다. 전년 대비 두 배라는 놀라운 수치다. 이는 1999년부터 시작된 벤처기업 육성이 본 궤도에 진입하였음을 알리는 것이었다. 이른바 '3홍'으로 불리는 정치 스캔들로 대통령 아들들이 줄줄이 구속되는 등 선거환경은 여당에 불리했지만 결국 새천년민주당은 재집권에 성공했다. 경제대통령 김대중의 업적이 그 후계자인 노무현 후보의 당선에 결정적인 영향을 미쳤던 것이다.

정동영 대선 후보의 참패 원인도 역시 경제

2006년 열린우리당의 지방선거 참패와 2007년 정동영 대선 후보의 531만 표 차 대패 역시 가장 큰 원인은 경제였다. 김대중 정부의 경제 활황에 힘입어 서서히 들썩이던 주택시장은 참여정부가 의욕적으로 추진한 신행정수도 이전 및 여러 개의 혁신도시 건설 등과 맞물려 전국을 부동산 투기장으로 만들어버렸다. 정부는 2003년 초부터 수시로 관련 대책을 내놓는데 주요 사항만 간추리면 다음과 같다.

2003년 10월 29일 '주택시장 안정 종합대책'으로 종합부동산세(종부세)의 2005년 조기 도입과 1세대 3주택 양도세 60% 중과세 등을 발표하였다. 2005년 5월 4일에는 다시 '부동산 세제 향후 정책방향'을 제시하는데, 보유세를 2008년까지 연차적으로 강화하고 거래세를 인하하는 것이 핵심이었다. 이어서 8월 31일에는 '부동산제도 개혁방안'을 통해 생애 최초 주택지원 자금재개와 실거래가 신고 의무화 및 등기부 기재를 발표한다. 지방선거 직전인 2006년 3월 30일은 8·31 후속 대책으로 투기지역 6억 원 초과 주택 구입 시 총부채상환 비율(DTI) 40%를 적용하고, 아파트 가격상승의 원흉인 재건축 안전진단 강화와 개발부담금제를 도입하였다.

그러나 그 많은 발표에도 불구하고 참여정부 부동산대책의 역작은 종부세 도입에 있었다. 아파트 가격 폭등이 멎지 않자 정부는 8·31 조치를 통해 당초 9억 원이던 부과 기준을 6억 원으로 강화하고, 과세대상도 개인별 합산에서 세대별 합산으로 바꾼다. 그러나 정부의 계산은 시장에 전혀 먹히지 않았다. 2006년 아파트 가격이 급등했던 지역을 보면 과천 53.8%, 파주 48.8%, 군포 44.5%, 일산서구 43.6%, 안양동안구 40.9%, 일산동구 40.7%, 의왕 40.5%, 구리 37.3%, 수원 33.8% 등 수도권과 서울 양천구 37.1%, 강서구 35.7%, 동작구 30.4%, 마포구 26.5%, 용산구 26.2%, 강동구 26.4% 등으로 주로 신도시 지역과 서울의 서민 거주 지역에서 종부세 과세 대상 아파트가 급증한 것이다. 이로써 경제력이 없는 은퇴한 고령자의 경우 기존 재산세 외에 거액의 새로운 세금 부과가 사회문제로 등장하게 되었다.

2006년 약 34만 명이던 종부세 과세 대상자는 2007년 50만 명을 넘어섰으며, 특히 주택 분 납세인원은 38만 명으로 전년대비 64%가 증가하였다. 4인 가족으로 계산하면 150만 명이 넘는 숫자이니 결코 적지가 않다. 결국 강남 집값을 잡으려다 서민들만 수백, 수천만 원씩 피해를 톡톡히 보게 됐으며, 심리적인 빈부 격차는 더욱더 벌어졌다. 또한 이를 빌미로 건설회사들은 아파트 분양가격까지 인상함으로써 젊은 층을 중심으로 한 신규 수요자들도 서서히 정부여당으로부터 등을 돌리게 되었다.

정부 입장에서는 세금을 통해 부동산 가격을 억제하려고 했겠지만, 국민에게 그것은 가계 경제에 대한 심각한 타격이었다. 한편 헌법재판소는 2008년 종부세 과세 목적은 정당하지만 세대별 합산은 위헌이라고 결정했다. 이들은 정부로부터 과다 납부한 세금을 모두 돌려받았다. 또한 거주 목적의 1가구 1주택에 대한 종부세 부과도 헌법 불합치 판단을 받았다.

이런 상황에서 2006년 5·31 지방선거가 실시되었다. 여기에서 여당인 열린우리당이 16석이 걸린 시도지사 선거 가운데 전북지사 1석이라도 건진 것은 그나마 기적이었다고 해야 맞을 것이다. 나아가 기초단체장 230곳 중 한나라당 155곳은 물론이고, 제2야당인 민주당의 20곳에도 뒤진 19곳 확보에 그친 건 그야말로 대 수모였다. 게다가 수도권 66개 자치단체 중 구리시장 단 1곳만 건짐으로써 수도권 부동산대책은 명백하게 실패한 것으로 판명이 났다. 개인 종부세 대상자 중 90%가 수도권 거주자였다.

17대 대선에 출마한 대통합민주신당의 정동영 후보는 '참여정부의 황태자'라고 일컬어질 정도로 노무현 정부 기간 중 화려한 경력을 자랑한다. 그는 5년 동안 제33차 다보스포럼 노무현 대통령 당선자 특사, 열린

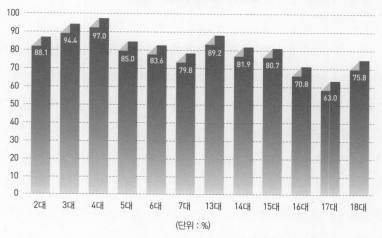

〈표 31〉 역대 대통령선거 투표율

(단위 : %)

우리당 당의장 2회 역임, 통일부장관, 국가안전보장회의(NSC) 상임위원장 등을 차례로 맡으며 당정 업무에 쉴 틈 없이 바빴다. 이런 경력을 지닌 후보가 대통령 선거에 나섰으니 정부여당의 정책실패를 심판하려는 유권자가 그에게 대통령선거 참패를 안기는 것은 결코 우연이 아니다.

　전통적인 지지층마저 등을 돌림으로써 투표율만 봐도 역대 대선 투표율 중 최저를 기록하며, 노무현 후보와 이회창 후보가 대결했던 16대 대선 기록(70.8%)보다 무려 7.8%포인트나 떨어진 결과를 보여주었다. 당시에 기록한 60%대의 대선투표율은 지금껏 깨지지 않는 최저 투표율 기록으로 남아있다.

4장 TK–호남연합 중도개혁 신당이 블루오션이다

경제 상황을 보면 2016년 총선이 보인다

2016년 20대 총선을 앞두고 전문가들은 한국 경제의 환경을 30년 전 일본이 장기 경기침체에 들어간 상황과 비슷하다고 분석하고 있다. KDI(한국개발연구원)는 2014년 12월 "세계경제를 둘러싼 불확실성과 대내적으로는 가계부채 확대 및 기업실적 부진 등 우리 경제의 기초여건이 점차 약화되고 있다"며 2015년 성장률 전망치를 3.5%로 제시했고 여차하면 3%대 초반까지 떨어질 수도 있다고 경고하고 있다. 10대 그룹 상장회사들이 500조 원 이상 되는 사내 유보금을 쌓아 놓고도 투자를 꺼리는 이유도 바로 이 때문이다.

최고의 소득을 자랑하는 울산도 각종 지표가 이미 하강으로 돌아서기 시작했다. 우리의 주력 수출산업인 자동차, 철강, 반도체, 선박, 석유화학, 정유산업 등이 전부 중국의 위협 속에 이제는 거의 이익이 나지 않는다. 경제전문가들은 인구구조의 노령화와 재정적자로 인한 국가부채의 증가, 고용시장의 비유연화 등이 성장을 가로막는 주된 요인으로 꼽는다. 2012년 2.0%, 2013년 2.8% 성장률을 기록했고, 2014년도 3.4%(전망) 수준에 머물 것으로 예측되면서 최경환 경제부총리는 41조 원에 달하는 인위적인 경기부양책을 제시했다. 그럼에도 불구하고 청년 고용은 늘지 않고 양질의 정규직 일자리는 더욱더 바늘구멍이다. 이러한 환경에서 맞이하는 20대 총선은 과연 보수진영과 민주진보진영 중에서 누구에게 유리하게 작용할까?

선거와 경제의 상관관계가 반대로 나타나는 아이러니

이번에는 국가 전체가 아닌 지역으로 들어가 보자. 과연 지역경제와 선거는 어떤 연관성을 보여줄까? 이 부분에서 우리나라 선거에는 좀처럼 이해하기 힘든 아이러니가 존재한다. 바로 앞에서 필자는 살림살이에 어떤 영향을 미치느냐가 표심의 향배를 결정한다고 정리한 바 있다. 그런데 이것이 지역으로 가면 전혀 그렇지가 않다는 얘기다. 한 지역에서 몰표를 주다시피 지지한 정당이 있다면 그 정당은 지지기반이 되는 지역의 발전에 최우선적인 배려와 관심을 기울여야 하는데 지금까지 상황은 전혀 그렇지가 않았던 것 같다.

당연히 자기 당을 지지하는 지역이니까 오히려 무시하고 간과했던 것일까? 국가경제와 개인 살림살이에는 민감하게 반응하는 유권자가 자기 지역의 경제사정에는 도무지 관심을 기울이지 않는 투표를 했던 것일까? 지금부터 지연역고 투표성향이 매우 강한 대구경북 지역과 호남지역, 그리고 그런 연고성에서 자유로웠던 충청 지역의 선거 데이터를 살펴보기로 하자.

〈표 32〉 2012년 시도별 1인당 GRDP

전국평균	울산	충남	전남	경북	서울	경남	충북	경기
2754	6,342	4,471	3,656	3,229	3,142	2,945	2,813	2,414

	제주	강원	전북	인천	대전	부산	광주	대구
	2,274	2,253	2,240	2,227	2,006	1,974	1,910	1,738

(단위 : 만원, 출처 통계청)

2012년을 기준으로 한 대구의 1인당 지역내총생산(GRDP, 시도 단위별 생산액, 물가 등 기초통계를 바탕으로 일정 기간 동안 해당지역의 총생산액을 추계하는 종합경제지표)은 1,738만 원으로 전국 16개 시·도 중에서 가장 낮았다.

독자 여러분, 놀라지 마시라. 20년째 꼴찌다. 이는 전국 평균(2,754만 원)보다 1,016만 원이 적었으며 가장 높은 울산(6,342만 원)은 대구의 무려 3.6배나 된다. 대구의 인구 비중이 전국 대비 4.92%인데 GRDP는 3.0%에 불과하므로 그 심각성의 정도가 오죽하겠는가? 7개 권역으로 발표하는 권역별 자료에서도 대구경북 권역은 역시 20년째 꼴찌다. 대구 경제의 핵심 지표인 광공업 부가가치액과 건설수주액도 12~13위 수준으로 하위권에서 맴돌고 있다. 2012년 대구의 개인소득 증가율(명목) 역시 2.0%로 최하위에서 세 번째 수준이다.

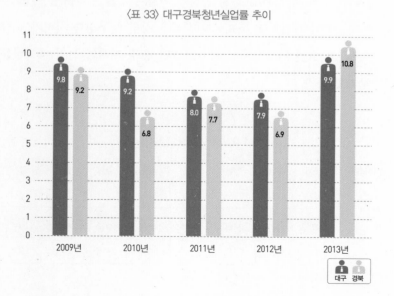

〈표 33〉 대구경북청년실업률 추이

통계청 발표 2013년 현재 15~29세 청년실업률은 경북과 대구가 10.8%와 9.9%로 나란히 상위 1, 2위를 차지했다. 이 추세는 5년째 이어지고 있다. 따라서 일자리 없는 대구와 경북의 인구증가율은 반대로 각각 0%와 마이너스 0.2%로 12위와 13위다.

1인당 GRDP 순위는 대구 다음으로 광주가 1,910만 원으로 15위를 차지했으며, 부산이 1,974만 원으로 뒤를 이었다. 이 도시들의 공통점은 하나같이 특정 정당이 일당 지배를 해오고 있다는 데 있다. 국회의원은 물론 광역단체장과 시장군수 및 지방의원 선거에서 대부분 기호 1번 또는 기호 2번 공천이 곧 당선이라는 등식이 성립하는 지역이다.

그러다 보니 해당지역 유권자들의 요구를 오히려 철저히 외면하고 일부 권력자들만 기득권을 유지 강화시키는 현상이 반복되고 있다. 민주정부 10년을 제외하고 무려 40년 이상 권부의 핵심에 있었던 대구경북이 역설적으로 20년째 성장을 못하고 정체 상태에 놓여 있는 것이 그 단적이 예라고 할 수 있다.

경북의 농가 인구는 2013년 기준 약 46만 명으로 전국 시도에서 가장 많았다. 최다 인구를 자랑하는 경기도의 39만 명을 압도했다. 인구 대비 농업 종사인구도 17%로 상위권이었다. 그러나 농가소득은 3,489만 원으로 전국 평균을 간신히 넘고 있으며 9개 도 중 5위권에 머물고 있다.

〈표 34〉 2013년 도별 농가소득

전국평균	제주	경기	충북	강원	경북	전남	충남	전북	경남
3,452	4,164	3,975	3,542	3,492	3,489	3,386	3,204	3,087	2,995

(단위 : 만원, 출처 통계청 농가 경제조사)

한편 경북은 2012년 기준 실질 성장률도 1.1%로 전북, 광주에 이어 최하위에서 세 번째를 기록하였다. TK로 상징되는 표현은 사실 일부 권력층에만 해당할 뿐 경북의 농업과 대구의 섬유산업이 피폐한 결과는 이렇게 처참하기까지 하다. 따라서 'TK 기득권'은 서울에 거주하는 일부 여의도 정치권 인사들, 정부청사 고위관리들, 재벌들에게나 해당되는 얘기일 뿐 대구경북에 거주하는 지역민들의 고단한 삶과는 하등 상관이 없다는 결론이다. 지난 30년 동안 기호 1번에만 충성한 결과 역시 고스란히 '서울 TK'의 몫이었다.

한편 1인당 GRGP가 가장 높은 권역은 대전충청권이다. 충남이 4,471만 원으로 2위를 차지했고, 충북도 2,813만 원으로 7위에 랭크됐다. 충청 지역은 역대 선거 때마다 여야 간에 중원 다툼을 벌이면서 놓칠 수 없는 요충지로 인식돼 왔다. 따라서 서산당진 지구 간척사업, 오창 생명과학산업도시 조성, 세종시 건설, 과학비즈니스 벨트 조성 등 대통령선거와 국회의원 총선을 거치면 이 지역은 반드시 중요한 국책사업의 수혜를 입게 되었다.

대전충청권의 다수 의석은 16대 총선 때는 자민련이 차지했다. 그러나 17대는 열린우리당이 휩쓸었으며, 18대에는 다시 자유선진당으로 바뀌었다가 지난 19대 총선 때는 새누리당이 근소하게나마 민주통합당에 앞섰다. 특정 정당에 얽매이지 않는 선의의 경쟁이 곧 경제발전의 과실까지 가져다준다는 사실을 이 지역의 선거 데이터는 아주 명백하게 보여주고 있다.

인사에서도 역차별을 받는 대구경북

2014년 12월 말 현재 대한민국 5부 요인은 박근혜 대통령을 제외한 정의화(鄭義和) 국회의장(부산), 양승태(梁承泰) 대법원장(부산), 박한철(朴漢徹) 헌법재판소장(부산), 정홍원(鄭烘原) 국무총리(경남 남해)가 모두 PK 출신이다. 흔히 권력의 상징으로 표현되는 5대 권력기관장을 보면, 서울 출신인 이병기(李丙琪) 국가정보원장은 별도로 하더라도 임환수(林煥守) 국세청장이 경북 의성 출신일 뿐, 나머지 황찬현(黃贊鉉) 감사원장(경남 마산), 김진태(金鎭太) 검찰총장(경남 사천), 강신명(姜信明) 경찰청장(경남 합천) 등 세 명이 모두 PK 출신이다. 청와대에서 대통령 보좌를 총괄하며 사실상 2인자 역할을 하는 김기춘(金淇春) 대통령비서실장 또한 경남 거제가 고향이다.

지난 2012년 18대 대선 당시 부산울산경남 지역에서는 박근혜 후보의 득표율이 61.2%에 그쳤지만, 대구경북은 무려 80.5%가 쏟아졌고 이 지역에서만 문재인 후보와의 격차를 201만여 표 벌려 승리의 견인차 노릇을 톡톡히 했다. 그런데도 이와 같은 인사 푸대접이라면 지역인사들이 납득하기 어려울 것이다. 권력 핵심부뿐 아니라 일반 공무원들 사이에서 터져 나오는 불만도 적지 않다.

일례로 대구와 경북지방경찰청 개청 이래 숙원이었던 경무관 배출만 해도 2012년 11월 이명박 정부시절 대구청의 설용숙(薛溶淑) 경무과장이 그 첫 테이프를 끊었지만, 그것으로 만족해야 했다. 같은 해 승진 인사에서 지역 균형을 이유로 경남지방경찰청 출신 한 명에게 더 경무관 계급장을 달아주었고, 2013년에도 지방경찰청에 배정한 경무관 승진자

중 두 명을 경북청과 부산청에서 각각 한 명씩 배정하였다. 그런데 2014년에는 이례적으로 지방 총경을 여섯 명이나 진급시키는 대규모 승진잔치를 벌이면서도 경남청에만 한 명을 배정했을 뿐, 대구와 경북청에는 한 명도 배려하지 않았다.

인사 제청권자인 경찰청장이 경남이고 청와대 인사위원장을 맡고 있는 대통령비서실장이 경남이니 당연한 결과가 아니겠는가. 이렇듯 부산 경남은 '경찰의 별'로 불리는 경무관을 3년 연속 배출하고 있는데, 박근혜 정권 창출의 1등 공신 지역인 대구경북은 오히려 역차별을 받고 있는 것이다.

TK 정서를 거스르면 여당도 심판

대구경북은 자존심이 센 지역이다. 그래서 지역의 자존심을 건드리는 선거판이 펼쳐지면 그때마다 본때를 보여주곤 했다. 이런 특성은 이 지역 유권자들이 늘 보수여당에 일방적인 지지를 보낸 것이 아니라는 얘기이기도 하지만, 한편으로는 근본적인 TK 정서를 거스르는 선거판을 좀처럼 용납하지 않는다는 얘기이기도 하다. 또 하나 특징적인 것은 당의 권력구조가 누구의 손에 쥐어져 있느냐 여부에 따라 이 지역에서는 항상 개표 결과는 엇갈렸다는 점이다.

우선 13대 때의 경우를 보자. 역대 최악의 참패로 여소야대를 허용한 보수 여당이었지만 대구경북에서는 압도적인 우위를 지켜냈다. 대구는 단 1석도 내어주지 않았고, 경북은 통일민주당과 신민주공화당에 각각 2석씩만 내주었을 뿐이다. 당시 민주정의당은 대구 출신의 노태우 대통령이 총재로 있으면서 대구경북을 지역기반으로 하는 정당이었기 때문이다.

본격적으로 대구경북에 균열이 발생한 것은 부산경남을 주 무대로 활동했던 YS가 당 대표를 맡아 총선을 치른 1992년 14대 때다. 개표 결과 대구경북 33석 중 민주자유당은 정주영 회장의 통일국민당에 4석, 무소속에 6석 등 총 10석을 빼앗겼다. 비율로는 무려 30%다. 15대 총선 때는 YS가 대통령으로 있으면서 신한국당의 공천을 직접 챙겼고, 대구경북의 유력 정치인들이 적지 않게 공천혁신이라는 이름으로 물을 먹었다. 게다가 3당 합당 당시 내각제 합의 파기로 당을 탈당해 나온 JP가 자민련을 창당, 일찍부터 전운이 감돌고 있었다. 개표함을 열어보니 신한국당은 대구에서는 단 2석, 경북은 11석으로 총 32석 중 겨우 13석만을 건져 대패를 하고 말았다. 자민련이 10석을 쓸어 담았고, 공천탈락자를 중심으로 한 무소속도 8석, 군소야당인 통합민주당도 1석을 챙겼다.

18대에도 총 27석 중 10석을 비한나라당이 가져갔다. 특히 무원칙한 공천학살에 희생된 친박 인사들이 '친박연대'라는 당 간판을 걸고 뭉치거나 또는 무소속으로 출전하여 거둔 성과였다. 박근혜 경선후보의 공동선거대책위원장을 맡았던 홍사덕(洪思德) 전 한나라당 원내총무, 박종근(朴鍾根) 현역의원 등이 친박연대 소속으로 당선되었고, 이해봉(李海鳳) 국회과학기술정보통신위원장, 김태환(金泰煥) 현역의원 등은 무소속으로 나서서 여의도 재입성에 성공했다. 이처럼 대구경북 유권자들은 언제 어느 때나 자존심에 상처를 입게 되면 반드시 투표장에서 본때를 보여주었다. 거기에는 같은 영남 안에서 TK와 PK 간의 은근한 권력 다툼의 성격도 작용하고 있다.

TK가 꿈꾸는 차기 대권주자는

현직 대통령이 대구 출신이기는 하지만 이미 그 직을 한창 수행하고 있다는 점에서 지역민들은 일찍부터 차기 주자를 생각한다. 그런데 2017년 19대 차기 대권주자 군에는 대구경북 출신의 유력 정치인이 없다는 점이 지역 유권자들의 자존심을 크게 상하게 한다. 각종 여론조사에서 여야 대선후보 1위, 2위를 다투는 인물은 모두 부산경남 출신들이다. 김무성 새누리당 대표와 문재인 새정치민주연합 의원, 그리고 경남 창녕이 고향인 박원순 서울시장과 이미 2014년 지방선거 당시 대선 출마를 언급한 홍준표 경남지사가 모두 PK 지역 사람들이다. 지금은 한 발짝 물러서 있지만 안철수 의원도 부산 출신이고 잠재적 후보군에 있는 새정치민주연합 박영선 의원도 경남 창녕이 고향이다.

거론되는 대구경북 인사는 여권에서는 김문수 전 경기도지사 정도이고, 야권에서는 김부겸 전 의원이 유일하다. 그러나 김 전 지사는 대구에 있는 경북고등학교 졸업 후 1970년 서울대학교에 입학하면서 서울 사람이 되었고 40년이 넘게 수도권에서 활동해온 출향 인사다. 특히 그는 1996년 15대 총선 때 경기도 부천에서 국회의원에 당선되어 3선 의원을 역임하였으며, 2006년에는 경기도지사 선거에 압승하면서 경기도의 수장으로 변신했다. 2010년 5회 지방선거 때는 재선에 성공하면서 경기도정을 한층 더 잘 이끌어왔다.

게다가 그는 보수 일색인 새누리당에 걸맞지 않게 노동운동가 출신으로 진보정당인 민중당에서 활동한 바 있다. 따라서 가장 보수 색채가 짙은 대구경북 유권자들은 그에게서 동료의식을 느끼기 어려울 수도 있다. 과거 뿌리가 같은 통합진보당이 헌법재판소에 의해 해산결정이 나던 2014년 12월 19일 그는 페이스북에 글을 올렸다. "통진당 해산결정을 환영합니다. 통진당 소속 국회의원직 상실 결정을 환영합니다. 대한민국 헌법정신에 부합하는 애국적 결정을 용감하게 내려주신 박한철 헌법재판소장과 재판관에게 기립박수를 보냅니다"라고 적었다. 한때 그의 동지들이었던 적지 않은 사람들이 통합진보당의 10만 명 당원으로 활동했을 텐데, 청와대 주인을 향한 그의 구애작전은 정말 애처롭기까지 하다.

민주통합당 최고위원을 지낸 김부겸 전 의원은 사실상 4선이 보장된 경기도 군포 지역구를 버리고 지난 2012년 총선 때 대구로 내려가 이한구(李漢久) 의원을 상대로 40.4%의 높은 득표율을 올리며 가능성을 보여주었다. 그는 지역주의 벽을 넘기 위해 2014년 6·4 지방선거에서도 무소속 전술이 아닌 기호 2번을 달고 대구시장에 또다시 도전, 역시 40.3%의 만만치 않은 득표율을 기록했다. 그의 꿈은 대구에서 국회의원 한 번 더 하는 것이 목표가 아니다.

그 역시 서울대 학생운동과 민통련 등 재야 활동으로 민주화운동 경력은 화려하지만, 오히려 여당인 김문수 전 지사만큼 과격해 보이지는 않는다. 그 이유는 그의 온건하고 합리적인 성품과 일맥상통하기도 한다. 그는 16대 총선 당시 한나라당 공천을 받아 당선된 적이 있기 때문에 여야 간에 두루 발이 넓은 화합형 리더십을 지녔다. 특히 그는 지난 2014년 대구시장 선거에서 "박근혜 대통령과 김부겸 시장이 함께 힘을 모으면 대구는 대박입니다"라는 신문 광고와 박 대통령과 함께 활짝 웃는 사진이 첨부된 현수막을 내거는 과감한 '박근혜 마케팅'으로 지역 유권자에게 적극 다가서려는 노력을 자연스럽게 실천한 바 있다.

그러나 그의 이 같은 참신한 노력에도 불구하고 야권 안에서도 그의 차기 대선후보 지지도는 성향이 비슷했던 손학규 전 대표가 정계를 은퇴하면서 생긴 공백을 흡수하는 정도에 머물고 있다. 야권 내 양강인 박원순 서울시장이나 문재인 전 대선후보와 비교하면 여전히 2% 부족한 느낌이기 때문에 대구경북 지역 유권자들도 선뜻 그에게 마음을 주긴 어려운 상태에 있는 것 같다.

광주전라 지역은 온통 빨간 신호등

2012년 광주의 1인당 GRDP는 1,910만 원으로 대구 다음으로 낮았다. 권역별 순위에서도 광주전라권은 역시 대구경북 다음으로 낮았다. 통계청이 2013년 12월에 발표한 2012년 지역소득 자료를 보면, 전북은 16개 시도 중 유일하게 마이너스 0.6% 성장률을 기록한다. 또 광주는 0.7%로 7대 특·광역시 중 유일하게 0%대 성장률을 기록했다. 이 두 지역 성장률은 최고 수준인 제주도의 5.3%와 비교하면 엄청난 격차가 느껴진다.

부진 업종을 중심으로 살펴보면 광주는 제조업이 마이너스 7.2% 성장을 기록했고, 전북 역시 제조업이 마이너스 4.1%에 주력산업인 농림어업도 마이너스 2.1% 성장률을 보였다. 또한 전북은 GRDP 증가율(명목 기준)이 1.1%로 전국 최하위를 차지했다. 그리고 1인당 개인소득 하위에서 1위와 3위는 각각 전남과 전북으로 1,249만 원과 1,315만 원을 기록했다. 개인소비 역시 전남과 전북이 최하위와 14위를 기록했는데, 각각 1,085만 원과 1,111만 원이다.

인구의 19.4%가 농민인 전남은 2013년 기준 농가소득이 전국 평균에도 못 미치는 3,386만 원이고, 전북은 이마저도 안 되는 3,087만 원이다. 같은 해 우리나라의 1인당 GDP가 2만 4,300여 달러이므로 전북의 농가당 소득은 국민 1인당 평균소득과 맞먹는 셈이다.

2012년 통계청 사회동향조사 자료에 따르면, 농촌지역 65세 이상 1인 가구 노인인구 비율 상위 5개 지역은 전남 보성·곡성군, 전북 임실·순창군, 전남 담양군 순으로 모조리 호남 지역이 휩쓸었다. 그만큼 복지수요가 늘어나면서 지방정부의 재정 압박은 늘어나는데, 경기는 계속해서 제자리걸음이니 지역민들은 시름에서 헤어날 수가 없다.

2010년 국회 국정감사 자료에 따르면, 2000년부터 10년 동안 전국 16개 시·도 가운데 청년실업률이 가장 높은 곳은 광주 지역으로 무려 9.6%였다. 광주는 광주를 제외한 15개 시·도 평균인 7.5%를 크게 웃돌았다. 그동안 광주는 청년실업 해소를 위해 많은 노력을 경주했지만, 2012년 1분기 자료를 보면 9.2%로 인천, 대전에 이어 3위를 차지했다. 2014년 국회 국정감사에서는 전남의 청년실업률이 문제가 됐다. 2014년 6월말 현재 전남지역 청년실업률은 13.4%로 인천(13.6%)에 이어 두 번째로 높았다. 통계청의 공식통계에서 7명 중 1명이 실업 상태라고 한다면 실제로는 이보다 더욱 심각하다는 얘기다.

새정치연합 박주선(朴柱宣) 의원의 주장에 따르면, 박근혜 대통령의 광주전남 지역공약 사업 관련 2015년도 예산반영률도 전국 최하위다. 대통령의 지역공약 사업 추진에 있어서도 광주전남이 소외받고 있다는 것이다. 지난 2012년 대선 당시 박근혜 대통령후보는 서울을 제외한 16개 시도별로 6~8개 분야를 선정해 대선 공약으로 제시했다. 광주는 7개 분야에 총 4조 6,296억 원을 투입할 것을 공약했다. 그러나 2015년도 예산으로 광주시가 3,840억 원을 신청했지만 정부 예산안에 반영된 예산은 신청액의 23%인 865억 원에 그쳤다.

전남의 경우도 7개 분야에 총 8조 262억 원을 투입할 것을 공약했지만, 예산 반영액은 광주보다 더 심각해서 전라남도가 신청한 8,580억 원의 10%도 안 되는 837억 원에 불과했다. 세금폭탄 공약을 걸고 2014년 7·30 보궐선거에서 당선된 이정현 새누리당 의원이 정기국회 예결특위 위원으로 참여해 새정치민주연합 소속 의원들과 합동 작전으로 약 6,000억 원 정도의 예산을 추가 반영했다고는 하지만, 당초 약속과 비교하면 턱도 없기는 마찬가지다.

반면 대구는 7개 분야 12조 8,319억 원의 공약사업 예산 가운데 2015년 반영액이 신청액 대비 89%인 4,294억 원에 달했다. 경북도 7개 분야 44조 8,064억 원을 공약해 신청액 대비 65%인 3,895억 원이 반영됐다. 경남의 경우에는 7개 분야 8조 8,906억 원을 공약해 2015년 신청액 대비 무려 93%인 2,549억 원이 반영됐다. 이처럼 각종 지표를 보더라도 광주 전라 지역은 경제상태가 온통 빨간 불이다.

호남에 대한 인사 푸대접

박근혜 대통령은 후보 시절이던 2012년 10월 광주전남 새누리당 당사에서 열린 선거대책위원회 발대식에 참석, "동서화합은 지역균형발전과 공평한 인재등용에서부터 시작한다. 모든 공직에 대탕평 인사를 실천함으로써 박근혜 정부는 어느 한 지역이 아니라 모든 지역의 100% 대한민국 정부가 될 것"이라고 강조했다. 또한 같은 해 10월 23일 전북도 당을 방문, "생전에 김대중 대통령께서 동서화합을 강조하신 뜻을 마음 에 새기고 있다. 지역화합과 통합을 위해서는 두 가지 과제가 있다. 공 평한 인재 등용과 지역균형발전이다. 저는 모든 공직에 탕평인사를 할 것이다. 제가 대통령이 되면 호남을 희망의 땅으로 다시 태어나게 할 것 을 여러분께 약속드린다"고 발언했다. 이른바 국민대통합 선언이다. 이 러한 그의 진심이 통했을까? 박근혜 대통령은 13대 대선 이후 보수 성 향 대통령후보로서는 처음으로 호남에서 마의 한 자릿수를 깨고 무려 11.28%라는 높은 득표율을 기록했다.

그러나 박근혜 대통령이 공약한 공평한 인재 등용, 즉 지역 간 차별 을 두지 않겠다는 약속은 취임 이후 전혀 지켜지지 않고 있으며 오히려 역대 어느 정부보다 더 영남 편중이 심화되었다. 그가 말한 국민 모두의 행복은 영남과 호남, 그리고 충청과 다른 지역 모두 골고루 배려하겠다 는 다짐이 아니었던가.

박근혜 대통령이 임명한 5부 요인은 전직 이명박 대통령이 지명한 양 승태 대법원장까지 포함하면 전원이 영남이다. 이른바 5대 사정기관장, 즉 감사원장, 검찰총장, 국세청장, 경찰청장, 그리고 2014년 12월 임명된 정재찬(鄭在燦) 공정거래위원장(경북 문경)까지 모두 영남이다.

2014년 12월 현재 박근혜 정부 2기 내각 각료 19명의 명단을 보면, 영 남이 7명으로 가장 많고 호남은 이기권(李基權) 고용노동부 장관 단 1명 뿐이다. 정홍원 국무총리(경남 남해), 최경환(崔炅煥) 경제부총리(경북 경 산), 정종섭(鄭宗燮) 행정자치부 장관(경북 경주), 이동필(李桐弼) 농림축산 식품부 장관(경북 의성), 윤상직(尹相直) 산업통상자원부 장관(경북 경산),

김희정(金姬廷) 여성가족부 장관(부산), 이주영(李柱榮) 해양수산부 장관(경남 마산)이 그들이다.

인사 푸대접은 고위직뿐 아니라 중하위직에서도 폭넓게 이루어지고 있다. 2013년 경찰청 지방총경 승진자 명단을 보면, 대구·경북·부산·경남·울산 등 영남 지역을 관할하는 지방경찰청 소속 경정은 16명이었다. 대상 인원 총 43명의 37.2%를 차지하는 과다 대표였다. 이에 반해 광주·전남·전북 등 호남 지역에서 근무하는 지방경찰청 소속 경정은 그 절반도 안 되는 7명에 그쳤다. 2014년에도 지방 총경 승진자 33명 중 영남 지역 지방경찰청 소속 경정은 13명이었는데, 역시 호남은 절반에 미치지 못하는 6명뿐이었다. 2015년에는 영남 19명에 호남 6명으로 호남이 채 3분의 1도 되지 않는, 아예 노골적인 푸대접이다.

그러나 이와 반대로 호남에서 겨우 3.88%의 득표율을 올린 김영삼 대통령은 인사에서 호남 인물을 박대하지 않았다. YS는 국회의장이 박준규(朴浚圭, 대구), 이만섭(李萬燮, 대구), 황낙주(黃珞周, 경남창원) 등 다수당인 신한국당 출신 영남 인사로 선출되자, 나머지 대법원장 이하 5부 요인은 철저히 비영남으로 임명하는 탕평인사를 단행했다. 역시 정치 9단다운 발상이다. 첫 세팅 때에는 대법원장 윤관(尹錧, 전남해남), 국무총리 황인성(黃寅性, 전북 무주), 헌법재판소장 김용준(金容俊, 서울) 등 상징적인 자리에 오히려 호남을 우대했다.

YS 때 장관은 총 104명이 거쳐 갔다. 이 중 영남이 33.6%인 35명이지만 사실 많은 비중은 아니다. 우리나라에서 과학적 인구 통계가 시작된 1949년 영남 인구 약 33%와 비교하면 그렇다. 호남 출신 장관은 17.3%인 18명이었다. 장관 임명 연령대에 해당하는 이농이 본격적으로 시작되기 직전 호남 인구가 25% 선이었으니 이것은 다소 미흡하다고도 할 수 있다. 그러나 이 정도면 5부 요인과 함께 계산하면 크게 불만은 없을 것이다. 더구나 YS가 획득한 호남에서의 지지율 3.88%를 감안하면 말이다.

하다못해 531만 표 차이의 대승을 거두었던 이명박 대통령도 호남에서 마의 10% 벽은커녕 노태우 대통령의 기록도 경신하지 못했다. 그러나 비록 대독총리였지만 정부 출범 이후 최초로 전남 출신 김황식(金滉植)을 총리로 기용했다. 이전까지는 같은 호남에서도 전북 출신으로만 진의종(陳懿鍾, 고창), 황인성(黃寅性, 무주) 등의 총리를 배출했었다.

민주 정부에 배신당한 호남

이처럼 문민정부로부터 일정한 지역균형 인사를 배려 받은 호남이 오히려 그가 절대적으로 지지해서 탄생시킨 민주정부로부터 배신당했다고 하면 어떤 감정일까?

노무현 후보는 16대 대선 때 호남에서 93.2%의 압도적인 득표율을 올렸다. 김대중 대통령 못지않은 열렬한 지지였다. 이 지역에서만 이회창 후보에 260만 표를 앞서며 이것이 당선의 원동력으로 작용했다. 호남 태생인 정동영 후보가 17대 대선에서 80.0% 밖에 득표하지 못한 것에 비하면 이런 득표율은 엄청나지 않은가.

공정하고 투명한 인사, 국민으로부터 신뢰받는 인사제도는 참여정부의 3대 인사 원칙이었다. 노무현 대통령은 그의 인사 철학을 반영해 만든 인사보좌관실(후에 인사수석실로 확대개편) 인사보좌관을 호남 출신에게, 이를 견제하는 민정수석은 영남 출신에게 맡겨 견제와 균형의 원리를 더했다. 그러나 집권 3년 만인 2006년 5월 전남 곡성 출신의 김완기(金完基) 인사수석을 퇴진시키면서 이 원칙은 깨지고 말았다.

말단 내무관료 출신으로 별 힘도 쓰지 못하던 제2대 김완기 인사수석은 사실상 '대필' 수석이었다. 그의 교체 이전부터 이미 영남 중심 인사개편은 시작되고 있었다. 2005년 11월 대통령의 고시 동기생인 정상명(鄭相明)을 검찰총장으로 임명하는데, 사정기관 중 최고의 권력을 자랑하는 검찰수장은 취임 6개월 만에 물러난 김종빈(金鍾彬, 전남 여수)을 제외하고 송광수(宋光洙, 경남 마산), 정상명(경북 의성), 임채진(林采珍, 경남 남해) 등 모두가 영남이었다. 이후에는 아무 거침이 없이 김만복(金萬福, 부산) 국가정보원 1차장 임명(2006년 4월) 및 그의 원장 내부승진 기용(2006년 11월), 문재인(경남 거제) 대통령비서실장 임명(2007년 3월) 등이 있었다.

이로써 주요 보직은 차근차근 영남, 특히 부산경남 출신이 차지하게 된다. 문재인 의원이 2006년 5·31 지방선거 직전 민정수석을 사퇴하고 부산에 상주하며 열린우리당 부산시장 후보지원을 위해 '부산정권' 발언으로 지역감정까지 자극했던 상황이 바로 이와 같은 배경에서 나왔으니 결코 우연이 아니다.

2006년 5·31 지방선거에서 당시 146석의 거대여당 열린우리당이 겨우 9석의 군소 야당인 민주당에 패배한 것은 뼈아픈 일이다. 특히 전통적 텃밭인 호남을 빼앗겨서 충격이 더 컸다. 시도지사는 전북지사 1석을 겨우 건지고 광주시장과 전남지사를 내줘야 했다. 광주는 구청장 5석과 광역의원 16석을 민주당이 석권했다. 전남지역에서도 시장군수는 10 대 7로, 광역의원은 43 대 2로 민주당이 압도했다. 전북에서도 시장군수는 5 대 5로 비겼지만 무소속에 4석을 내줘야 했다. 당시 전국적으로 일었던 부동산정책 실패 등 경제적 요인도 컸겠지만, 열린우리당 분당 후유증과 인사차별 등 정치적 요인이 복합적으로 작용한 결과라고 할 수 있다.

호남은 더이상 민주당의 텃밭이 아니다

2007년 대통령 선거에 출마해 낙선한 정동영 후보 이후 야권내 호남의 대선주자는 아예 씨가 말랐다. 지난 2012년 민주통합당의 18대 대선 후보 경선 당시 정세균(丁世均) 의원이 완주했지만, 그는 7.0%라는 유일한 한 자릿수 득표율을 올리고 최하위에 머물고 말았다. 이후 민주당(새정치민주연합) 안에서도 공공연하게 당권-대권 분리론이 활개를 친다. 인구 면에서 절대적으로 불리한 호남 출신은 대권에 도전하지 말고 비호남 출신 대권주자를 도와야 한다는 논리다. 처음부터 패배주의적인 발상이 아닐 수 없다.

2017년 대선을 준비하거나 거론되는 여야의 유력 주자들을 보면, 새누리당은 김무성 대표, 김문수 전 경기도지사, 홍준표 경남지사 등이 모두 영남이고, 새정치민주연합도 박원순 서울시장, 문재인 의원, 안철수 의원, 김부겸 전 의원 등이 전부 영남 출신이다. 2003년 초 김대중 대통령 정계은퇴 후 대부분이 호남 사람인 민주당 당원들은 열심히 당비도 내고 당 활동에 열심히 참여하는 등 의무를 다했으나, 선거 때면 늘 국민참여경선, 모바일경선, 여론조사경선 등으로 당원의 권리를 침해당해 왔다. 사실상 당의 주인이 아닌 동원 대상으로 전락해 버린 것이다.

그 결과 안철수 신당과 합당하기 전인 민주통합당 시절의 지도부에는 선출직(대표, 최고위원, 원내대표)에 호남 지역구 출신 의원이 단 1명도 진출하지 못하는 것으로 나타났다. 호남 출신은 대선 후보는커녕 2008년 7월 전당대회 때 당선된 정세균 전 대표 이후 당 대표조차 꿈도 꾸지 못하는 상황에 놓이고 만 것이다.

경쟁하는 정당이 없는 가운데 30년 가까이 기호 2번만으로 손쉽게 당선을 쓸어 담던 민주당도 이제는 봄날이 아니다. 2012년 총선과 대선에 패배하고도 반성을 하지 않은 민주당(새정치민주연합)은 호남 민심으로부터 더 멀어졌다. 그 결과가 바로 2014년 6·4 지방선거와 7·30 재·보궐선거에서의 일격이다. 새정치민주연합은 시장군수 선거에서 전북은 14곳 중 절반을 무소속에 빼앗겼고, 전남은 22곳 중 8곳을 내주고 말았다. 역대 최다 기록이다.

재·보궐선거에서는 1988년 소선거구제 도입 이래 광주전남에서 최초로 새누리당 후보에게 당선을 허용했고, 광주 광산(을)은 국정원 대선 개입 수사 축소·은폐를 폭로한 권은희(權垠希) 전 수서경찰서 과장을 전략 공천했지만, 역대 호남 지역 재보선 중 최저 투표율을 경신(22.3%)하며 사실상 광주시민의 심판을 받았다.

새정치민주연합은 사상 최대의 130석을 가진 제1야당이지만, 야당 지지층으로부터도 대안이 되지 못한다. 통합진보당이 헌법재판소로부터 해산 판결을 받던 날인 2014년 12월 19일 여론조사기관 휴먼리서치가 정당지지도를 묻는 조사(샘플수 1,007개, 표본오차 95% 신뢰수준 최대허용오차 ±3.09%, 응답률 5.89%, 조사방법 휴대전화 무작위 전화걸기)를 했는데, 새누리당이 42.0%였고 새정치민주연합은 창당 이후 최저인 15.1%로 나타났다. 특히 당의 버팀목이었던 30대(49.5%)와 40대(45.0%) 연령층이 대거 무당파로 이동해버렸다. 지지기반인 호남제주 지역에서 30.7%로 내려

앉은 것도 충격이다.

《경향신문》의 2015년 신년여론조사(조사기관 한국리서치, 조사기간 2014년 12월 27~28일, 표본수 1,000명, 표본오차는 95% 신뢰수준에서 ±3.1%p, 응답률 14%)에서는 무려 12.9%까지 떨어져 1년 전 '도로 민주당' 수준으로 돌아갔다. 주요 언론사 여론조사에서 10%대 초반의 지지도는 최초이자 최악이다. 물론 호남에서의 이탈이 주된 배경이다.

호남에서 새정치민주연합은 겨우 18.9%의 지지를 받았는데, 이는 텃밭에서조차 5명에 1명꼴로도 새정치민주연합을 선택하지 않았다는 얘기다. 특이한 것은 이 지역에서 다른 지역(35~45%)보다 엄청나게 높은 67.4%가 무당파로 나타났다는 점이다. 전문가들은 이를 두고 변화에 대한 욕구가 특히 강한 호남인들이 새정치민주연합에 대한 지지를 철회하고, 제3신당 출현을 예의 주시하는 징표라고 분석한다.

제3신당의 태동은 대구경북과 호남에서

흔히 우리나라 선거제도를 탓하면서 신당이 어렵다고 하는데, 그것은 다 핑계일 뿐이다. 과거의 사례를 봐도 유권자들에게 변화의 욕구가 생기면 기존 정당 대신 새로운 정당이 지지를 획득할 수 있는 기회는 얼마든지 주어졌다. 우선 그 대표적인 사례를 캐나다에서 확인해 보기로 하자.

캐나다는 영연방 국가이기 때문에 영국의 정치제도를 그대로 본떴다. 영국은 유럽의 대륙국가와 달리 비례대표도 없고 결선투표도 없는 아주 폭력적인 소선거구제를 시행하는 나라다. 그래서 캐나다도 영국처럼

1867년 독립 이래 자유당과 보수당 양당이 교대로 쭉 집권을 해왔다. 특히 자유당이 주로 집권했는데 20세기 100년 동안 무려 69년이나 권력을 쥐고 있었다. 그런데 지난 2011년 총선에서는 창당한 지 50년 밖에 안 된, 그래서 늘 3~4위권을 맴돌던 신민주당(NDP)이 308석의 의석 중 무려 103석을 차지, 150년 전통에 빛나는 자유당(34석 획득)을 제2야당으로 밀어내고 제1야당으로 도약한다.

3년 전 신민주당의 의석은 겨우 37석이었다. 신민주당은 사회민주주의 계열로 캐나다의 주요 3개 정당 중 가장 좌파에 가깝다. 그동안 연방 차원의 공공 의료보장제도를 추진해 진보정치 운동의 성공 사례로 큰 주목을 받은 바 있었다. 100년 넘게 지속된 양당체제도 하루아침에 무너지게 만드는 것이 국민정서고 선거에서의 표심이었던 것이다. 하물며 매 선거 때마다 새로운 이름의 정당이 무수히 생겨났던 우리나라의 정치 환경에서는 더 이상 말할 필요조차 없다. 2015년 새해 벽두부터 우리 국민 여론은 이미 이런 조짐을 감지하고 있는 것 같다.

2014년 12월 21일 새정치연합의 강창일(姜昌一)·정성호(鄭成湖)·노웅래(盧雄來)·김영주(金榮珠)·우상호(禹相虎) 의원 등은 기자회견을 통해 "문재인, 박지원, 정세균 등 세 사람의 출마로 전당대회가 특정인에 의해 당이 좌지우지되고, 통합과 화합이 아닌 분열과 분파로, 감동과 혁신이 없는 당내 기득권 구조의 현실을 확인하는 자리로 변질될 것을 걱정한다. 그렇게 된다면 당이 좌절과 분열의 나락으로 떨어질 것은 분명하다"고 지적하면서 이 빅3의 불출마를 호소했다.

그러나 이들이 "2016년 총선 승리와 2017년 정권 교체를 위한 당의 마지막 대동혁신의 기회"라고 한 미사여구에도 불구하고 정확하게 애기하자면 사실은 야권 분열로 인한 자신들의 20대 총선 낙선 가능성을 두려워 한 현실적인 계산이 숨어 있다. 실제로 이 날 서명에 참여한 30명 중 60%에 해당하는 18명이 수도권에 지역구를 가진 의원들인데, 수도권은 선거에서 야권이 분열되면 직접적인 타격을 받을 수밖에 없다.

과거의 데이터를 봐도 야권 분열은 수도권에서 나쁜 성적표로 이어졌다. 대표적인 사례라 할 수 있는 것이 15대 총선이다. 당시 김대중 총재가 새정치국민회의를 만들어 민주당에서 분당해 나왔는데 수도권의 성적표가 썩 좋지 않았다. 최대의석 96석이 걸린 이 지역에서 신한국당은 야권분열을 틈타 과반 이상인 54석을 쓸어 담았다. 국민회의는 겨우 30석에 그쳤고, 통합민주당은 4석, 새로 창당한 김종필 총재의 자민련이 5석을 차지했고, 무소속에게 3석이 돌아갔다. 그러나 지방에서는 국민회의와 자민련, 그리고 통합민주당의 선전으로 신한국당은 과반수에서 무려 11석이나 모자라는 139석 확보에 그치고 말았다. 야권 3당 후보끼리 치열하게 경쟁했지만 표가 분산되지는 않았기 때문이다. 지방 유권자들은 당선 가능한 야당 후보에게 표를 몰아주었다.

이처럼 통상적으로는 야권 분열이 기존 정당 후보에게 나쁜 영향을 미치지만 선거 결과를 놓고 보면 수도권은 수도권대로 새로운 인물이 등장할 기회가 만들어지고 지방은 지방대로 표를 분산시키지 않는 유권자들의 현명함이 있었다. 그런데 지금 이 시점에 야권분열을 우려하는 움직임이 정치권 내에서 생겨나고 있다면 이를 과연 어떻게 해석하고 대처해야 맞을까? 야권분열을 막아서 지지표 분산으로 인한 선거 패배를 막아야 할까? 아니면 과거의 선거 데이터가 주는 교훈을 통렬하게 읽고 성공의 방법을 찾아 새로운 변화를 모색하고 나서야 할까? 이 두

가지 길 가운데 어느 길로 가야 할지 최근의 여론조사는 명명백백하게 보여주고 있다.

2014년 10월 30일 《문화일보》 창간 23주년 기념 여론조사를 보면, 정당지지도는 새누리당 37.5%, 새정치민주연합 19.5%였지만, 제3신당 창당 시 새누리당 29.1%, 제3신당 21.1%, 새정치민주연합 12.6%로 새정치민주연합은 1년 전 '도로 민주당' 수준이 되고 만다. 새정치민주연합이 19.5%로 추락한 주된 원인은 절대적 지지기반인 호남에서의 지지층(지지도 33.2%) 이탈 때문이다.

1년 전(2013년 11월23~24일) 한국사회여론조사연구소(KSOI)가 조사한 결과를 보면, 새누리당 37.3%, 안철수신당 27.3%, 그리고 민주당이 12.1%였으니 정확하게 1년 전으로 돌아간 것이다. 그런데 《문화일보》 조사에서 호남의 여론은 제3신당 지지가 25.0%로 새정치민주연합(19.4%)과 새누리당(9.2%)을 제치고 제1당의 위치로 올라섰으며, 대구경북에서는 16.1%로 60.9%에서 37.0%로 크게 주저앉은 새누리당에 이어 제2당의 위치를 차지했다. 새정치민주연합은 거의 변동 없는 7.5%다.

2015년 1월 1일에 발표된 신년여론조사 결과를 보더라도 《경향신문》의 경우, 새누리당의 텃밭인 대구경북조차 지난 2년간 대통령의 국정운영에 대해 38.8%나 불합격을 매겼고, 역시 SBS 조사(조사기관 TNS, 조사기간 2014년 12월 29~30일, 표본수 1,000명, 표본오차는 95% 신뢰수준에서 ±3.1%p, 응답률 15.5%)에서도 32.6%가 잘못했다고 응답했다.

2013년 말~2014년 초 안철수 신당은 바로 호남에서 변화에 대한 열망이 컸기 때문에 추진될 수 있었다. 2014년 1월 22일~25일 사이 《한겨레신문》이 광주시장 가상대결 조사(샘플수 700명, 응답률 17.9%, 조사

방식 전화면접 유무선 혼합 방식)를 했는데, 신당의 윤장현(尹壯鉉) 후보가 31.2%로 민주당의 강운태(姜雲太, 25%) 후보와 무소속 이병완(李炳浣, 12.9%) 후보를 앞섰다.

KBS의 1월 2일 보도에서는 민주당 본거지인 광주에서 신당 지지율이 49.8%로 민주당(28.6%)을 압도했다. 전략공천 후유증에도 불구하고 윤장현 후보가 본선에서 최종 승리를 안게 되는 배경이 이런 지역 정서에 기인한다. 《세계일보》가 1월 26일 창간기념으로 리서치&리서치와 공동으로 실시한 전화면접 여론조사에서도, '지방선거 지지정당 후보'로는 새누리당 36.7%, 안철수신당 23.4%, 민주당 10.1%의 순이었다.

이처럼 최근 새로운 정치를 갈망하는 정서를 보여주는 대표적인 지역이 바로 호남과 대구경북 지역이다. 현 여당과 야당의 가장 강력한 연고지이자 지지기반인 이 두 지역이 새로운 정치를 갈망하는 대표적인 지역으로 변화하고 있다는 사실에 우리는 주목해야 한다. 특히 앞서 살펴보았듯이 이 지역은 경제적으로도 가장 소외된 상황에 놓여 있다. 따라서 이런 여건이 복합적으로 작용한다면 이 두 지역이야말로 한국 정치를 코페르니쿠스적으로 전환시킬 확실한 대안이 될 수 있을 것이다. 제3신당이 바로 이 두 지역에 기반을 두고 첫 발을 내딛는다면 미래의 희망정치를 꽃피울 수 있는 승산은 얼마든지 있다고 생각된다.

제3신당의 리더는

제3신당은 외견상으로는 오랫동안 권력을 누려온 지역(TK)과 차별받아온 지역(호남)이 손을 잡는 정당이어야 한다. 그렇기 때문에 제3신당은 기득권화 돼버린 야당의 재집권을 목표로 하는 야권신당이 아니라, 현실에 존재하는 지역주의를 인정하고 새로운 개념의 지역 간 연합정당이 되어야 맞다. 그렇다고 해서 보수여당이 던져주는 작은 떡고물에 일희일비(一喜一悲)하는 정당이 되어서는 안 되며, 20년 이상 가장 고단한 삶을 살아오고 있는 양 지역민들의 정서를 대변하고 변화의 바람을 대행하는 희망의 연합정당이 되어야 한다.

그렇다면 이러한 신당의 리더로는 누가 적임자일까? 지역주의에 맞서 1992년 총선, 1995년 부산시장 선거, 다시 2000년 총선에 출마했던고 노무현 대통령의 전례에 따라 국민통합의 리더십을 보여주는 이가 가장 적합할 것이다. 이 점에서 본다면 동일한 노선과 지향점을 가지고

정치혁신을 역설하는 김부겸 전 의원

새롭게 미래의 희망정치를 준비해나가는 김부겸 전 의원이 적격이다. 박원순 서울시장은 2014년 시장 재선에 성공한 직후 임종석(전남) 정무부시장, 정효성(丁效聲, 전북) 행정1부시장, 이건기(李建基, 전남) 행정2부시장 등 세 명의 부시장 전원을 호남 출신으로 기용하면서 지역 통합의 지도자상을 보여준 바 있다.

하지만 필자는 오히려 박 시장으로부터 느껴지는 인위적인 통합의 이미지보다는 김부겸 전 의원의 도전적인 접근방식과 처신에서 훨씬 더 진정성을 느낄 수 있다. 그는 부산보다 더 척박한 대구에서 당당하게 기호 2번으로 연거푸 출마해 낙선하고도 여의도와 일정한 거리를 두며 꿋꿋하게 지역을 지키고 있다. 김 전 의원은 2014년 말 한 토론회에 참석한 자리에서 "선배들이 야당의 수명이 끝났다고 해서 신당 창당에 대한 고민을 했었다"고 대답함으로써 민주당(새정치민주연합)이 갖고 있는 한계에 대한 인식의 일면을 드러내기도 했다.

그러면 과연 어떤 인물들이 새로운 당을 주도할 것인가? 바로 뒷장에서 논의할 풀뿌리 정치인들과 지역을 지켜온 지역 활동가들이 그 주인공이 되어야 한다. 2016년 20대 총선은 지방자치 부활 25주년을 맞는 해에 치러진다. 지금까지 25년 동안 지역에서 터전을 닦은 수많은 풀뿌리 활동가들이 배출됐으니 인적 자원은 오히려 넘치고도 넘친다. 이 또한 데이터를 통해 얼마든지 확인할 수 있다. 여기에서는 우선 그 내용을 간략하게 살펴보기로 하자.

2014년 6·4 지방선거에서 당선된 무소속 기초단체장은 호남이 15명, 경북이 3명이다. 기초의원은 전남북이 384석 중 103명, 대구경북이 349석 중 72명이다. 비율로는 각각 26.8%와 20.6%다. 2010년에도 무소속 기초단체장은 대구경북에서 8명, 호남에서 9명이 당선됐다. 무소속 기초의원도 역시 전남북은 95명, 대구경북은 87명이 당선됐다. 대구경북만 25%다. 2006년에도 무소속 기초단체장이 전남북에서 12명, 경북에서 4명이 당선되었으며, 기초의원도 전남북은 69명, 대구경북은 58명이 당선됐다.

이들은 모두 돋보이는 의정활동을 통해 재선, 3선을 기록하고 있으며 언제든지 여의도 국회의사당으로 달려갈 준비태세를 갖추고 있다. 이들은 한 방에 한국 사회의 각종 문제를 해결할 메시아는 아니지만, 지역 기반도 탄탄하고 나름대로 신망이 있는, 그래서 미래의 국가발전 주역이 충분히 될 수 있는 '작은 DJ들'이고 '작은 박정희들'이다. 이들이 '작은 DJ'이고 '작은 박정희'인 이유는 국가 단위는 아니지만 자기 연고지역에서 지역발전을 위한 리더로서 열정과 지혜를 충분히 보여주고 검증받았기 때문이다.

지역을 알아야 실물을 알고 실물을 알아야 국민 정서를 알 수 있다. 그러니 이들은 이미 주민의 이해와 요구를 충분히 읽고 거기에 상응하는 해답을 찾아 실천했던 매우 의미있는 경험의 보유자들이다. 이들이 DJ, 박정희만큼은 될 수 없을지 몰라도 그간 보여준 열정으로 미래지향의 리더십을 발휘한다면 여의도의 주역이 될 가능성은 충분하다고 생각된다.

구체적으로 현직 시장군수만 열거해도 3선으로는 이건식(李建植) 전북 김제시장과 조충훈(趙忠勳) 전남 순천시장이 있고, 재선은 이정백(李廷白) 경북 상주시장과 한동수(韓東洙) 청도군수, 김종규(金宗奎) 전북 부안군수와 최용득(崔容得) 장수군수, 그리고 유두석(兪斗錫) 전남 장성군수와 고길호(高吉鎬) 신안군수가 있다. 어디 이 뿐이겠는가?

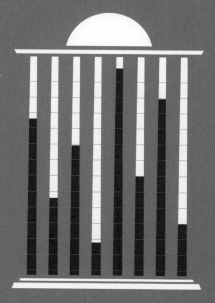

5장

승리하는 공천의
8가지 조건

　이번에는 과거의 선거 데이터를 통해 어떻게 선거에서 승리할 수 있는지를 살펴보기로 하자. 선거에 관한 여의도 정치권의 그릇된 고정관념이 있다. "신인이나 지역 활동가보다는 중앙 무대에서 활동해온 명망가들이 더 높은 경쟁력을 갖는다. 상향식 경선은 아군끼리 지나치게 진을 빼게 되므로 여론조사 등으로 간편하게 하고 본선을 대비하자. 혁신공천은 계파공천의 수단으로 악용되므로 될수록 하지 말자"는 주장이 바로 그것이다. 과연 그럴까? 선거 때만 되면 각 당의 공천심사위원회 위원으로 참여하는 정치학자들조차도 오랫동안 이러한 주장에 동의해왔다. 그러나 과거의 선거 데이터는 이 같은 상식이 유권자인 국민의 생각과 동떨어진 선입견이었음을 보여주고 있다.

　필자는 역대 총선과 지방선거의 자료를 보면서 결국 국민의 상식과 통해야 선거에 이긴다는 너무나 당연한 결론을 재확인할 수 있었다. 그런데 우리 정치권에서는 왜 이런 평범한 상식을 무시하는 접근을 하고 있을까? 앞으로 유권자를 행복하게 만드는 선진정치의 구현이 하루빨리 이루어지기를 바라는 마음으로 필자가 그간의 사례들을 분석해 정리한 8가지 선거 승리의 공천 조건은 다음과 같다.

1. 지역밀착형으로 승부하라.(지역밀착형 후보가 되어라)
2. 참신한 인물을 상향식 공천으로 선보여라.
3. 전략공천은 죽음이다. 지역민에게 인정받는 경선을 하라.
4. 클린공천이 필수, 비리전력자 공천은 유권자 모독이다.
5. 측근비리도 용납이 안 된다. 상대 후보에게 빌미를 주지 마라.
6. 자당 인물에게 불행이 발생한 지역일수록 공명정대하게 후보를 심사하라.
7. 계파공천을 끝내고 인적 쇄신에 나서라.
8. 원칙을 세우고 혁신과 쇄신의 시스템으로 공천하라.

필자만이 아니라 독자들조차 이상의 8가지 조건은 선거에서 후보를 정할 때 당연시해야 할 상식이라고 생각할 것이다. 그런데 이런 상식이 통하지 않는 일들이 과거 우리 선거에서 비일비재하게 발생했다. 그리고 그럴 때마다 결과는 결코 예상을 벗어나지 않았다. 그런데도 우리는 똑같은 잘못이 계속 반복되는 정치 현실에 직면하고 있다. 이런 나라에서 한 해도 거르지 않고 찾아오는 선거 때마다 어떻게 유권자가 행복한 선택을 할 수 있겠는가.

지역밀착형으로 승부하라

2005년 4월 30일부터 시작된 열린우리당의 재보선 연패 기록은 역사적인 40연패를 기록하며 2007년 4월 25일 겨우 막을 내린다. 그러나 그것은 국회의원 3석, 기초단체장 6석, 광역의원 9석, 기초의원 38석이 걸린 가운데 기초의원 1석만 달랑 건진, 말 그대로 서류상 승리에 불과했다. 더구나 그 선거구는 당시 현역 6선에 빛나는 김원기(金元基) 전 국회의장의 지역구로 원래가 열린우리당의 강세 지역이었기 때문에 진정한 연패 탈출은 다음을 기약해야 했다.

따라서 특정 지역을 떠나 한나라당과 진검 승부를 펼쳐 수도권 국회의원·기초단체장 15연패를 끊은 사람은 바로 2008년 6·4 재보선 당시 이해식(李海植) 후보와 이훈국(李薰國) 후보 '투-이(Two-Lee) 브라더스(Brothers)'다. 이를 바탕으로 통합민주당은 이명박 대통령 집권 후 첫 번째 실시된 이 선거에서 한나라당에 기초단체장 9곳 중 청도군수 단 한 군데 밖에 내주지 않았다.

서울 강동구청장 선거에 나선 이해식 후보는 투표율은 불과 23.4%였지만, 과반수를 훌쩍 넘긴 53.3%의 득표율로 당선된다. 그는 서강대 총학생회장 출신으로 이른바 386세대였다. 그의 동년배들이 총선 출마 직행을 준비할 때 이 후보는 이부영(李富榮) 의원 수행비서로 정치권에 입문했으며, 1995년부터 강동구의원과 재선 서울시의원을 거쳤다. 2005년에는 서울시당 사무처장을 맡아 사상 최초로 지방의원협의회를 결성하여 정책지원을 해주는 등 각종 모범 사례들을 남긴다. 이에 반해 상대 후보였던 한나라당 박명현(朴命現) 후보는 행시 22회 출신으로 서울시상수도사업본부장(1급)을 역임한 나름 거물이었지만 지역을 닦아온 풀뿌리 정치인 앞에서는 맥을 못 췄다.

이해식 청장은 2010년 선거 때에도 59.7%라는 높은 득표율을 올렸으니 이는 한명숙(韓明淑) 당시 서울시장 후보보다 13% 이상 높은 득표였다. 2014년 3선 때에도 인기 시장 박원순(朴元淳) 후보보다 더 많은 표를 받았으며, 그 원천은 바로 새누리당 지지자들의 크로스보팅이었다. 그는 서울 강남 4구에서 기호 2번으로 내리 3선을 기록한 유일한 구청장이다. 그가 이끄는 강동구청 또한 2014년 연말 국민권익위원회가 측정한 전국 243개 지방자치단체 청렴도 평가에서 당당히 1등을 차지했다.

그의 성공은 오로지 하나, 주민과의 밀착 행정에 있었다. 주민을 찾아가고 약속을 지키고 소통하는 구청장이 되려고 했기 때문이다. 다들 아는 평범한 진리이지만 정치하는 사람들에게는 실천하기 어려운 숙제였

청렴구정 홍보에 나선 이해식 구청장

음에도 불구하고 그에게는 진정성이 있었기 때문에 거침없이 해낼 수 있었다.

이와 더불어 19.8%의 저조한 투표율 속에 치러진 인천 서구청장 선거도 5자 구도 속에서 통합민주당 이훈국 후보가 당선의 영광을 안았다. 그는 인천 출생으로 인천 동산중, 선인고등학교를 나와 줄곧 인천에서 활동한 1991년 초대 인천 서구의원 출신이다. 서인천농협 이사, 인천서부소방서 의용소방대장 등으로 활동한 전형적인 지역 정당 활동가였다. 1996년 15대 총선 때는 자민련 공천을 받고 나와 18.2%의 만만치 않은 득표율을 보여준 적도 있었다. 그에게 져 낙선한 강범석(姜汎錫) 한나라당 후보는 안상수(安相洙) 전 인천시장의 비서실장을 6년 가까이 역임한 나름 경력이 있는 인물이었다. 그럼에도 불구하고 토박이형 지역정치인 앞에서는 소용이 없었다.

새누리당 쓰리(Three) 브라더스(Brothers)

지역밀착형 생활정치의 힘은 새누리당에서도 위력을 발휘한다. 2000년 경기 용인(갑) 선거구 분구 이후 12년 만에 금배지를 탈환한 이는 바로 기초의원 출신 19대 이우현(李愚鉉) 의원이다. 그는 3선이 무난하리라던 우제창(禹濟昌) 후보를 4,000여 표 차이로 가볍게 제쳤다. 재선 용인시의원을 지내며 이례적으로 4대 시의회의 전·후반기 의장을 지낸 그는 2006년에는 여당인 열린우리당에 영입되어 남궁석(南宮晳) 전 정보통신부 장관을 경선에서 누르고 당 후보로 시장에 출마한 적도 있었다. 그의 수첩에는 무려 8,000개가 넘는 전화번호가 등록돼 있다고 한다. 43

개 생활체육단체를 비롯하여 로타리클럽, 종친회, 문화예술인회 등 100 여 개 단체를 부지런히 다니는 그의 성실함에 많은 시민들이 혀를 내두를 지경이다. 만학으로 얻은 방송통신고등학교 학력이지만, 그는 폭넓은 대인관계와 의리에 기반을 둔 지역밀착형 정치로 서울대학교와 옥스퍼드 경제학 박사 출신을 상대로 거뜬히 승리를 낚았다.

뒤늦은 학구열이 넘쳐흐르는 이 의원은 59세의 나이임에도 이제 체계적인 지역봉사를 위해 사회복지학 박사과정까지 밟고 있다. 그는 블루오션으로 각광 받는 청색기술(벨기에 출신 환경운동가 군터 파울리가 2010년 『청색경제』라는 저서를 통해 100가지 기술로 10년 동안 1억 개의 일자리가 창출되는 청사진을 제시했다. 국내에는 이인식李仁植 지식융합연구소장이 2012년 저서 『자연은 위대한 스승이다』에서 '청색기술'이라는 이름으로 처음 소개했다)에도 관심이 많아 국회에서 한국청색기술포럼(회장 이인식) 개최도 적극 후원하고, 용인시를 청색기술 도시로 발전시킬 구상을 가지고 있는 것으로 전해진다.

2010년 지방선거에서 야당이 압승한 직후 치러진 7·28 국회의원 재보선 투표율은 휴가철과 겹쳐 34.1%를 기록했다. 여세를 몰아 연승에 도전한 야당은 공

정책질의에 나선 이우현 의원

출처 : 〈연합뉴스〉

천 잡음 및 늦어진 야권단일화 등으로 인해 예상 밖의 3 대 5 패배를 자초했다. 특히 서울 은평(을), 인천 계양(을) 등 수도권 2석 모두 내줬다는 점이 뼈아팠다. 이 때문에 승승장구하던 정세균(丁世均) 대표는 큰 타격을 입었고 결국 2개월 뒤 당 대표 선거에서 손학규(孫鶴圭), 정동영(鄭東泳) 후보에 밀려 3위로 추락하고 만다.

당시 선거에서 서울 은평(을)은 평균보다 높은 40.5%의 투표율을 보였다. 일반적으로 투표율이 높으면 야당에게 유리하다는 속설이 있지만 여기서는 결과가 뒤집혔다. 민주노동당 및 국민참여당과 야권연대를 했지만 이재오(李在五) 후보의 58.3%라는 높은 득표율 앞에서는 속수무책이었다.

이 선거가 주는 교훈이 또 하나 있었다. 아무리 야권연대, 후보 단일화가 이루어진다고 해도 역시 문제는 인물이었다. 야당 후보가 어떤 인물인가에 따라 결과는 얼마든지 달라짐을 입증한 사례가 바로 2010년 7·28 은평(을) 재보선이었다. 이재오 후보는 15~17대 3선 의원을 지낸 지역 터줏대감이지만 의외로 18대 총선에서는 문국현(文國現) 창조한국당 전 대표에 일격을 당했다. 하지만 이 후보는 평소에도 지역구 관리에 능하다고 알려진 인물이다. 그는 선거기간 내내 자전거를 타고 중앙당 지원도 거부한 채 '나 홀로' 운동을 펼쳤다.

이에 반해 민주당 전략공천을 받은 이화여대 총장 출신 장상(張裳) 후보는 중앙당이 총 집결하여 선거판을 정권 심판구도로 몰고 갔다. 결과적으로 보면 장상 후보는 이 후보에게 되치기를 당하고 말았다.

인천 부평(을)은 송영길(宋永吉) 인천시장의 사직으로 공석이 된 자리인데, 그가 내리 3선을 할 만큼 야당 강세 지역이다. 특히 18대 때 수도권에 불어온 거센 뉴타운 광풍에도 2,549표 차이로 가뿐히 승리를 안았던 선거구다. 그런데 민주당이 재선 서울시의원을 지내고 2002년 서울 양천구청장에 한 차례 출마하여 낙선한 바 있는 송 전 시장의 친구 김희갑(金喜甲)을 내리꽂는 안이한 공천을 했다.

결과는 8개 국회의원 재·보궐선거지역 중 최저 투표율 23.2%로 지지층마저 등을 돌려버렸다. 낙선은 당연했지만 1,452표 차이에 불과했다. 전형적인 낙하산 공천의 후유증이었다. 이와 반대로 한나라당 이상권(李商權) 후보는 역시 이재오 의원처럼 나 홀로 선거운동을 강행했다. 당시 한창 인기가 높아서 여기저기서 지원 요청이 쇄도하는 나경원(羅卿瑗) 최고위원의 도움도 거부하고, 유세 차량도 생략한 채 바닥을 훑는 방식을 고집했다. 이 때문에 당에서는 "지가 무슨 이재오나 되는 줄 알아!"라는 비아냥이 나오기까지 했다. 그는 민간인 불법사찰, 여권 비선 인사 개입 논란 등 악재 속에서 떠들썩한 선거운동은 오히려 불리하다고 봤던 것이다.

대신 그는 강점인 지역밀착형 토박이 정치인 이미지를 최대한 강조했다. 그는 충남 홍성이 고향이지만 1985년 초임 검사 생활을 인천지검에서 시작해 사실상 인천이 제2의 고향이었다. 2000년 인천지검 부장검사를 마지막으로 퇴직하고 인천에서 변호사로 개업했으며, 인천 개인택시조합과 정신지체인애호협회, 인천시체육회 등의 고문변호사를 맡아 꾸준하게 봉사한 것이 주효했다. 재인천 홍성군민회, 충남도민회 등 각종 단체에 빠짐없이 얼굴을 들이 밀어온 것도 플러스 요인이 되었다. 결국 그는 17대, 18대 총선에 연속해서 낙선했지만 세 번의 도전 끝에 드디어 값진 결실을 얻게 되었다.

참신한 인물을 상향식 공천으로 선보여라

이변은 이변을 낳는 법이다. 선거구 신설 이후 16년 동안 야당의 아성이었던 경기 안산 단원(갑)에서 이변이 일어났다. 지난 19대 총선에서 처음으로 여당 의원을 배출했는데, 무명의 기초의원 출신이 여의도로 직행한 것이다. 바로 김명연(金明淵) 의원이 그 주인공인데, 그는 당의 국민참여 경선을 통해 공천 관문을 뚫었다. 그의 맞상대는 바로 직전까지 당원협의회(약칭 당협) 위원장을 맡았던 김석훈(金石熏) 전 안산시의회 의장이었다. 김 전 의장은 재선 시의원 출신으로 2007년 단원(갑) 당협위원장에 임명되어 18대 총선과 시장 출마를 준비했고, 2011년에 또다시 위원장에 임명되어 착실하게 지역구를 다져온 인물이다.

그러나 김명연 후보는 초선 시의원에 오래 전 단원(갑) 당협위원회 사무국장을 역임한 것이 전부였다. 김명연 경선후보가 믿을 건 오직 한 가지밖에 없었다. 지역 토박이로 안산에서 태어나 안산에서 초등학교와 중학교를 졸업하고 주민들과 동고동락해오며 이 지역에서만 한 우물을 파 왔음을 널리 알렸다. 새마을운동, 생활체육회, 학교운영위원회 등 각종단체 수 십 개에 가입해 활동해온 것도 장점이 되었다. 지성이면 감천이라던가, 드디어 불가능 같았던 경선에서 다윗으로 비유되던 김 전 의원은 62%라는 압도적인 득표를 얻어 골리앗 김 전 의장을 눌러버린다.

김명연 후보의 상대로 선택된 민주통합당의 예비후보는 검찰개혁을 명분으로 영입한 백혜련(白惠蓮) 변호사였다. 민주통합당은 이 지역에 백 변호사를 전략 공천했다. 그녀는 "검찰이 정치적 중립성과 독립성을 지키지 못하고 있다"고 비판하며 사직서를 제출한 대구지검 검사 출신이다. 그러나 민변(민주화를 위한 변호사 모임) 소속 통합진보당 조성찬(趙成燦) 변호사와 야권단일화 여론조사에서 패해 본선에 나가보지도 못하고 무릎을 꿇었다.

본선에서는 결국 김명연-조성찬 두 후보가 겨뤘는데, 뇌물수수 혐의로 구속되었다 풀려나며 새누리당을 탈당한 박주원(朴株源) 전 안산시장이 명예회복을 벼르고 무소속으로 출마함으로써 김 후보에게는 최악의 상황이 벌어지고 말았다. 게다가 상대 조 후보는 지역 내 인구 점유율이 가장 높은 호남 출신에 지역 터줏대감 천정배(千正培) 의원의 고종사촌동생이기도 했다. 김 후보는 먼저 1단계로 야당의 정권 심판론에 일절 대응하지 않고 구체적인 공약을 통해 지역일꾼론을 내세우며 유권자들을 파고 들어갔다.

이에 반해 조성찬 후보는 전력이 깨끗하지 못했다. 2009년 보궐선거 당시에는 통합민주당 시흥시장 예비후보로 등록한 적이 있었고 이어 2010년에는 국민참여당으로 당적을 바꿔 본선 후보등록을 했으나, 민주당 김윤식 시장과 단일화에 합의한 후 자진 사퇴한 바 있었다. 그가 단원(갑)에 뜻을 둔 건 천정배 전 의원이 서울시장 보궐선거 출마를 준비하기 위해 지역구를 떠난 2011년 하반기 이후부터였다. 김명연 후보는 이 점을 집중적으로 물고 늘어졌고, 결국 16년간 지속된 야당의 아성을 무너뜨렸다. 상향식 공천을 거쳤다는 확실한 버팀목이 있었기에 그가 이런 전략을 구사할 수 있었고 유권자를 설득할 수 있었다.

김무성 대표가 20대 총선에서 공천개혁 성공모델로 삼고자 한 이가 있었으니 그가 바로 유의동(兪義東) 의원이다. 그는 의원 보좌관에서 국회의원으로 직행한 대표적 케이스다. 그가 선거의 문을 두드리자마자

단숨에 바로 국회의사당 행 티켓을 거머쥘 수 있었던 것은 순전히 상향식 공천 덕분이었다.

2014년 7·30 평택(을) 재선거는 새누리당 이재영(李在暎) 전 의원의 당선무효에 원인이 있었다. 당시 류지영(柳知始) 의원실 유의동 보좌관은 공석이 된 당협위원장에 응모를 했으나 탈락하고 양동석(梁東錫) 전 대한소프트볼협회 회장이 당협위원장에 선출된다. 때마침 당에서 공직후보자 선출관련 당헌당규를 상향식으로 바꾸게 되자 그는 과감하게 사표를 던지고 곧바로 예비후보 등록을 했다. 그는 평택 토박이로 평택에서 초중고를 나왔고, 특히 정장선(鄭長善) 전 의원과 동문인 한광고 출신이었다. 게다가 도의원 출신 지역 원로인 부친이 팽성읍에 거주하며 든든한 후견인으로 발 벗고 나서 주었다.

그러나 대통령실장을 역임한 임태희(任太熙) 예비후보가 강력하게 도전하는 바람에 그의 꿈은 수포로 돌아갈 가능성이 높아졌다. 다행히 운도 따라 '정권 심판론'이 재연되면 죽을 쏠 수 있다는 지도부의 전략적 판단 때문에 임 전 실장을 빼고 경선을 치르기로 결정이 되었다. 당원 50%, 일반시민 여론조사 50%로 진행된 경선에서 그는 당원투표에서는 단 1표를 이겼으나 시민여론조사를 통해 승리할 수 있었다.

유 후보는 합산 점수 189점을 기록, 179점을 얻은 양동석 당협위원장과 172점을 얻은 김홍규(金弘奎) 후보를 근소한 차이로 눌렀다. 김 후보역시 지역에서 표밭을 일궈온 재선 경기도의원 출신인데, 17대 총선 당시 한나라당으로 출마한 만만찮은 실력자였다.

첩첩산중이라던가, 본선에 오르고 나자 상황은 더욱 철벽이었다. 상대는 새정치민주연합의 정장선 후보였다. 그는 19대 총선 불출마 선언을 뒤집고 재선거에 출마하면서 이미 어려운 승부가 예상되고 있었다. 정장선 전 의원은 새누리당 강세지역인 평택(을)에서만 내리 3선을 기록한 중진으로, 민주당에서도 사무총장을 지내며 인지도와 중량감에서 유 후보와 비교가 되지 않았기 때문이다. 이전에도 그는 같은 지역에서 도의원을 재선할 만큼 지역기반이 탄탄했다.

실제로 유의동 후보가 경선을 통과한 직후인 7월 10일에《경인일보》와 케이엠 조사연구소가 공동 실시한 여론조사 결과에 따르면, 유 후보는 31.9%의 지지율로 정 후보의 37.3%에 비해 뒤처진 상태였다. 이런 상황에서 그는 공식 선거운동을 맞는다.

유 후보는 "젊은 유의동으로 바꿔야 평택의 미래가 열린다"는 슬로건 아래 변화를 호소하는 전략으로 맞섰다. 그의 진심이 정말 통했을까. 새누리당에 우호적인 지역 민심도 유 후보를 도왔다. 평택에서는 이미 2014년 6·4 지방선거에서 무명의 젊은 후보인 새누리당의 공재광(孔在光) 평택시장이 52.2%의 득표율로 징검다리 5선에 도전하던 새정치연합의 김선기(金善基) 전 평택시장을 누르며 이변을 예고했다. 중앙당에서도 유 후보가 높은 정당지지율의 효과를 업고 갈 수 있도록 적극적인 지원 유세에 나섰다. 김무성 대표는 닷새 동안 평택을 네 차례나 집중적으로 찾으며 유의동 후보에게 힘을 실어줬다. 수도권 6개 선거구 가운데 정치적 의미가 가장 떨어지는 평택(을)에 상당한 공을 들이는 건 누가 봐도 이례적이었다.

김무성 대표는 재·보궐선거 직전 실시된 전당대회 당 대표 선출과정에서 공천개혁을 여러 차례 강조했다. 누가 봐도 납득할 만큼 전략 공천을 최소화하고 상향식 공천을 하겠다는 얘기였다. "지역에서 활동한 정

치신인이 전략공천으로
피해를 보지 않고 경선에
서 이긴 후 당선되는 사례
를 만들고 싶었다"는 것이
그의 속마음이었다.

유 의원은 다른 경쟁자
들에 비해 지명도는 낮았
지만 비전과 열정으로 꿈
을 이뤄냈다. 김 대표가
꿈꿔 온 상향식 공천의 대
표적 성공 케이스가 된 것

출처 : 〈연합뉴스〉

상임위원회 질의 중인 유의동 의원

이다. 김무성 대표가 당 지도부에 의한 전략공천을 배제하고 완전경선
을 통한 상향식 공천을 고집하는 이유는 그의 개인사와도 무관하지 않
다. 김 대표는 18대 공천에서 친박이라는 이유로 원천 배제됐고, 19대
총선에서는 현역 25% '컷오프'에 걸려 공천에서 탈락했다. 국회의원 보
좌관 경력이 전부인 무명의 40대 유의동 후보는 이런 당의 방침이 고마
울 따름이었다. 그리고 그 기대에 부응하여 처녀 출전한 선거에서 10%
차이로 야당 거물을 격침시켰다. 물론 상향식 공천이라는 확고한 입지
가 있었기 때문에 가능한 일이었다.

전략공천은 죽음, 지역민에게 인정받는 경선을 하라

2010년 제5회 동시지방선거는 야권의 압승으로 끝이 났다. 16석이 걸

린 시도지사는 민주당 7석, 한나라당 6석, 자유선진당 1석, 무소속 2석 등으로 집권 한나라당이 참패했다. 기초단체장도 민주당이 92 대 82석으로 한나라당을 앞섰으며, 이 과정에서 자유선진당도 13석을 차지했다. 그런데 대전에서 대전시장을 포함한 온통 자유선진당 강세 속에 유일한 민주당 당선자가 있었으니 바로 허태정(許泰鋌) 유성구청장이다.

허 청장은 대전에서 고등학교를 나와 충남대 입학과 동시에 학생운동에 참여하였다. 졸업 후에는 충남 민청련과 대전 참여연대(1994년에 창립한 자발적인 시민단체. 입법, 사법, 행정, 그리고 재벌 대기업 등 국가권력 및 경제권력 감시분야, 사회복지 및 시민경제권리 확대 분야, 한반도 및 국제 평화인권협력 분야, 그리고 시민교육 분야 등의 활동을 한다) 등에서 활동했는데, 16대 대선을 앞두고 노무현 후보 경선캠프와 인연을 맺은 것이 계기가 되어 청와대 참모로 발탁되었다.

정무수석실을 거쳐 인사수석실 행정관으로 가게 되었고, 과학기술부 인사추천을 자원하였다. 그의 출신지 대전은 과학도시로, 특히 유성구는 연구단지를 끼고 있어서 이를 효과적으로 지원하고 싶었다. 그가 과학기술부 장관정책보좌관으로 근무한 것도 같은 이유 때문이었다.

2006년 열린우리당 구청장 후보경선은 그에게 값진 경험을 제공해주었다. 화려한 중앙무대에서 쌓은 이력서 하나면 통하지 않겠느냐는 그의 순진한 생각은 처음부터 어긋났다. 국민참여 선거인단 50%, 기간당원 30%, 일반당원 20%로 이루어진 선거인단 경선에서 그는 시민운동가 출신 노중호(盧重鎬) 후보를 일방적으로 지원하는 지역구 국회의원을 보면서 눈물을 삼켜야 했다. 낙선은 당연했지만 그가 얻은 37.4%는 그래도 한 표 한 표가 너무나 소중했다.

경선탈락자 허태정은 신발 끈을 다시 단단히 묶었다. 불행인지 다행인지 자유선진당 바람은 2012년 총선까지 이어지며 노중호 등 지역 내 유력자들은 대부분 자유선진당으로 옮겨갔다. 그의 바닥 훑기에 감동했는지 더 이상 민주당에는 도전자도 없었다. 그렇게 2010년에는 단독으로 공천을 신청하고 편안하게 본선을 준비한 끝에, 4년 전 대전 시내에서 가장

행복유성을 설명하는 허태정 구청장

높은 득표율을 올렸던 현직 구청장의 3선 도전을 무려 10.2%포인트 차이로 저지시킨다.

허태정 청장은 2014년 6·4 지방선거에서도 새누리당 진동규(陳東圭) 전 유성구청장과 리턴매치를 벌여 60% 이상의 압도적인 지지로 재선에 성공했다. 이는 같은 당 권선택(權善宅) 대전시장 당선자보다 5.5%포인트 이상을 더 얻은 득표율이다. 그가 4년 동안 꾸준히 추진해온 주민참여 행정이 결실을 보았음이 명백히 입증된 순간이었다. 노무현 전 대통령으로부터 '국민참여'의 국정경험을 전수받은 그는 구청장 재직 중 건물 짓는 일보다는 구민과 함께 하는 일에 몰두해왔다.

한편 이웃한 대덕구에서는 2006년 허 청장의 대학 선배이자 총학생회

장을 역임한 박영순(朴英淳) 전 청와대 행정관이 사표를 제출하고 구청장 도전에 나섰다. 그런데 현직 김창수(金昌洙) 구청장이 버티고 있는 것이 문제였다. 박 후보는 자신이 도덕성과 경쟁력에서 앞선다며 대전시당을 상대로 전략공천 압박에 들어갔다.

결국 이에 반발한 김 청장은 무소속으로 출마했고 그 결과 박영순 후보는 한나라당 정용기(鄭容起) 후보에게 16.4%포인트 차이로 대패를 당하고 만다. 이것이 돌이킬 수 없는 약점이 되었는지 2010년 리턴매치에서도 격차를 좁히는 데 만족해야 했다. 그리고 2014년 세 번째 도전에서는 단 383표 차이로 설욕에 실패하며 주저앉았다. 2014년 7·30 국회의원 보궐선거에서 그는 체급을 올려 정용기 후보와 다시 붙는데 여기에서도 14.8%포인트 차이로 크게 패배하고 말았다. 첫 단추를 전략공천으로 잘못 꿴 결과는 이처럼 두고두고 나쁜 결과를 가져올 수 있다는 사실을 잊지 말자.

클린 공천이 필수, 비리전력자 공천은 유권자 모독이다

2014년 새누리당의 7·30 재보선 대승을 이끈 요인 중 하나가 바로 클린 공천이다. 공천 작업이 막바지에 이르던 2014년 7월 7일 김태흠(金泰欽) 의원은 당 공천위원회 위원직을 전격 사퇴해버린다. 그는 보도자료를 통해 "새누리당은 7·30 재·보선에 개혁공천을 하고자 했고, 지난 6월 30일에는 당 혁신위원회도 출범시켰다. 그럼에도 불구하고 과거 여러 권력형 비리에 연루됐던 사람을 후보자로 선정하려는 것에 결코 동의할 수 없다"며 입장을 밝혔다. 바로 충남 서산태안 선거구에 경선 후보로 포함된 한상률(韓相律) 전 국세청장을 두고 하는 말이었다.

이 때문이었을까. 결국 여론조사 경선에서 1등을 차지한 한 전 국세청장은 당의 최고의사결정기구인 비상대책위원회의 승인을 받지 못하고, 최종 후보자는 경선에 참여했던 김제식(金濟植) 전 서울중앙지검 부장검사로 교체됐다. 한 전 청장은 국세청 차장이던 2007년 전군표(全君杓) 당시 청장에게 인사를 부탁하며, 자신의 부인을 통해 그림을 상납했다는 이른바 '그림 로비' 의혹에 연루됐었다. 2014년 4월 대법원에서 무죄 판결을 받았지만 당은 국민정서를 감안, 부담을 느낄 수밖에 없었다. 게다가 이미 새누리당 1차 컷오프에서 고배를 마신 박태권(朴泰權) 전 충남도지사가 무소속으로 출마를 준비 중이었기 때문에 상황도 녹록하지 않았다.

상대 당의 이러한 분란과 분열은 새정치민주연합에는 더 이상 좋은 환경이 아닐 수 없었다. 그런데 공천 작업이 순조롭지가 못한 것이 문제였다. 새정치연합에서는 전 지역위원장인 조한기(趙漢起) 후보와 서산시장을 역임한 조규선(曺圭宣) 후보 간의 100% 여론조사 경선 맞대결이 벌어졌다. 조한기 전 위원장은 한명숙 전 국무총리의 의전비서관 출신으로 그녀가 당 대표를 맡고 있던 2012년 19대 총선 때 민주통합당 공천으로 한차례 출전한 바가 있었다. 조규선 전 서산시장은 2002년 새천년민주당 공천으로 당선됐고, 2006년 열린우리당 소속으로 연임에 성공했다. 하지만 재선을 준비하는 과정에서 당비대납 등의 혐의로 재판을 받고 2007년 2월 그 직을 상실하고 만다.

경선 결과 조한기 후보가 근소한 차이로 승리했으나, 조규선 후보의 이의제기로 2차 경선에 들어가는 해프닝을 벌인 끝에 결국 최종 결론은 조한기 후보로 확정되었다. 그러나 이미 당비대납이라는 중대 하자로 시장 직을 도중하차한 그에게 경선 자격을 부여한 새정치연합의 의사결정은 이를 바라보는 유권자에게 결코 바람직하게 보이지 않았을 것이다. 상대편 당에서는 인정하지 않았던 자격을 그대로 인정했기 때문인지 여론은 돌아서고 말았다. 결국 클린 후보를 자처한 김제식 후보는 친여 무소속 박태권 후보 출마라는 악재가 있었음에도 불구하고 11.9%포인트 차이로 여유 있게 야당 후보를 따돌리고 승리를 낚게 된다.

언론들은 일제히 이정현(李貞鉉) 의원 당선을 2014년 7·30 재보선의 최대 이변으로 지목했다. 그도 그럴 것이 1988년 소선거구제 도입 이래 광주전남은 새누리당 국회의원 당선을 허용하지 않은 유일한 지역이었다. 미치도록 일을 하고 싶다며 예산폭탄을 약속하면서 전통적인 여당 후보 프리미엄을 잘 살린 그는 결국 당선의 영광을 안았다. 그는 당선 후 2014년 정기국회에서 실제로 그 공약을 실천했다. 하지만 이 선거에도 우리가 아프게 느껴야 할 교훈이 담겨 있다. 이정현 후보가 선거에 승리한 것이 상대 당과 상대 후보로부터 어부지리를 얻은 덕분이라면 너무 지나친 해석일까?

이정현 의원의 당선 서곡은 한 달 전부터 이미 준비되어 있었다. 2014년 6월 24일 새정치민주연합은 서갑원(徐甲源) 전 의원의 복당을 전격 허용한다. 이어서 6월 30일 새정치민주연합 공천관리위원회는 1차 공천심사 결과를 내놓는데, 여기에는 순천곡성 경선 후보로 서 전 의원도 포함된다. 그는 노무현 대통령 비서관 출신으로 17대, 18대 때 고향 순천에서 연거푸 당선됐다. 하지만 18대 의원 재임 중 박연차(朴淵次) 전 태광실업 회장으로부터 불법 정치자금을 받은 사실이 들통 나 재판에 넘겨졌고, 추징금 5,000만 원과 벌금 1,200만 원을 선고받아 2011년 의원직을 상실했다. 그러나 만 2년 만에 서청원(徐淸源) 현 새누리당 최고위원 등 여당 실세들의 사면복권에 운 좋게 끼어들었다.

원래 공직선거법에서 5년간의 피선거권 제한기간을 두는 이유는 다음 선거에 한하여 한 번은 반성을 하고 쉬라는 취지다. 그래서 응당 자격심사에서 배제되어야 할 서갑원 전 의원이 복당과 경선을 거쳐 후보까지 꿰찼으니, 그가 유권자들을 향해 이정현 후보를 아무리 박근혜 대통령의 최 측근이라고 공격을 퍼부어도 소용이 없었다.

정치자금법을 위반한 서갑원 의원의 낙마, 국회 최루탄 사건의 주인공 김선동(金先東) 의원의 중도 하차, 부패 정치인 서갑원 전 의원의 재등장… 이런 일련의 과정을 지켜본 유권자가 있는데 아무리 그곳이 야당의 확고부동한 지지기반인 호남이라고 해도 지역 유권자들의 자존심은 도저히 이를 용납하기 어려웠다. 계속된 보궐선거의 원죄가 결국은 서갑원 전 의원으로부터 시작되었다고 지역민들은 믿었던 것이다. 그러니 그들에게는 서갑원 전 의원에게 투표할 명분이 너무도 작았다.

새정치연합의 실수는 도대체 어디서 시작된 것일까? 보궐선거로 등원한 김선동 통합진보당 의원은 19대 총선 당시 민주통합당 노관규(盧官圭) 후보와 경쟁에서 승리하며 재선에 성공한다. 2014년 6·4 지방선거에서 무소속으로 2연승한 조충훈(趙忠勳) 순천시장 등 순천곡성은 이제 더 이상 기호 2번이 자동 당선되는 텃밭이 아니었다. 새정치연합은 바로 이 점을 간과한 것이다.

더욱이 순천곡성의 재보선 투표율 51%는 2007년 4·25 보궐선거(한화갑 韓和甲 전 민주당 대표의 의원직 상실로 실시, 민주당 김홍업 의원 당선) 당시 무안신안에서 54.4%를 기록한 이래 호남에서 역대 두 번째로 높은 투표율일 만큼 높은 수준이었다. 제 역할을 다하지 못하는 야당에 대한 분노 그 자체가 투표율로 나타난 것이다. 7월 20~21일 양일간 순천 KBS와 순천 MBC가 미디어리서치에 의뢰해 실시한 여론조사에서 이정현 후보는 서갑원 후보를 4.7%포인트만큼 제치고 있었다.

그때서야 중앙당에는 비상이 걸렸고, 김한길·안철수 두 당 대표와 문재인 전 대선후보 등 주요 당직자들이 부랴부랴 지원유세에 나섰다. 그러나 전세는 이미 돌이킬 수 없는 지경이었다. 이정현 후보는 상승곡선이고 당선권이 분명했기 때문이었다. 이정현 당선자는 서갑원 후보의 근거지인 순천에서조차 3,523표를 이겼으니 더 말해 무엇 하겠는가? 이 선거를 통해 클린 공천은 이제 반드시 지켜야 할 교훈으로 남게 되었다.

측근비리도 용납이 안 된다. 상대 후보에게 빌미를 주지 마라

선거에서 상대방의 허점은 곧 공격 대상이다. 지지율에서 앞서고 있는 후보의 약점은 후발 주자들에게 좋은 공격거리다. 재선을 꿈꾸던 송영길(宋永吉) 인천시장은 측근 비리가 걸림돌이었다. 소속 공무원의 부패지수도 그의 당선가도에 꽤 큰 영향을 미쳤다.

송 전 시장의 최측근으로 분류되는 인물이며, 고교 동창이자 국회의원 시절 보좌관을 지낸 김효석 전 비서실장은 2014년 1월 24일 1심에서 징역 7년에 벌금 5억 원, 추징금 5억 원 등 중형을 선고받았다. 혐의는 대우건설로부터 공사 수주청탁을 명목으로 5억 원을 받았다는 것이다. 그는 인천시청 서울사무소장도 지냈다. 같은 해 8월에는 조명조 인천시의회 전 사무처장이 1심에서 징역 4년과 벌금 7,000만 원, 추징금 6,500만 원을 선고받았다. 조 씨는 2011년 인천시 경제수도추진본부장을 지내면서 "경제수도 인천"을 선언한 송 전 시장의 공약 80%를 주도적으로 추진했던 핵심 인물이다. 조 씨의 혐의는 '가천길재단'이 조성하는 송도 바이오리서치단지(BRC) 사업과정에서 청탁과 함께 이모 전 대우건설 본부장 등으로부터 수천만 원을 받았다는 것이다.

아울러 조 전 사무처장과 함께 현직 공무원 신분으로 체포되어 구속된 홍모 전 부평구 부구청장과 2014 인천 장애인 아시아 경기대회 조직위원회 전 사무총장 황모 씨는 각각 징역 10월에 집행유예 2년, 벌금 2,000만 원, 추징금 1,500만 원을 선고 받았다.

이처럼 본인과 직접 관련이 없어도 측근비리나 소속 공무원의 부패 때문에 청렴지수가 내려가면 단체장이 정치적으로 직접 타격을 입는다. 선거운동 과정에서 공격을 받게 되고 해명과 논란을 벌여야 한다. 인천 시장 선거 상대는 1995년부터 경기도 김포시장 3선과 김포 국회의원을 3선 역임한 유정복(劉正福) 전 안전행정부 장관이었다. 그가 갑자기 인천으로 옮겨온 것은 바로 송영길 후보의 이러한 약점이 있었기에 가능한 일이었다. 18대 총선 당시 수도권에 불어 닥친 뉴타운 광풍에서도 살아남았던 송영길 전 시장으로서는 단 1.75% 포인트 차이로 역전패를 허용한 것은 뼈아픈 선거였다. 인천시는 연말 국민권익위원회 청렴도 측정에서 17개 시·도 중 2012년 7위, 2013년 9위, 그리고 2014년에는 15위로 해마다 추락하고 있었다. 이미 경고등이 들어와 있었던 것이다.

자당 인물에게 불행이 발생한 지역일수록 공명정대하게 후보를 심사하라

1995년 부활돼 6회째 실시해온 지방자치단체장 선거, 그동안 지속적으로 정당공천제 폐지 주장이 제기되어 왔다. 안철수(安哲秀) 의원이 한때 기초선거 정당공천폐지를 주장해 다시 관심의 대상이 된 바, 필자 역시 이것은 상당한 설득력을 갖는다고 본다. 한마디로 그동안의 지방자치는 지방토호세력의 비리 경연장이었다고 해도 과언이 아니다.

2014년 3월 20일 국민권익위원회 주최로 열린 '지방부패 근절 정책 토론회'에서 "1기 자치단체장의 9.3%, 2기는 24.2%, 3기는 31.5%, 4기는 43.9%가 기소된 것"으로 발표됐다. 4기는 10명 가운데 4명 이상이 선거법, 정치자금법, 뇌물수수, 횡령 등의 혐의였고 뇌물죄만 해도 무려 36명, 15.6%에 이르렀다.

중앙선거관리위원회가 집계를 시작한 2002년 이후 2014년 말까지 12년 동안 기초단체장 재·보선에 쏟아 부은 세금만 총 560억 원으로 집계됐다. 《동아일보》가 1~5기 사이 132곳의 기초단체장 재·보선을 분석했는데 사망 등 부득이하게 치러진 경우는 일부이고, 대부분(96곳, 73%)은 선거법 위반이나 재직 중 비리로 당선무효 형을 선고받거나 선고 직전에 사퇴한 경우였다. 성년을 지나는 풀뿌리민주주의의 민낯이 이렇다.

2014년 6·4 지방선거에서의 전북 무소속 돌풍은 바로 이 같은 비리 단체장 또는 그를 비호하는 새정치민주연합에 대한 유권자의 심판 그 이상도 이하도 아니다. 14개 자치단체의 시장군수 선거에서 무소속은 그 절반에 해당하는 7곳을 휩쓸면서 사상 최다를 기록했다.

기초단체장 무소속 돌풍의 서막은 도지사 개표에서부터 나타났다. 전북지사 선거에 출마한 총리실 국무차장(차관급) 출신의 새누리당 박철곤(朴鐵坤) 후보는 통합진보당 후보까지 가세한 3자 구도임에도 마의 20%의 벽을 뚫고 이 지역에서 비호남 여당 후보가 기록한 역대 2위의 득표율을 올린 것이다. 그의 선전은 1995년 1 대 1 구도에서 농림부 장관과 관선 전북지사 경력으로 출전한 민자당 강현욱(姜賢旭) 후보가 32.8%를 얻은 것과 비교해도 손색이 없을 정도다.

새누리당은 정당투표(광역의원 비례대표투표)에서도 4년 전 선거에서 12.6%를 득표해 역대 최고였는데, 이 선거에서는 17.5%로 그 기록을 갈아치웠다. 이렇게 전북은 도지사 선거와 정당투표에서 미세하지만, 이미 변화의 조짐이 나타나고 있었으니 그 원인은 바로 이 지역을 30년 가까이 지배해온 민주당(새정치민주연합)에 대한 반발이었다.

'군수의 무덤'이라는 악명을 안고 있는 임실군은 2013년 8월 강완묵(姜完默) 전 군수가 건설업자로부터 받은 자금 때문에 대법원에서 형이 확정, 초대부터 민선군수 전원이 내리 구속되면서 군수 직을 상실하거나 사퇴하는 진기록을 세운 특이한 지역이다. 이에 따라 공천을 하지 말아야 한다는 여론이 대다수인데도 불구하고, 또다시 공천을 강행한데서 잘못은 시작되었다. 한명숙(韓明淑) 전 국무총리, 정동영(鄭東泳) 전 대선 후보 등이 총 출동하여 지원유세를 펼쳤으나 돌아선 민심 앞에서는 힘이 부쳤다. 새정치민주연합 공천자는 개표결과 결국 7명 중 4위로 밀리고 말았다.

익산시장 선거에서는 에스코(ESCO, 절전형 보안등 교체) 사업 비리와 연관된 시민들의 부정적 평가가 영향을 미쳤다. 120억 원에 달하는 공사

발주과정에서 이한수(李漢洙) 전 시장선거캠프 관련인사가 브로커로 개입한 혐의를 받아 구속되고, 감사원 감사과정에서는 익산시청의 담당 계장이 자살을 해버렸다. 게다가 새정치민주연합 광역의원 공천자의 호스트바 운영 및 도박 전과 등으로 여론의 뭇매를 맞기까지 했다.

이런 상황에서 무소속으로 출마해 영광을 안은 박경철(朴慶徹) 당선자는 11전 12기 신화의 주인공으로 1988년 총선 출마 이후 국회의원과 익산시장을 번갈아가며 오뚝이처럼 도전해온 인물이다. 그가 꾸준히 15~30% 사이의 득표를 한만큼 상당한 고정 지지표가 있었는데, 상대방의 헛발질까지 더해지니 쉽게 당선의 영광을 안을 수 있었다.

유일하게 무소속으로 3선 연임에 성공한 인물도 있다. 이건식(李建植) 김제시장이 그 주인공이다. 지난 선거에서 해당 지역 국회의원 최규성(崔圭成)은 시장 탈환을 위해 박준배(朴竣培) 전 전북도 새만금개발국장을 내세우고 기초단체장선거에 문재인, 정동영 등 두 전직 대선후보 지원유세까지 가세시켰지만 결국 1.2%포인트 차이로 무릎을 꿇었다. 2010년 김제의 한 골프장 대표로부터 억대의 금품을 받고 지명 수명되어 4년째 도피생활 중인 최규호 전 전북교육감이 최규성 의원의 형인데, 지역주민들이 이들을 곱게 볼 리 없지 않겠는가. 1.2% 석패에는 이런 사연이 담겨 있다. 이건식 시장은 옛 민정당 출신으로 김제에서 15대 총선 때 신한국당으로, 16대와 17대는 무소속으로 출마한 친여 성향의 인물이었다. 2006년 시장 선거에서는 동정표가 그를 당선으로 이끌었다. 하지만 그 이후부터는 상대방이 그를 도와주었다고 할 수 있다. 2010년부터 최규성 의원의 이런 약점을 파고들어 내리 3선을 기록했기 때문이다.

역시 최규성 의원의 지역구인 완주군은 현역인 임정엽(林呈燁) 군수가 전주시장 도전을 위해 사퇴하면서 현직 후보 없이 새 인물 대결로 진행되었다. 그런데 최 의원이 공천과정부터 초등학교 졸업 학력에 농협조합장 경력의 국영석(鞠泳錫) 예비후보를 밀면서 사단이 벌어졌다. 그는 도박을 포함한 전과 4범이었고, 이에 대항하는 박성일(朴成一) 전 전북 행정부지사는 서울대 석사에 행시를 패스한 인물이었다.

더욱이 20대 총선 때 지역구가 없어질 것을 우려한 최규성 의원이 전주-완주 통합(2013년 6월 26일 완주군민 주민투표에서 투표율 53.2%에서 찬성이 44.4%밖에 나오지 않아 통합 안은 부결되었다)에 반대하는 바람에 버스 환승할인 적용도 안 되고, 군청소재지는 외딴 곳에 가 있으며, 복지 혜택을 못 받는 등 이루 말할 수 없을 정도로 완주군 주민들의 원성이 자자했다. 민심이 박성일 후보로 돌아서는 것은 불을 보듯 뻔한 일이었다.

진안군은 3선에 도전하는 현역 송영선(宋永先) 군수의 비서실장이 수억 원대 금품을 차명 관리했다는 의혹을 받고, 기자들에게 여름 휴가비를 제공한 혐의 때문에 선관위가 검찰에 고발을 했다는 이유 등으로 중앙당 자격심사에서 탈락한 후, 송 군수가 무소속 출마를 선언하였다. 지역구 국회의원 박민수(朴敏秀)는 안철수계이자 지난 19대 총선 때 무소속으로 나와 44%의 득표로 자신을 위협했던 이명노(李明魯) 전 새만금군산경제자유구역청장이 경선을 통과하자 사실상 무소속 송영선 군수를 지원, 자중지란에 빠졌다. 그래서 경력은 가장 뒤떨어지지만, 인구가 가장 많은 진안읍장 출신인 이항로(李杭魯) 당선자가 어부지리로 군수 자리를 차지하게 되었다.

장수는 현역 군수가 3선으로 출마할 수 없는 상황이기는 하지만, 건설업자로부터 4,000만 원의 뇌물수수로 불구속 기소되어 1심 재판이 진행되는 가운데 선거가 진행되어 정서적으로 새정치민주연합에 불리한 구도였다. 최용득(崔容得) 예비후보는 천정배 위원장의 엄격한 중앙당 자격심사에서 통과됐으나, 지역 국회의원 박민수가 김창수 전 장수농협 조합장을 밀기 위해 도당에서 컷오프 시킨다. 사유는 2002년 배우자의 선거법 위반이었다. 그러나 김창수 역시 여론조사 경선에서 장영수(張榮洙)에게 고배를 마신다.

최용득은 이미 2006년 열린우리당 군수 공천을 받아 본선에 출전했기 때문에 컷오프는 설득력이 없고, 김창수도 유사한 사례가 있다고 주장하며 민심 설득에 나선다. 결국 무소속으로 출마해 도내 언론사 여론조사에서 꾸준히 1등을 달리던 최용득 후보는 장수군이 박민수 의원의 고향임에도 불구하고 새정치민주연합 공천자를 5%포인트 이상 앞서며 무난하게 당선된다.

부안은 현역 김호수(金晧洙) 군수가 인사비리로 구속되면서 일찍이 컷오프 되었다. 2006년 열린우리당 공천으로 당선된 이병학(李丙學) 전 군수는 도당 당직자에게 1,000만 원을 건넨 혐의로 한 달 만에 정치자금법 적용을 받아 구속됐고, 군수 직을 잃은 점이 감안돼 중앙당 자격심사에서 배제되었다. 그러나 재심에서 구제되어 형평성 논란을 불러온다. 2002년 무소속으로 당선된 김종규(金宗奎) 전 군수는 2004년 방폐장 유치 운동 이후, 반핵-환경운동가들로부터 일제히 낙선운동 대상으로 지목되었고, 실제로 2006년 선거에서 이병학 후보에게 패배한다.

그러나 천정배 위원장이 운영한 자격심사위원회의 배제 기준에는 '찬핵' 여부가 뚜렷하게 들어있지는 않았다. 그렇다면 김종규 예비후보를 배제한 것은 명백한 잘못이다. 그는 2010년 지방선거에서 43.2%, 2012

년 총선에서 44.6%(부안 지역)를 득표하면서 꾸준히 상승세를 유지하고 있던 터였다. 군소 무소속이 있었지만 사실상 이병학 후보와의 1 대 1 구도에서 그는 1.8%포인트 차이로 신승을 거둔다.

지금까지 지난 지방선거에서 나타난 전라북도의 선거 양상을 통해 어떻게 후보가 선정되고 유권자의 심판을 받았는지 살펴보았다. 톨스토이는 "행복한 가정은 모두 모습이 비슷하고, 불행한 가정은 모두 제각각의 불행을 안고 있다"고 했는데, 전북 지방선거가 보여준 모습도 얼핏 보면 이와 마찬가지다.

막대기를 세워도 공천만 받으면 이긴다는 지역에서 공천을 받고도 진 사연은 다 제각각이다. 그런데 그 '제각각의 불행'을 자세히 들여다보면 한 가지 공통된 사항이 발견된다. 지역 내 비리와 관련된 현안들이 있었음에도 이를 불식할 만큼의 공명정대한 공천이 이루어지지 않았다는 사실이다. 그러니 우리 선거에서만큼은 이렇게 말해야 맞을 것 같다. "불행한 지역에서 행복한 선거 결과를 얻으려면 무엇보다도 공명정대하게 공천을 진행하라."

인사비리와 뇌물수수로 현직 군수가 줄줄이 구속되고 재판받는 상황에서 관련 공무원은 감사 도중 자살하는 사태가 벌어지고, 군수의 측근이 거액의 차명계좌를 관리한다는 의혹을 받는다면, 도대체 이런 상태에서 누가 누구더러 표를 달라고 호소할 수 있겠는가. 구속 전력이 있어 중앙당 자격심사에서 배제됐으나 재심을 통해 구제되고, 배제 기준에도 없던 사안으로 특정 후보를 원천 배제시키고, 중앙당 자격심사를 통과한 후보를 다시 전북도당이 컷오프 하는 등 기준 없는 공천으로 나선 선거 결과는 냉혹했다. 늘 당의 선택과 함께 갈 것 같았던 전북의 민심은 이미 저 멀리 떠나버렸다.

계파 공천을 끝내고 인적 쇄신에 나서라

2012년 19대 총선을 앞두고 당시 민주통합당은 비리혐의자 공천 문제로 홍역을 앓았다. 전대협(전국대학생대표자협의회의 약칭. 자주적 민주정부 수립, 평화통일, 민중연대, 학원자주화, 학생통일단결을 목적으로 1987년 설립되었다. 1기 의장은 새정치연합의 이인영 의원) 3기 의장 출신인 임종석(任鍾晳) 사무총장의 공천을 두고 내부 반발이 컸다. 당시 임 총장은 보좌관이 불법 정치자금을 받은 혐의로 1심에서 유죄 선고를 받았다.

부산에서 선거운동을 하던 문재인(文在寅) 후보까지 상경해 임 총장을 사퇴시키면서 사태는 일단락됐지만, 두고두고 공천 갈등의 씨앗이 된다. 임 전 총장은 2014년 3월 대법원에서 무죄를 받았다. 본인으로선 매우 억울한 일이다. 그는 그 후 박원순 서울시장 후보 캠프를 거쳐 서울시 정무부시장으로 재직하며 재기를 모색 중이다.

당시 민주통합당의 모든 공천신청자가 임종석 전 총장처럼 엄격한 관문을 거쳤던 것은 아니다. 문재인 의원은 2013년 12월 발간한 그의 책(『1219 끝이 시작이다』, 120쪽)에서 "지난 19대 총선에서 민주당의 공천은 새누리당보다 산뜻하지 못했습니다. '공천 물갈이'도 새누리당보다 못한 느낌을 줬습니다. 새누리당은 미리 공천 룰을 정해 놓고 엄격하게 지켰습니다. 김무성 의원 같은 중진 실세도 정해진 룰에 따라 공천 배제하는 모습을 통해 국민에게 원칙적인 공천, 참신한 공천의 느낌을 줬습니다. 무엇보다 '개혁 공천'에서 아쉬움이 많았습니다. 민주당은 공천의 원칙이나 기준이 분명하게 보이지 않았습니다. 개혁적인 공천을 위해 외부 위원을 다수로 하는 공천심사위를 구성했지만 충분한 효과를 거두지 못했고, 국민 눈에는 여전히 계파 간 나눠 먹기식 공천으로 비쳤습니다"라고 평가하고 있다.

이 때문에 확정적인 승리를 장담하던 민주통합당은 통합진보당과 야권연대를 통해 총선에 임했음에도 불구하고 새누리당에 과반수 의석까지 허용하고 만다. 실제로 문 의원의 말처럼 민주통합당은 4년 전 81석에서 127석으로 큰 약진을 하지만, 부산 지역 100% 단수공천 후유증으로 부산경남은 2석에서 3석으로 단 1석만 추가했을 뿐이다. 또 무리하게 추진한 노원(갑)의 김용민(金容敏) 전략공천은 서울 강북 벨트에서 유일한 낙선으로 기록되었다. 문성근(文盛瑾), 백원우(白元宇) 등 친노 핵심과 486 인사들은 예외 없이 단수공천을 받거나 또는 경선을 할 경우라도 약체 후보들과 형식뿐인 경선을 거쳤기 때문에 스스로 경쟁력을 떨어뜨림으로써 간발의 차이로 고배를 마신 경우가 적지 않았다. 부산 지역이 대표적이다.

문재인 의원은 같은 책에서 김영춘(金榮春) 전 의원과 최인호(崔仁昊) 후보의 낙선을 특히 아쉬워했다. "출구조사도 아주 근소해서 기대를 걸었던 문성근 후보의 낙선도 아쉬웠다"고 적고 있다. 그런데 이 김영춘·최인호 두 사람을 포함하여 낙동강 인근 지역에서 5%포인트 차이 이내로 낙선한 후보는 전재수(田載秀), 김경수(金慶洙), 송인배(宋仁培) 후보 등 모두 5명이다. 사상구 다음으로 밭이 좋고 한때 노무현 대통령의 지역구였던 북강서(을)에 출마한 서울 낙하산 문성근 후보는 개표 결과 무려 7.9%포인트 차이로 벌어졌다. 개혁공천 없이, 상향식 경선을 제대로 하지도 않고 승리를 바랐던 그의 심보는 과연 어떤 것일까?

진정한 노무현 정신은 비록 낙선에 낙선을 거듭하더라도 지역주의에 도전하고 희생하는 오뚝이 정신에 있다. 그러나 정작 노 대통령 밑에서 장차관과 청와대 고위직, 공기업 사장을 지내며 단물이란 단물은 다 빨아먹은 친노 인사들은 통합민주당이 위기에 처한 지난 2008년 18대 총선에서 당을 철저하게 외면했다.

부산 지역 18군데 선거구 중에서 무려 7곳이나 후보를 찾지 못해 제1야당의 투표용지가 공란으로 처리된 것이다. 그러나 2012년 19대 총선이 다가오면서 이명박 정부가 위기에 몰리고, 야권연대로 당선 가능성이 점점 높아지자 출세해 서울로 갔던 인사들이 삽시간에 다시 몰려들었다. 사정이 이렇다보니 18대 총선 당시 기꺼이 당을 위해 희생했던 사람들 중에서 조경태(趙慶泰) 의원과 전재수 전 청와대 비서관 단 두 사람만 살아남고 나머지는 모조리 단수공천 앞에 무릎을 꿇어야 했다. 18대 때 희생적인 출마와 이후 지역위원회를 지켜온 비노 원외위원장들에게 단 한 군데도 상향식 경선을 허용하지 않은 무리수를 감행한 것이다. 문재인 의원은 그의 책에서 터무니없는 '친노 패권주의'에 대한 비난이라고 억울함을 항변하고 있지만 실상이 이러하다.

조경태 의원만 해도 노무현 대통령의 추천으로 1996년 당시 통합민주당 후보로 처녀 출전했고, 2000년에는 새천년민주당으로, 2004년에는 열린우리당으로, 2008년에는 다시 통합민주당으로 출마했다. 단 한 번도 당의 노선을 이탈하거나 비겁하게 무소속 전술을 사용해 본 적이 없다. 오히려 그는 이러한 진정성을 바탕으로 노무현 대통령조차 해내지 못한 영남에서 내리 3선이라는 위대한 신화를 써 내려가고 있다.

2014년 8월 김부겸(金富謙) 전 의원이 《일요신문》과 인터뷰를 했다. 그는 20대 총선과 관련하여 매우 중요한 언급을 한다. 가장 중요한 지역위원장 개혁을 하자고 힘을 주어 말한다. "공천권과 당내 직위를 과감하게 박탈해야 새로운 자원들이 우리 당에 노크할 거 아니냐. 지금 얘기 나오는 오픈프라이머리도 어차피 현직이나 지역위원장에 유리하다. 정교하게 디자인해야 한다." 백번 옳은 얘기다. 그러나 구체적인 실천방도가 없으면 탁상공론이요 공자님 말씀과 다를 바 없다.

알다시피 민주당(새정치민주연합)은 계파연합체 정당이다. 2014년 7·30 재·보선을 참패한 후 들어선 비상대책위는 아예 문재인·박지원·정세균·인재근 등 계파 보스들을 비대위원으로 선임하면서 만천하에 공개적으로 파벌정당임을 천명했다. 특히나 선거 시기에는 파벌이 더욱 더 그 위력을 발휘한다. 친노파, 전대협 486파, 박지원파, 정세균파, 정계 은퇴한 손학규파, 비노파 등등. 김대중 대통령이 정계를 떠나고 난 후 지난 10여 년 동안 어느 한 계파에라도 줄을 대지 못한 사람은 아무리 능력이 출중하고 신망을 갖추었어도 '여의도'에 진출할 기회를 얻지 못해왔다. 풀뿌리 지방자치 속에서 확실한 검증을 받았다 해도 마찬가지다. 이것이 지금 새정치민주연합을 병들게 하고 있다. 2015년 2·8 전당대회에서 선출한 당 대표와 지도부 역시 차기 총선 공천권을 완벽하게 행사할 가능성이 매우 높다는 것이 정가의 관측이다.

그러나 2014년 지방선거에 이어 7·30 재·보선에서도 새누리당은 접전 지역일수록 철저한 상향식 공천으로 승부를 가렸고, 그 결과 본선에서 완승의 성적표를 안아 들었다. 무명 신인 유의동(兪義東)이 도의원을 포함하여 역대 전적 5전 전승에 빛나는 단수공천 후보 정장선(鄭長善)을 무너뜨린 평택(을)이 대표적인 사례다. 선거구 신설 이후 1승 2패로 열세였던 수원(을)에서도 전략공천 후보 백혜련(白惠蓮)을 상대로 경선 후보 정미경(鄭美京)은 수도권 최다 득표율 차이인 17.5%의 대승을 거뒀다. 그러니 이제 김부겸 전 의원이 걱정하는 것처럼 정치를 새로 시작하고자 하는 인재들도 서서히 새누리당으로 몰려들게 돼 있다. 정치노선에서 사실상 별 차이도 없고, 조직노선에서는 오히려 야당보다 훨씬 더 혁신적이고 개방적인데 참신한 정치 신인들 입장에서는 어느 당을 더 선호하겠는가.

데이터를 통해 확인해보면 더욱 더 뚜렷하게 비교가 된다. 민주통합당은 지난 19대 총선 당시 수도권에서 모두 65명의 당선자를 배출했다. 이 중 17명, 26.1%가 첫 출마자였다. 모두 102개의 선거구에 30명의 정치신인이 공천을 받았으니 이 정도로는 진입 장벽이 결코 낮았다고는 할 수 없다. 29명이 공천을 받아 27명이 당선된 호남 지역의 경우 신인은 총 11명이 공천을 받아 10명이 당선됐다. 텃밭에서 37.9%의 물갈이 비율이면 개혁정당을 자부할 만큼 높았다고 할 수 있을까? 천만의 말씀이다. 새누리당은 텃밭 영남의 67개 선거구 중에서 정치 신인을 28명(41.8%) 출마시켜 25명을 당선시켰다. 이 비율만 비교해 보더라도 시작부터 이미 새누리당의 우세승이다.

김부겸 전 의원 말마따나 새정치민주연합 혁신의 요체는 지역위원장 구조를 깨버리는 것이다. 그러니 너도나도 계파 해체만 말하지 말고 더 나아가 근본적인 '인적 혁신' 방안을 요구해야 한다. 사람을 바꿔야 당이 혁신될 수 있다. 선거 데이터만 봐도 이 사실은 바로 입증이 되지 않는가.

원칙을 세우고 혁신과 쇄신의 시스템으로 공천하라

최근 10년 동안 혁신에 관한 한 새누리당은 전혀 달랐다. 지난 19대 총선에서 새누리당은 이명박(李明博) 대통령과 여당에 대한 최악의 지지율에 당혹해하고 있었다. 이런 상황에서 상대해야 할 야당이 통합과 야권연대 전술로 나서니 버거울 수밖에 없었다. 그래서 이른바 '국회선진화법'을 통과시키며 여소야대의 상황을 대비했다. 그런데 막상 뚜껑을 열어보니 새누리당이 과반수를 넘기는 결과가 나타났다. 19대 총선에서 스스로 자인할 만큼 위기에 몰렸던 새누리당을 구한 힘은 도대체 무엇이었을까?

선거를 앞두고 임시지도부를 맡은 박근혜 비대위원장은 '하위 25%는 탈락' 식으로 미리 공천의 룰을 정하고 이를 엄격하게 지켰다. 이른바 '시스템 공천'이라고 불린 혁신 공천이었다. 김무성, 허태열(박근혜 정부의 초대 대통령비서실장으로 발탁), 이혜훈(19대 총선 직후 당 최고위원으로 선출) 의원 등 친박 핵심이라고 해서 예외가 없었다. 게다가 당선이 손쉬운 서울 강남 4구는 유일호(柳一鎬) 의원을 제외하고 전원을 물갈이했다.

당의 본거지인 대구에서조차 절반이 새 인물로 교체됐다. 외교부 통상교섭본부장 출신으로 한미FTA를 주도했던 김종훈(金宗壎) 의원, 성신여대 경제학과 교수 출신으로 보수혁신특별위원회를 주도하는 강석훈(姜錫勳) 의원, KT 상무 출신의 권은희(權恩嬉) 대변인과 경찰대 1기 수석 입학·수석 졸업의 윤재옥(尹在玉) 의원이 바로 그들이다.

이처럼 새누리당은 19대 총선 당시 지역구 당선자 127석 중 55명이 초선으로 그 비율이 43.3%에 달했다. 이에 반해 민주통합당은 106석 중

초선이 36명으로 34.0%에 불과했다. 2014년 6·4 지방선거에서도 새누리당은 기초단체장 117곳 중 58곳, 즉 절반을 새 인물로 교체했지만, 새정치민주연합은 80곳 중 19곳이 새 인물이어서 겨우 23.8%에 그쳤다. 그래서 세월호 참사 같은 대형사건이 있었는데도 선거에서 패배하고 말았다. 새정치민주연합은 2014년 7·30 국회의원 재보선 공천도 14곳 중 2곳에서 두 달 전 지방선거 기초단체장 낙선자를 재활용하는 공천을 하며 스스로 참패를 자초했다. 이제 물갈이에 관한 한 새정치민주연합이 훨씬 미온적이고 더 보수적인 정당이 된 것이다.

새누리당은 비리혐의자 공천기준과 관련하여 새정치민주연합조차 주저하고 있는 명확한 기준을 갖고 있다. 당헌 제44조(윤리위원회의 기능) 제2호 단서규정을 보면, 뇌물과 불법 정치자금 수수 등 부정부패와 관련된 경우 해당 당원은 기소와 동시에 당원의 권리를 정지한다고 되어 있다. 즉 비리사범은 원천적으로 공천신청조차 할 수 없게 되어 있다. 지난 19대 총선부터 시작해서 2014년 지방선거와 재·보선에서 이를 엄격하게 적용한 바 있으며, 심지어 무죄를 받았음에도 불구하고 공천을 번복한 사례도 있었다. 다분히 국민의 정치적 감정을 고려한 처사라고 할 수 있겠다.

박근혜 대통령은 당의 대표를 맡은 적이 두 번 있었는데 두 번 다 악조건 속에서 총선을 치렀고 독한 혁신공천으로 이를 돌파했다. 2004년 총선 때에는 노무현 대통령 탄핵 후폭풍 속에서 열린우리당이 개헌 선까지 바라본다는 전망이 나올 정도였다. 당은 창당 이래 최대의 위기였다. 여론조사에서는 심지어 50석도 어렵다는 공공연한 예측이 돌기까지 했다. 이런 상황에서 박 대표는 84일 간 천막당사를 짓고 초·재선을 중심으로 당 개혁에 나섰다. 젊은 피와 정책전문가를 대거 공천함으로써 당을 일신해 수권정당의 면모를 갖추고 있음을 보여주려고 했다.

당료 출신의 만 33세 김희정(金姬廷)을 전격 발탁하여 부산에 출격시키는 한편, 경남도의원 출신 37세 변호사 김명주(金命柱)는 통영고성 선거구로 내보냈다. 역시 30대의 이혜훈 연세대 교수를 서초(갑)에 당선시키는 것을 필두로 서울 강남 지역에는 이종구(李鍾九), 공성진(孔星鎭) 박사 등 정책전문가 위주로 물갈이를 단행했다. 또한 야당임에도 불구하고 기존 박성범(朴成範) 전 의원을 포함하여 한선교(韓善敎), 이계진(李季振), 박찬숙(朴贊淑) 등 인기 앵커 다수를 영입하는 데 성공했다.

당의 간판으로 내세울 비례대표에는 나경원(羅卿瑗) 전 서울행정법원 판사, 이주호(李周浩) KDI(한국개발연구원) 교수, 유승민(劉承旼) 여의도연구소 소장 등 전문가들을 대거 전진 배치했다. 결국 한나라당은 121석의 의석을 확보했고, 정당투표는 2.5%포인트밖에 뒤지지 않아 비례의석 차이는 단 2석에 그쳤다. 침몰 직전의 당을 기사회생시킨 것은 바로 혁신이었다. 박근혜 대표에게 '선거의 여왕'이라는 별명이 붙여진 것이 바로 이때였다.

18대 총선은 통합민주당이 쇄신공천을 통해 당을 위기에서 구한 시기다. 531만 표 차로 대선에서 참패한 지 채 4개월도 안 되어 치르는 총선의 지휘를 맡은 이는 대선후보 경선에 나섰던 손학규(孫鶴圭) 공동대표였다. 그는 꼿꼿하기로 유명한 박재승(朴在承) 전 대한변협 회장을 공천심사위원장으로 위촉하고 전권을 맡겼다. 이에 부응한 박 위원장은 시골의사 박경철(朴慶哲) 등 이색 경력을 갖춘 외인부대가 과반수를 이룬 공천심사위원회를 발족하면서 승부수를 띄웠다. 노무현 정부 말기의 민심이반에 집권여당 초기의 프리미엄이 더해져 당시의 선거 여건은 매우 열악했다. 한나라당의 뉴타운 공약까지 더해 수도권 전멸설이 돌 정도로 패배의식이 파다했다.

그러나 민주당은 공천심사 시작 2주 만에 금고 이상 형(刑) 배제 원칙을 손쉽게 확정했다. 박 위원장은 언론 인터뷰에서 "소위 비리전력자로 거론되는 분들 중에는 아깝지만 훌륭한 분도 있고 당에 기여한 사람도 많다. 그러나 야당이 여당을 비판하려면 도덕적으로 우위에 있어야 한다. 개혁공천에 따라 국민이 달라졌다고 느끼면 특정 인물의 탈락에도 불구, 전체적으로는 수백만 표가 달라질 수 있다"며 도덕적 잣대와 선명성을 강조했다.

이에 따라 공천심사위원회는 김대중 전 대통령 차남 김홍업(金弘業) 의원과 김대중 전 대통령 복심인 박지원(朴智元) 전 대통령비서실장, 노무현 전 대통령 핵심 측근인 안희정(安熙正), 이용희(李龍熙) 국회부의장, 김민석(金民錫) 최고위원, 신계륜(申溪輪) 사무총장, 이상수(李相洙) 전 노동부장관, 이호웅(李浩雄)·설훈(薛勳) 전 의원 등 김대중·노무현 정부 시절의 유력 정치인을 포함해 부정비리 전력자 전원을 공천에서 배제시키는 등 초반부터 서슬 퍼런 공천의 칼자루를 휘둘렀다.

또한 의정활동 성적 평가를 기준으로 한 2차 서류심사와 면접, 여론조사 경선으로 현역의원의 42%를 자진 사퇴 또는 공천에서 배제시켰다. '공천특검'이라는 별칭까지 얻은 박재승 위원장의 공천 심사 작업은 그 여세를 몰아 '거물 수도권 출마론'을 내걸고 개혁공천에 속도를 낸다. 손학규, 정동영(鄭東泳) 후보의 서울 종로, 동작(을) 출마가 이런 배경에서 결정되었다. 이들은 비록 지역구에서는 낙선했지만 수도권 전패의 두려움에 떨던 당을 구한 용감한 전사의 역할을 톡톡히 해냈다.

　6주간의 민주당 공천과정에서는 특이하게도 '박재승 으라차차 모임'이라는 전무후무한 공천심사위원장 팬 카페까지 생겼다. 민주당의 공천은 '박재승 혁명'으로 일컬어질 정도로 언론과 국민의 우호적 평가를 받았다. 박재승의 쇄신공천은 수도권에서 민주당 후보들이 대부분 참패할 것이라는 예상을 깨고 무려 26명이 생환하는 성적표를 받아들었다. 그는 2006년 지방선거 당시의 열린우리당 몰살이 재연될까 우려했던 많은 지지자들의 염려를 덜어줬으며, 이명박 정부의 견제 세력이 될 수 있는 정치적 기반을 당내에 마련해 주었다.

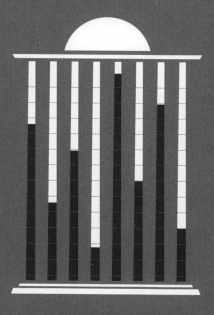

| 6장 |

당원은
최고의 호갱인가

유권자의 10%가 당원

선거라고 해서 꼭 대통령을 뽑고 국회의원과 자치단체장을 뽑는 선거만 있는 것이 아니다. 그 이전 단계에서 각 정당은 후보를 선출하는 과정을 거치고 또 각 당은 전당대회를 통해 당 대표를 선출하기도 한다. 이런 일련의 선출 과정은 당 내부 행사이기 때문에 당내 유권자가 권리를 행사하는 것이 맞을 것이다. 이 당내 유권자가 바로 당원들이다.

현재 새누리당이 밝히고 있는 당원 숫자는 약 250만 명이다. 새정치민주연합도 220만 명에 육박한다고 한다. 2014년 12월에 해산된 통합진보당 등 진보계열 정당들의 10만 명을 합하면 우리나라 각 정당이 보유한 당원수는 모두 480만 명이나 된다. 지난 2014년 6·4 지방선거 때 유권자수의 11.6%에 해당한다. 물론 당비를 내고 당 활동에 적극적인 진성당원 숫자는 이보다 적다. 새정치민주연합이 28만 명이며 새누리당은 그 이상의 진성당원을 보유하고 있다. 해산된 통합진보당이 3만여 명이 었으니 전체적으로 보면 각 당마다 당원의 10% 이상이 진성당원이라고 볼 수 있다. 이 정도면 절대 나쁜 숫자가 아니다. 그럼에도 불구하고 현장에서는 당 내 유권자인 당원의 권리가 존중되지 않고 있다. 유권자의 10%가 넘는 국민이 당원으로 참여하고 있는데, 왜 당원이 배척받고 경원시 되어야 하는지 알다가도 모를 일이다.

1970년 9월 29일 신민당 전당대회는 말 그대로 드라마였다. 전국에서 모여든 대의원 885명과 지지자들이 서울 시민회관(지금의 서울세종문화회관)을 가득 메웠고 야당의 40대 기수 3인의 유세가 이어졌다. 1차 투표는 김영삼 후보 421표, 김대중 후보 382표, 무효 82표로 과반수 443표에 미달하여 2차 투표로 들어가게 되었다. 무효표 82표는 투표 직전 사퇴한 이철승(李哲承) 의원에게 기표한 것들이었다.

김대중 후보는 기민하게 움직였다. 자신의 명함에 "차기 총재 선거에 밀어주겠다"는 이른바 명함 각서를 써주고 이철승 후보의 표를 쓸어 담은 것이다. 뚜껑을 열어본 2차 투표 결과는 투표수 884표 중 김대중 후보 458표, 김영삼 후보 410표, 무효 16표로 김대중 후보가 신민당 대통령후보로 지명되었다. 1971년 DJ가 첫 번째 대선에 출마하는 극적인 과정이다. 이처럼 45년 전에도 당의 주인인 당원(대의원)들이 모여 대통령후보까지 뽑았다. 물론 당직인 총재 선거는 말할 것조차 없다.

2007년 한나라당은 대선 후보 선출 전 단계로 경선 룰 확정을 위한 줄다리기가 지루하게 계속되고 진행되었다. 당 지지율은 50%에 육박하고 10%대에서 헤어나지 못하는 노무현 대통령과 여당의 지지도를 감안한다면, 한나라당 후보는 곧 청와대 입성이기 때문에 진영 간의 줄다리기는 더욱 치열했다. 이른바 '빅 2'로 지칭되는 이명박-박근혜 두 후보 간 담합을 비난하며 손학규 전 경기지사가 탈당을 하고 범여권으로 합류해 버렸음에도 한동안 룰 싸움은 지속됐다. 그만큼 양 진영은 절박했다.

평균 40%대, 많게는 50% 이상의 높은 여론 지지율을 등에 업은 이명박 전 서울시장 진영은 민심의 반영비율을 조금이라도 높이기 위해 애를 썼고, 당 대표를 역임한 터였기에 당심에서 앞서는 박근혜 전 대표는 대의원과 당원, 즉 당심의 비중을 높이기 위해 노력했다. 결국 중간 지점인 5 대 5로 결론이 났고 선거운동은 시작됐다. 오늘날 새누리당의 공직후보 추천 및 당 대표 선출방식의 기본이 되는 2(전국대의원) : 3(당원) : 3(일반 국민) : 2(여론조사) 룰은 바로 이렇게 탄생되었던 것이다.

2007년 8월 20일 새로운 경선 룰이 처음 적용되는 한나라당의 전당대회가 열렸다. 이명박 전 대통령은 서울올림픽공원 체조경기장에서 열린 전당대회에서 당원·대의원·국민선거인단 투표는 박근혜 후보에게 뒤졌지만 여론조사에서 앞질러 승리를 거머쥐었다. 그는 선거인단에서는 432표 뒤졌으나 여론조사에서는 2,884표 차이로 앞서 역전승했다. 두 후보 간 표 차는 2,452표, 비율은 단 1.5%포인트였다.

2012년 6월 9일 경기도 고양 일산 킨텍스 민주통합당 전국대의원대회 현장은 긴장감이 흐르고 있었다. 두 달 전 4월 11일 총선 패배로 한명숙 전 대표가 사퇴함에 따라 후임 당 대표와 최고위원 4명 등 지도부를 선출하는 순회투표가 전국 각지를 돌며 숨 가쁘게 진행된 끝에 달려와 이제 마지막 일정이 이곳에서 치러지는 순간이기 때문이었다.

친노 세가 강한 첫 경선지 울산에서부터 김한길 후보는 추미애(秋美愛), 우상호(禹相虎), 이해찬(李海瓚) 후보를 차례로 따돌리고 1위를 차지했다. 지역순회경선을 1위로 마친 기호 3번 김한길 후보는 서울인천경기 등 수도권 지역대의원과 정책대의원(한국노총 등 민주통합당과 정책협약을 맺은 단체에서 추천한 대의원)이 모인 킨텍스 대회현장에서 마지막 연설주자로 나선다.

그는 1971년 제7대 대통령선거에 출마한 바 있는 고 김철(金喆) 통일사회당 당수의 차남으로 DJ에 의해 15대 전국구 의원으로 정치에 입문했다. 이후 청와대 정책기획수석, 문화관광부장관, 16대·17대 총선기획단장, 열린우리당 원내대표 등을 지냈다. 그는 이 날도 30%가 적용되는 대의원 현장투표에서는 2,288표로 1,886표에 그친 이해찬 후보를 여유있게 앞섰으나, 무려 70%가 반영되는 모바일 선거인단(일반 국민으로부터 공모를 받아 모바일 방식으로 투표를 진행했다고 해서 모바일 선거인단이라고 부른다. 본질적으로는 국민선거인단이다) 개표 결과에서 6만 2,735표 대 6만 5,214표로 밀리면서 결국 환산 득표율 23.8%로 24.3%를 얻은 이해찬 당선자에게 겨우 0.5%포인트 차이로 무릎을 꿇고 말았다. 당심(黨心)과 민심의 괴리에 따라 당락이 바뀐 것이다.

김한길 의원은 대선 패배 후 문희상(文喜相) 비상대책위원회를 거쳐 2013년 5월 4일 전국대의원 50%, 권리당원(당비를 내는 당원을 말한다. 새누리당은 책임당원이라고 부른다) 30%, 국민여론조사 20%로 경선 룰을 바꿔 치른 전당대회에서는 이용섭(李庸燮) 후보와 겨뤄 57 대 47로 여유 있게 앞섰고, 결국 당 대표를 탈환하며 자존심을 회복했다. 그는 여론조사는 물론, 전국대의원과 권리당원 투표에서 모두 앞섰다.

2014년 3월 안철수 의원과 통합신당을 합의한 김한길 의원이 만일 6·9 전당대회 당시 당 대표로 선출되었다면, 2012년 대선후보 경선관리를 그런 식으로 했을까? 제주 경선 시작 이틀 만에 손학규, 김두관(金斗官) 두 후보가 모바일투표 ARS(자동안내시스템) 안내의 공정성에 문제가 있다고 사실상 보이코트를 선언하고 나섰으며, 이는 경선 기간 내내 두고두고 불씨로 남았다. 사람들은 이것도 문재인 후보의 본선 패배에 적지 않은 영향을 미친 것으로 평가한다.

외국의 사례를 살펴보면 확연하게 드러난다. 1875년 창당하여 최고 역사를 자랑하는 독일 사회민주당은 60만 당원을 거느리고 있으며, 앙겔라 메르켈(Angela Dorothea Merkel) 총리가 이끄는 기독교민주당도 47만 명의 당원을 뽐낸다. 북유럽 복지국가를 선도하는 스웨덴의 집권 사회민주당은 1889년에 창당하여 가장 오랜 역사를 보유하고 있고, 1983년 한때 무려 123만 명의 당원수를 자랑하며 인구의 13%까지 점유했다.

유럽 대다수 국가의 정당들은 오랜동안 이러한 당원들을 토대로 운영되어 왔다. 이들 대중정당은 당연하게도 당원 전원이 진성당원(당비를 낸 당원만이 정당 활동을 할 수 있는 제도다. 현재 정의당 등 진보계열 정당들이 시행하고 있다)이며, 그렇기 때문에 당원이 당수도 뽑고 공직에 나갈 후보자도 직접 선출한다. 그래서 파리 남쪽 464km에 위치한 인구 2만 명도 채 안 되는 소도시의 시장이 제1야당 사회당의 제1서기(우리나의 당 대표에 해당함)에 선출될 수 있었던 것이다. 바로 현 프랑수아 올랑드(Francois Hollande) 프랑스 대통령의 이야기다.

오픈프라이머리는 우리에게 맞는 제도인가

귀에 익숙하지만 국민도 정확히 잘 모르는, 선거 때마다 듣는 제도가 있다. 이름 하여 오픈프라이머리. 국민은 정치지도자들과 정치학자들의 입에서 나오는 이런 단어를 들으며 우리가 더욱 민주화되고 있고 정치적 의사결정에 국민참여가 늘어난다고 좋아하는 것 같다. 오픈프라이머리는 과연 무슨 이유로 언제 어떻게 도입이 되었는가? 이 제도는 정말 민주적이고 발전적이며 우리 실정에 잘 맞는 제도일까?

2014년 정기국회 교섭단체 대표연설에 나선 새누리당 김무성 대표는 오픈프라이머리로 정치개혁을 하자며 이를 위해 야당에 정치개혁특별위원회 구성을 제안한다. 김문수 전 경기지사를 위원장으로 2014년 9월 출범한 새누리당 보수혁신특별위원회 역시 전략공천 제도를 전면 폐지하고 오픈프라이머리를 도입하는 방안을 확정한다.

18대 국회 때 한나라당 공천개혁특위 위원장을 맡아 관련 논의를 주도한 나경원 의원은 2011년 여야 동시 오픈프라이머리 도입을 골자로 한 공직선거법 일부개정안을 대표 발의했다. 그는 당시 소속 의원 172명 중 82.6%의 서명을 받을 만큼 압도적인 지지로 법안 개정을 이끌었다. 그러나 여야의 이견으로 법안은 통과되지 못하고 18대 국회에서 자동 폐기되었다. 2014년 7·30 보궐선거에서 노회찬 후보를 꺾고 3선 의원이 된 그는 당선 일성(一聲)으로 이 법안에 대한 재추진 의사를 밝혔다.

2014년 10월 《한겨레신문》이 국회의원 전원을 대상으로 실시한 설문조사에 의하면, 응답자 232명 중 66.4%가 이 오픈프라이머리에 찬성의사를 밝혔다. 정당별로는 새누리당이 58.1%, 새정치민주연합은 80.9%였다. 신인 비율이 높은 새누리당에서 반대가 다소 많은 것이 특징이다. 선수별로는 초선이 57.9%, 재선은 80.8%가 찬성표를 던졌다. 지역별로 호남과 수도권이 각각 75%와 72.1%를 나타냈으며 영남은 64.9%를 보였다. 충청권은 가장 낮은 52.6%였다.

호남과 수도권이 높은 이유는 새정치민주연합의 다선의원이 이 지역에 집중해 있는 탓이며, 영남과 충청권의 비율이 상대적으로 떨어지는 이유는 19대 총선 당시 일정한 물갈이로 새누리당의 초선 의원 수가 증가했기 때문이다. 이처럼 비록 현역일지라도 오픈프라이머리는 비교적 지명도가 낮은 신인에게 불리하다는 현실적인 두려움이 존재한다.

당초 미국에서 유래한 오픈프라이머리의 사전적 의미는 '투표자가 자기의 소속 정당을 밝히지 않고 투표할 수 있는 예비선거'로 풀이된다. 미국의 대통령 선거에서 정당별 후보를 선출하는 예비경선의 한 방식에서 유래하였으며, 개방형 예비선거, 완전 국민개방 경선제라고도 불린다. 지금은 각 주마다 약간씩 다르지만 대개 이 제도를 시행 중이다. 유럽이나 우리나라 같이 중앙당이 없는 미국은 평소에는 원내정당을 운영한다. 일상적인 정당 활동이 없고 선거 때만 오픈프라이머리를 통해 예비경선을 실시하기 때문에 현역 의원의 재선율이 거의 95% 이상이다. 현역 의원은 수시로 의정보고회를 통해 유권자와 접촉하기 때문에 정치신인이 당해낼 재간이 없다. 그만큼 이 제도는 신인에게 매우 두터운 장벽이다. 5% 관문을 통과할 수 있는 인물은 사실상 국민에게 상당한 인기가 있고 명망 있는 스타급이라야 가능하다는 얘기다.

오픈프라이머리로 인물정치가 뜨고 정당정치가 사라진다

한때 2015년 새정치민주연합의 2·8 전당대회 당 대표 도전을 준비했던 정세균(丁世均) 의원은 정치신인 진입이 어렵다는 이유로 오픈프라이머리에 반대 의사를 밝혔다. 그는 이미 세 번의 당 대표를 역임했고 다수의 지역위원장을 확보하고 있기 때문에 사실상 위원장들이 좌우하며 개표에서 무려 45%나 반영되는 전국대의원 부분에서 자신이 유리하다는 평가가 있음에도 불구하고 이 같은 응답을 했다. 반면 이른바 '양강'으로 불리는 문재인 의원은 2014년 12월 열린 한 토론회에서 중앙선거관리위원회가 주관하는 여야 동시 오픈프라이머리야말로 공천 혁명이라고 주장했다. 또 다른 양강인 박지원(朴智元) 의원도 완전국민경선제 도입을 공약으로 내걸었다. 그러나 이들이 이렇게 말한 이면에는 국회의원과 지역위원장들이 갖고 있는 45%의 표심을 사기 위한 전략적 노림수도 숨겨져 있다.

우리나라에서 국민참여경선제는 언제 시작되었을까? 2001년 10월 25일 재·보선에 0 대 3으로 완패한 DJ가 총재직을 내려놓자, 조세형(趙世衡) 상임고문을 위원장으로 하는 '새천년민주당 발전과 쇄신을 위한 특별위원회'(약칭 특대위)가 총재직 폐지 및 대선후보와 당 대표 분리를 포함한 국민참여경선제를 당 쇄신안으로 처음 공개한 것이 그 시초다.

이때는 3김 시대의 끝자락이었기 때문에 사실상 당원다운 당원도 없었다. 진성당원이라는 개념을 도입한 건 2003년 열린우리당 창당과 함께였다. 따라서 당시 새천년민주당의 국민참여경선은 불가피한 측면이 없지 않았다고 할 수 있다. 그러나 5년, 10년이 흐른 2007년과 2012년 진성당원이 대폭 늘었음에도 불구하고 대선 후보 경선에서는 오히려 당원 비율을 줄이고 국민참여 비율을 극대화시킴으로써 정당정치를 실종시킨 것은 무슨 말로도 변명의 여지가 없다.

2000년 12월 4~5일 《국민일보》가 창간 12주년을 맞이하여 월드리서치에 의뢰한 여론조사를 보면 차기 대선후보 선호도는 이회창(李會昌) 한나라당 총재 20.7%와 이인제(李仁濟) 민주당 최고위원 18.3%로 양강 구도였으며, 노무현 해양수산부 장관은 5.8%에 그쳤다. 1년이 흐른 뒤 2001년 11월 20일~22일 사이 한국갤럽이 민주당 대의원 1,032명을 대상으로 지지도를 조사한 결과도 역시 이인제 고문이 43.4%로 압도적 우위를 기록하고 있었다. 이에 비해 노무현 전 해양수산부 장관 11.5%, 한화갑(韓和甲) 고문 11.3%, 김중권(金重權) 고문 7.9% 등으로 나머지 후보 모두를 합쳐도 이인제 고문의 지지도를 넘지 못했다. 이 기세라면 이인제 고문의 민주당 대통령후보 확정이 확실시되어 되어 보였다.

그런데 특대위가 국민참여경선안을 만들면서 상황은 바뀌기 시작했다. '부동의 1위' 이인제 후보가 '노풍'에 밀리면서 판세는 뒤집어졌고, 노무현 전 대통령이 예상을 깨고 최종 후보로 선출됐다. 2007년 대통합민주신당 대선 후보 경선에서도 국민참여경선이 실시됐다. 그러나 선거인단 접수 마감 직전에 세 상자 분량의 경선 참여 신청서가 무더기로 접수돼 '박스 떼기' 논란이 일었다. 대통령 명의까지 도용하는 등 동원 경선의 폐해는 극에 달했다.

민주통합당 역시 2012년 대선에서 완전국민경선을 도입해 문재인 의원을 후보로 선출했다. "대한민국 정치사의 혁명"이라고 자평했지만 모바일 투표를 놓고 비 문재인 후보들이 경선불참까지 경고하는 등 공정성 시비를 불러일으켰다. 이렇게 오픈프라이머리는 시나리오가 없는 극적인 드라마를 연출하며 흥행에 성공도 실패도 하지만, 근본적으로 이것은 정당정치에 대한 불신이 낳은 사생아적 성격을 내재하고 있다.

오픈프라이머리를 거치면 모든 후보가 다 국민후보가 된다. 이는 곧 인물정치의 강화이자 정당정치의 후퇴를 의미한다. 정당에서 활동해온 인물보다 각계의 인기인들이 나서면 오히려 예비선거 통과가 더 수월해진다. 정당은 뒤로 숨고 인물 본위로 투표를 하게 되면 사회의 다원적 요구를 대변하는 소수 정당은 더욱 설 자리를 잃게 된다. 게다가 같은 날 동시에 실시되는 오픈프라이머리는 양당 독점이 심화되어 있는 우리나라에서 소수 진보정당에는 더더욱 타격이 크다. 복수정당제를 보장하는 헌법 정신에 대한 명백한 도전이 아닐 수 없다.

완전 상향식이면 다 좋은 것인가? 초선의원들이 우려하듯 오픈프라이머리의 진짜 함정은 정치신인들이 진입하기 힘든 제도라는 데 있다. 지난 19대 총선 때 후보 선출을 위한 국민참여 또는 100% 여론조사 방식의 민주통합당 경선에서는 전국 80여 개 지역에서 현역 지역위원장과 신인들이 맞붙었다. 그러나 상대가 현역 의원이거나 당선 가능성이 높은 당세 우세지역에서 신인들이 이긴 경우는 단 5곳밖에 없었다.

조배숙(趙培淑) 의원(전북 익산을)을 상대로 여성 가산점을 통해 가까스로 승리한 전정희(全正姬) 후보, 최종원(崔鍾元) 의원(강원 태백영월평창정선)에게 승리를 낚은 김원창(金源昌) 전 정선군수, 역시 현역인 박우순(朴宇淳) 의원(강원 원주갑)을 꺾은 김진희(金珍希) 전 강원도의원은 지역을 착실히 닦아온 기반이 있었기에 그나마 가능했다. 안영근(安泳根) 전 의원(인천 남동갑)과 맞붙은 박남춘(朴南春) 후보와 이기우(李基宇) 전 의원(경기 수원을)을 물리친 신장용(申長容) 후보를 포함해도 겨우 5명이었다.

당시 선거에서 초선으로 당선된 36명 중 지역위원장 13명을 빼고 나면, 나머지는 단수공천 또는 전략공천이거나 중진 물갈이 대상 지역에서 신인들끼리 결정전을 통해 원내에 입성한 경우였다. 이것이 바로 오픈프라이머리의 결정적인 함정이다.

참을 수 없는 여론조사의 가벼움

선거 때마다 빠지지 않고 등장하는 메뉴가 있으니 바로 여론조사다. 신문과 방송, 그리고 전문 조사기관까지 하루가 멀다 하고 여론조사 결과를 공개한다. 국민의 정치에 대한 정서와 마음을 알아보자는 데 반대할 사람은 없다. 또 많은 국민이 여론조사 결과를 호기심과 기대감을 가지고 들여다보곤 한다. 전문적인 연구와 통계기법, 그리고 정보통신 기술의 발달 덕분에 빠른 시간에 더욱 정확한 결과를 보여주고 있기 때문에 과거에 비해 신뢰도도 많이 높아졌다고 할 수 있다.

그런데 언제부터 이 여론조사가 각 당의 후보를 선출하거나 후보 간 단일화를 결정하는 수단으로 적용되기 시작했다. 바로 여기에서 문제가 생겨나고 있다. 과연 후보를 최종 결정하기 위해 여론조사는 반드시 필요한 것이며, 그렇다면 조사 자체는 신뢰할 수 있는 방법으로 시행되고 있을까? 지금까지 많은 선거에서 여론조사는 후보 결정에 얼마나 큰 영향을 미쳤을까? 혹시 조사(research)와 선거(election)를 구분조차 못하는 것이 아닐까?

2006년 4월 25일 서울 올림픽공원 펜싱경기장. 재검표까지 가는 접전 끝에 한나라당 서울시장 후보 경선에서 오세훈(吳世勳) 후보가 승리의 영광을 안았다. 경쟁자였던 맹형규(孟亨奎) 후보는 당원과 국민참여 투표에서 오세훈 후보를 앞섰으나 여론조사에서 크게 뒤져 결국 고배를 마셨다. 맹 후보는 선거인단 투표에서 1,443표를 얻어 1,343표에 그친 오세훈 전 의원을 100표 차이로 물리쳤지만, 여론조사에서는 163표에 그쳐 624표를 획득한 오세훈 후보에게 역전을 허용하고 말았다. 이로써 오 전 의원은 민선 4기이자 제33대 서울특별시장에 바짝 다가설 수 있었다.

오세훈 전 의원은 1994년 MBC의 〈오 변호사 배 변호사〉라는 프로그램에 출연하면서 시민들에게 알려지기 시작했다. 방송활동과 시민단체(환경운동연합) 활동을 통해 깔끔하고 참신한 이미지를 구축한 그는 지난 2000년 16대 총선에서 당시 이회창 한나라당 총재에게 영입돼 서울 강남(을)에서 당선된 바 있다.

정치권으로의 자금 유입을 차단하는 공직선거법과 정치자금법 개정을 주도한 그는 소위 '오세훈 법'이라는 유행어를 만들기도 했다. 한나라당 안에서는 남경필(南景弼)·원희룡(元喜龍)·정병국(鄭柄國) 의원 등 소장그룹과 함께 '미래연대'를 만들어 활발한 당 개혁 운동을 펼쳤다. 17대 총선 직전에는 당과 정치권 개혁을 주장하며 스스로 불출마를 선언해 많은 국민에게 강렬한 인상을 남겼다. 이러한 행보가 영향을 미쳤는지 2년여의 정치공백에도 불구하고 그는 여론조사를 통해 승리를 거머쥐었다.

맹형규 후보는 SBS 8시뉴스 앵커 출신으로 15대 총선 때 당시 김영삼 대통령에 의해 신한국당에 영입되어, 서울 송파(갑)에서 내리 3선을 지내면서 당 3역인 정책위의장을 지냈다. 그는 경선 필승에 대한 의지로 의원직까지 던지는 초강수로 나섰으나 끝내 여론조사의 벽을 넘지 못하고 무릎을 꿇고 말았다.

다시 2013년 5월 4일 경기도 고양 일산 킨텍스 민주통합당 전국대의원대회 현장. 이 날 당 대표로는 김한길 의원, 최고위원에는 신경민(辛京珉), 조경태(趙慶泰), 양승조(梁承晁), 우원식(禹元植) 의원이 각각 선출되었다. 그러나 비록 낙선은 하였지만 최고위원 선거에서 아깝게 5위를 차지한 이가 있었으니 바로 유성엽(柳成葉) 의원이다. 그는 당시 민주통합당으로 복당한 지 불과 8개월밖에 되지 않은 상황이었다.

7명이 겨룬 선거에서 유 의원은 전국대의원 투표 결과에서 14.51%로 4위를 차지했고, 권리당원 투표 역시 14.61%로 4위를 기록했다. 그러나 여론조사에서 7.81%로 꼴찌를 하면서 종합순위에서 5위로 밀려났다. 전국대의원 50%, 권리당원 30%, 여론조사 20%를 합산하는 방식의 이 선거에서 여론조사 결과만 아니었으면 복당한 지 불과 250일밖에 되지 않은 인물이 제 1야당의 최고위원으로 탄생하는 흔치않은 일이 일어났을 것이다.

유성엽 의원은 행시 27회로 공직생활을 시작한 정통 내무관료 출신이다. 1991년 내무부 지방자치기획단 근무가 인연이 되어 선출직 지방자치행정가 도전의 꿈을 키운다. 공무원연금 수령을 위한 20년 근무도 포기하고 드디어 2002년 민선 3기 정읍시장 문을 두드렸다. 국회의원과 시장에 여러 번 출마한 무소속 후보와의 접전 끝에 승리를 쟁취한 그는 당선장을 받아든 날로부터 시민 속으로 파고들었다.

유 시장은 먼저 전북도청 경제통상국장과 문화관광국장 경력을 십분 활용했다. 정읍지역 특성에 맞는 축산업과 벼농사를 우선 지원했는데, '단풍 미인' 쌀과 '단풍 미인' 한우 등 정읍 고유의 브랜드를 만들어 농가 소득 증대를 도모했다. 지금은 정읍 하면 단풍 미인이 척 떠오를 정도인데, 바로 유성엽 시장 재임 중 일궈낸 첫 번째 업적이었다. 또한 산골 벽지인 산내면 야산에 구절초를 집중적으로 심어 구절초 축제를 개최함으로써 지역 주민이 개최하는 지역축제로 정착시켰다. 유 시장의 재임 기간 중 정읍시는 이전 시장 때보다 높은 소득 증가율을 보이기도 했다.

4년 임기를 마친 유 전 시장은 열린우리당 전북지사 경선에 무모하게 나섰으나 낙선의 고배를 마신다. 2008년 총선에서는 경선과정에서 있었던 일부 불미스러운 일을 이유로 통합민주당 공천심사위원회가 그를 경선조차 붙여주지 않고 원천 배제시켜버려 하는 수 없이 탈당을 하고 단기필마, 무소속으로 나섰다. 돈도 없고 조직도 없는 그를 주변에서는 무척 말렸지만 도저히 물러설 수 없었다. 다행히 상대는 선거 두 달 전에 갑자기 낙하산 공천으로 내려온 출향 인사였다. 그래도 시장 재임 시 공정한 인사와 청렴한 시정, 창의적인 행정을 바탕으로 시민들의 호평을 받은 것이 결국은 주효했다. 풀뿌리가 낙하산을 물리친 것이다. 정읍시민들은 아닌 것은 아니고 잘못된 것은 잘못된 것이라는 정의감을 표로써 표출해 보여줬다. 정읍은 갑오농민혁명의 발상지가 아닌가. 득표율 차이

국정감사 정책질의 중인 유성엽 의원

도 61% 대 35.3%로 거의 하프 스코어에 가까웠다.

19대 총선도 유 의원은 무소속으로 준비했다. 복당원서를 제출했으나 민주통합당은 석연찮은 이유로 그의 복당을 불허했다. 그는 4년 만에 다시 붙은 민주통합당 공천자를 48.7% 대 34.8%로 또 한차례 쓰러뜨린다. 호남 지역에서는 13대 소선거구제가 도입된 이래 유일하게 무소속으로 2연승 기록을 세우는 순간이었다.

이러한 유 의원의 숨은 실력은 호남과 수도권을 중심으로 한 야당 내 기초단체장들 사이에서 많은 화제를 불러일으켰다. 비록 무소속 의원 생활을 하고 있었기 때문에 유명세를 못타고 언론 노출 빈도가 낮아서 여론조사에서는 불리하게 나왔지만, 그래도 그가 호남세가 강한 권리당원과 전국대의원 투표에서 복당 8개월 만에 고른 득표를 올린 것은 놀라운 일이 아닐 수 없다. 거기에는 바로 이런 사정과 배경이 있었던 것이다.

여론조사의 허점

2012년 19대 총선에서 서울 관악(을) 야권후보 단일화 여론조사 경선에서 통합진보당 이정희(李正姬) 후보의 보좌진은 일반전화 190대를 개통해 휴대전화로 착신 전환한 사실이 발각돼 징역 1년을 선고받았다. 이정희 후보는 대국민 사과와 함께 후보직에서 물러났고, 결국 관악(을) 지역은 이상규(李相奎) 후보로 교체됐다. 여론조사의 허점을 악용한 대표적인 사례가 바로 이 경우였다. 샘플 수 1,000개인 여론조사에서 전화 착신은 10개만 성공해도 지지율이 바로 1%포인트가 올라간다.

응답률이 극히 낮아 표본 할당을 채우기 어려운 20~30대에서는 여론조작이 더욱 더 용이하다. 20~30대는 가중치(미리 할당된 표본수를 채우지 못하면 그때까지 추출된 표본만으로 평균치를 환산한다)를 두는 방식이기 때문에 특히 착신의 유혹으로부터 벗어나기 힘들다. 이렇게 선거구역이 작을수록 착신전환을 이용하기가 더욱 손쉽다. 그래서 기초의원, 광역의원, 국회의원, 기초단체장의 경우, 여론조사 경선을 한다는 것은 곧 전화 착신과의 싸움으로 받아들여진다.

우리나라에서 여론조사가 선거의 한 방식이 된 건 2002년 노무현-정몽준 간의 후보단일화 때부터다. 2002년 대통령후보를 여론조사로 단일화하고 그 후 각종 선거에서 모든 정당이 후보경선에서 여론조사를 중요한 방식으로 도입하자, 그때부터 여론조사는 권력화하고 과분한 대접을 받기 시작했다.

당시 여론조사기관 TNS의 사회조사본부장이던 김헌태(金憲泰)는 공당의 대선후보를 여론조사를 통해 선정하는 것이 절차적 정당성이 있다고 보기 어렵다며 개인 성명까지 내고 호된 비판을 가하였다. 여론조사에서 1%포인트라도 앞서면 그것이 마치 이긴다는 합의를 의미하는 것처럼 여론조사가 국민에게 잘못된 인식을 심어줄 수 있다는 것이 그의 주장이었다. 그는 2003년 한국사회여론조사연구소를 설립했던 소장파 여론조사 전문가다.

여론조사 발표에서 95% 신뢰수준이라는 뜻은 100번 조사하면 5번은 전혀 엉뚱한 결과가 나올 수도 있다는 것이고, 오차범위 이내라면 순위가 뒤바뀔 수도 있다는 것이다. 2007년 대선 후보 경선에서 1.5%포인트 차이로 이명박 후보가 박근혜 후보에게 앞섰는데 여론조사 반영 비율이 무려 20%였다. 따라서 이론적으로는 순위가 바뀔 수도 있다는 얘기

가 된다. 여론조사는 응답자의 신분 확인이 없기 때문에 절차의 엄격성
도 결여되고, 역 선택이나 위장 응답을 걸러낼 수 있는 수단 또한 없다.
따라서 여론조사는 공천 참고자료까지는 몰라도 신뢰성에 문제가 있기
때문에 절대로 선거처럼 적용해서는 안 된다.

민주주의를 실시하고 있는 세계 150여 국가 중에서 여론조사를 후보
선출에 활용하는 나라는 우리와 대만밖에 없다. 선진국은 물론 아프리
카나 동남아시아 후진국에서도 이런 방식은 사용하지 않는다. 우연하게
도 우리 한국과 대만 의회는 가장 폭력적이고 막장 국회로 쌍벽을 이룬
다. 왜 외국은 여론조사를 선거에 사용하지 않고 있는가?

외국의 경우 집 전화는 기본적으로 7~8%밖에 받지 않는다. 그러니 합
당한 표본으로 인정하기 어렵다. 성별, 연령별, 거주지별 할당을 고려하
면 그 결과는 더욱 엉터리일 수밖에 없다. 독일은 여론조사 결과 발표를
하려면 뉴스에서 5분 이상 풀 스토리를 보도해야 하고, 신문도 그것을 지
면에 충분히 게재해야 한다. 가장 통제가 심한 나라가 프랑스인데, 프랑
스를 포함한 유럽 선진국 몇몇 나라는 여론조사 공개와 배포에 관한 법
률을 시행한다.

또한 정치적 중립성을 보장하는 '여론조사위원회'라는 국가기구를 별
도로 설치해 운영한다. 사소한 한 두 개의 문제만을 일으켜도 해당 업체
를 바로 퇴출시켜버린다. 이에 반해 우리나라는 여론을 조작한 경우에
도 조사기관에게 기껏해야 몇 푼의 벌금만 매기는 것이 고작이다.

여론조사가 경선 즉, 정당정치 내부의 정쟁의 도구로 쓰이면 유·불
리 또는 조작 싸움으로 가기 때문에 막장으로 갈 수밖에 없다. 2012년
문-안 단일화도 결국은 방식과 설문내용 때문에 단일화가 망가지고, 안

철수 후보가 일방적으로 사퇴함으로써 단일화 효과를 극대화시키지 못한 것이다. 설문 때문에 회의장 안에서 편을 가르고 결투를 벌이는 천박한 모습은 이제 우리 정치에서 사라져야 하지 않을까.

매번 바뀌는 고무줄 규칙으로 경선을 해서야

2014년 12월 1일 새정치민주연합 대구 지역 지역위원장 8명이 성명을 발표했다. 요지는 2015년 2·8 전당대회에서 권리당원의 지역별 인구비례 보정을 하는 것이 당 혁신의 출발이라는 것이다. 그들은 2·8 전당대회가 정권교체의 희망을 주는 행사가 되어야 하며, 이를 위해 새정치민주연합이 전국정당이 되어야 한다고 주장한다. 그런데 권리당원 분포는 민심과 심각한 부조화를 이루어 치명적인 결함을 안고 있다는 것이다.

그들의 성명서를 인용하면, "호남의 전체 인구 비율은 10%이지만 권리당원 비율은 56%로 추정된다. 반면 대구경북은 인구비율이 비슷해서 10%이지만 권리당원은 불과 0.4%밖에 되지 않는다. 따라서 당원구조 편중 해소를 위해서는 인구비례 보정이 이루어져야 한다"는 것이다. 이들의 주장을 곧이곧대로 받아들인다면, 대구경북 지역 권리당원의 1표는 곧 호남의 권리당원 140표에 해당하게 된다.

한편 당 대표 선거에 나선 문재인 의원이 포함된 부산 지역의 지역위원장들도 같은 시기에 이와 비슷한 건의문을 작성하고 서명 작업에 돌입했는데, 주요 내용은 위와 유사하다. "전남과 전북의 인구비율이 각각 3.7%인데 반해 권리당원 비율은 26.3%와 22.4%다. 그러나 부산과 경남은 인구비율이 각각 6.9%와 6.5%이지만 권리당원 비율은 1.8% 정도 수준이다. 이 같은 비율은 영남을 비롯한 다른 지역에서도 비슷하게 나타난다. 이에 따라 당 혁신과제를 안고 열리는 2·8 전당대회는 권리당원의 지역별 인구비례보정이 불가피하다"는 것이 이들의 주장이다.

또한 이들의 말을 액면 그대로 적용한다면 부산 권리당원의 1표는 전남 권리당원 27.2표에 해당하는 것이니, 문재인 의원은 앉은 자리에서 1표 당 26.2표씩을 덤으로 받는 것과 마찬가지 결과를 얻게 된다. 반대로 당 대표에 도전하며 전남에서 강세인 박지원 의원은 눈을 버젓이 뜨고 1표당 26.2표씩을 뺏겨야 한다. 또 후보등록 직전 출마를 포기했지만, 이른바 '빅3'로 분류됐던 정세균 의원이 출마했더라면 텃밭인 전북에서 23.2표를 모아야 부산 1표와 맞먹을 수 있었을 것이다. 다행히 반대하는 위원장들이 적지 않아서 이 건의문은 채택되지는 않았다.

권리당원에 대한 투표권이 처음 부여된 건 2012년 1월 15일 한명숙 대표가 선출된 민주통합당 전당대회 때였다. 그 직전에 민주당은 2010년 10월 3일 전국 대의원 70%와 여론조사 30%로 손학규 대표를 선출했다. 그러나 이때까지 전국대의원은 말 그대로 당원이 당원 비례에 의해 선출한 대의원이 아니라 지역위원장이 임명한 임명직 대의원에 불과했다. 따라서 '혁신과 통합'과 통합을 한 민주당은 이를 보완하고자 진성당원인 권리당원에게만큼은 당원 주권의 원리에 따라 '보통선거권'을 부여하기로 결정했다. 그래서 이때는 모든 권리당원의 투표권은 예외 없이 자동 부여했지만, 지역별 인구비례 보정 따위는 없었다.

4·11 총선 패배로 열린 6·9 전당대회에서 이해찬 대표가 선출될 때에도 70%를 반영하는 모바일 선거인단의 한 부분으로 권리당원을 자동 포함시켰었다. 18대 대선에서 패배한 후 비상대책위원회를 거쳐 개최된

2013년 5·4 전당대회에서는 대표 선출 방식이 바뀌는데, 이 때 처음으로 전국대의원 50%, 권리당원 30%, 여론조사 20% 식으로 권리당원 투표의 비중을 명시적으로 못 박기 시작했다.

일부 지역위원장은 말할 것도 없고 2·8 전당대회에 출전하는 출마 당사자마다 각자 자기에게 유리한 경선 룰을 고집한다. 이른바 빅3도 예외가 아니다. 대중적 지지도가 높은 문재인 의원은 여론조사 반영비율을 높이자고 하고, 권리당원에서 우세에 있는 박지원 의원은 권리당원 비중을 강화해야 한다며 목소리를 높인다. 전국대의원에서 강세를 보인 정세균 의원 역시 사퇴 이전에는 전국대의원 비중을 더 높이자고 주장한 바 있다. 결국 세 사람의 합의 하에 전국대의원 45%, 권리당원 30%, 일반당원 10%, 국민여론조사 15%로 절충은 이루었지만, 무슨 기준으로 이렇게 정했는지는 알 수도 이해할 수도 없다.

대선 후보 경선 룰도 2002년 노무현 후보가 당선될 때는 전국대의원 20%, 당원 30%, 일반국민 50%로 구성되었다. 2007년에는 박스 폐기 논란이 일면서 경선 도중 여론조사에서 앞서던 손학규 후보의 요구로 모바일 선거인단이 추가되는 일도 있었다. 2012년에는 전국대의원과 국민선거인단(권리당원은 선거권 자동 부여)으로 구분하되 대의원은 현장투표로, 국민선거인단은 현장투표와 모바일투표 중 택일하도록 다시 바뀌었다. 이처럼 전당대회 당 대표 또는 대선 후보 경선 때마다 민주당(새정치민주연합)의 경선 룰은 마치 흥정이라도 하듯이 매번 바뀌어 왔다.

규칙을 정하고 공정하게 경쟁하는 것이 승리의 관건

그러나 새누리당은 2007년 이명박-박근혜 후보가 맞붙은 대선 후보 경선에서 한번 정한 룰을 각종 당직 및 공직후보자 선거의 기본으로 사용하고 있다. 즉 20%(전국대의원), 30%(당원), 30%(국민선거인), 20%(국민여론조사) 원칙인데, 당원 5 대 국민 5의 비율이다. 또한 최고위원과 함께 선출하는 당 대표는 선거인단 70%, 국민여론조사 30%로 고정하고 있다. 선거인단에는 전국대의원과 책임당원이 당연히 포함되고 지역별 인구 비례에 의한 일반당원을 유권자의 0.1% 이내로 포함시킨다. 또한 국민으로부터 공모한 1만 명 이내에서 추첨한 청년선거인을 합산하면 대략 당원 5 대 국민 5의 비율이 지켜진다. 이 원칙은 국민참여경선을 실시한 2014년 지방선거 경선 때도 경기도 등 다수의 지역에서 적용한 바 있다.

현직 국회 정보위원장이자 친박 핵심인 서상기(徐相箕) 의원을 꺾고 대구시장 후보에 오른 무명의 친이계 권영진(權泳臻) 전 의원이 승리한 배경에는 바로 이 변화를 바라는 '대구시민' 50%의 힘이 있었다. 권 의원은 오세훈 서울시장 밑에서 정무부시장을 지내고, 18대 총선 때 서울 노원(을)에서 당선된 후 원외 당협위원장으로 활동해온 출향 인사였다. 이같이 새누리당은 7년 이상 한 가지 규칙을 정해놓고 경쟁을 하기 때문에 쓸데없는 논란이 일지 않았다. 비주류 권영진의 반란과 현직 당협위원장을 상대로 한 의원보좌관 유의동의 역전 드라마도 이처럼 미리 정해진 규칙을 놓고 경선을 치렀기 때문에 가능했다.

2002년 노풍(盧風)을 만들었던 야당의 역동성이 지금은 도리어 새누리당에서 더 잘 뿌리내리고 있다. 지금의 새정치민주연합 당대표 경선은 주요 계파 후보 3명만 본선에 진출시키는 컷오프 방식이기 때문에 무계파 신예들은 자칫 국민 앞에 자신을 선보일 기회도 얻지 못하는 상황이 벌어질 수 있다. 또한 계파 보스들의 담합으로 추천이 이루어지는 형식적인 국회의원 후보 경선도 불과 2~3명에게만 그 기회가 돌아가기 때문에 사실상 꼴찌의 반란 신화는 더 이상 만들어지지 않는다.

따라서 필자는 규칙을 정하고 공정하게 경쟁하는 것이 중요하지 다른 논리로 규칙을 바꾸려고 해서는 안 된다는 것을 강조하고 싶다. 일례로 새정치민주연합 대구지역 지역위원장들의 주장처럼 규칙을 바꾸면서까지 전국정당이라는 모습을 보여주면 과연 정권교체가 가능한가? 과거 민주당과 새정치민주연합이 지역에 편중된 정당이어서 선거에 문제가 되었던가?

먼저 15대 총선 결과를 보면 김대중 총재의 새정치국민회의는 지역구 또는 출신지가 호남인 국회의원이 전체 의원의 64.6%나 됐다. 그러니 이때의 당원은 당연하게도 대부분이 호남이었다. 그러나 새정치국민회의는 어쨌든 최초로 정권교체에 성공했다. 2004년 17대 총선 결과로 탄생한 열린우리당은 어떠했는가? 민주당 계열로는 최초의 과반수 의석에 성공하면서 호남 지역구 또는 출신지가 호남인 국회의원도 30.1%로 대폭 줄어들었다. 대구경북을 제외한 전 지역에서 지역구 의원을 배출했으니 비로소 전국정당의 모습을 갖췄음에 틀림이 없었다. 그러나 이 열린우리당은 창당 4년 만에 해체의 길로 들어섰고, 그 승계 정당인 대통합민주신당은 17대 대선에서 사상 최악의 패배로 수모를 당했다.

2012년 19대 총선 역시 친노와 486 인사들이 주도권을 잡은 민주통합당에서 호남 당선자 비율은 37.0%로 여전히 30%대를 유지했다. 특

<표 35> 역대 새누리당 계열 후보 호남지역 득표율

	13대	14대	15대	16대	17대	18대
후보자명	노태우	김영삼	이회창	이회창	이명박	박근혜
득표율	9.86	3.88	3.33	4.92	9.00	11.28

(단위 : %)

정지역에 쏠리지 않은 전국정당의 면모를 지속했지만 역시 연말 대선에서 승리하지 못한 건 마찬가지였다. 오히려 새누리당 계열의 대통령후보 중에서 최초로 박근혜 후보에게 호남에서 뼈아픈 두 자릿수 지지율(11.28%)을 허용하고 만다. 그래서 전문가들은 선거 때마다 집토끼를 얘기하는 것이다. 전국정당이냐 아니냐 하는 명분이 중요한 것이 아니라 선거에 이기느냐 지느냐가 중요한 것이다. 이 점에서 집토끼는 집토끼고 규칙을 정하고 지키는 것은 규칙을 정하고 지키는 것이어야 한다. 명분 싸움하자고 중요한 것을 다 놓치는 우를 범해서는 안 된다.

애기가 나왔으니 참고로 한번 짚어보기로 하자. 현재의 새정치민주연합은 전국정당이 아닌가? 안철수 신당과 합당 전, 민주통합당 지도부에는 선출직(대표, 최고위원, 원내대표) 중 단 1명도 호남 지역구 의원이 없었다. 그만큼 민주당은 탈 호남 전국정당이었다. 합당으로 이 지도부는 새정치민주연합으로 그대로 승계되었다. 그러나 세월호 참사까지 터졌음에도 2014년 6·4 지방선거에서 새정치민주연합은 승리하지 못했고, 이어진 7·30 재보선은 아예 참패를 기록하였다. 집토끼라는 지지층조차 결집시키지 못한 후회가 대단히 컸을 것이다.

그러면 새누리당은 어떤가? 15대 총선 당시 신한국당은 영남 출신 의원이 48.9%였고, 2014년 7·30 재·보궐 선거 결과 새누리당 국회의원은 158명 중 73명으로 46.2%다. 과거나 지금이나 지역 편중에 거의 변화가 없는 그들은 결코 '영남 당'임을 숨기지 않는다. 집토끼부터 잘 지킨다고 해서 정권을 유지하고 국회 제1당을 확보하는 데 아무런 영향을 미치지 않는다는 얘기다.

당원을 배제하면서 대중을 끌어들일 수 있을까

선거 때가 되면 각 정당들은 대중을 동원하고 자기 진영에 참여시키기 위해 갖은 방법을 찾는다. 노풍을 처음 만들어낸 2002년 국민참여경선이 바로 그 대표적인 예다. 그런데 대중 참여를 통해 바람을 일으키고 여세를 몰아 비록 선거에서 승리하기는 했지만 본질적으로 볼 때에는 그때 처음 시작된 국민참여경선은 당원의 선거권을 제약한다는 문제를 안고 있었다. 그 후 인터넷정당이니 모바일 정당 또는 네트워크 정당이라고 하는 논의는 다 변형된 국민참여의 문제라고 할 수 있다.

박원순 시장은 2011년 보궐선거 당시 민주당 박영선(朴映宣) 후보와의 야권단일화 경선에서 시민의 직접 선택에 힘입어 본선에 진출했고 결국 서울시장에 당선되었다. 2014년 새정치민주연합 서울시당 당원토론회 석상에서 그는 누구나 일상적으로 당원 활동을 할 수 있는 인터넷 정당을 통해 투명하고 개방적으로 당을 운영하는 '인터넷 정당론'을 주장한 바 있다. 지난 18대 대선 때 기존의 지역위원회 외에 인터넷에 기반을 둔 직장위원회와 대학생위원회 등 3원 구조로 당을 바꾸겠다고 공약한 문재인 의원은, 2014년 9월 25일 열린 노무현 대통령 기념 학술심포지엄에서 "시민과 지지자를 다양하게 결집시키기 위해 온·온프라인을 결합하는 다양한 기능의 플랫폼을 구축하자"고 제안한다. 그는 참여의 위기가 국회의원 중심의 중앙당과 지도부가 독점하고 있는 의사결정 구조 때문이며, 이로 인해 당은 시민과 지지자, 그리고 당원이 배제된 소통의 위기에 처했다라고 진단한다. 이른바 '네트워크 정당론'(당은 지지하지만 당원으로 가입할 생각이 없는 시민에게 당을 개방한 뒤 활동할 수 있는 정당을 지향하는 것)을 통한 오픈프라이머리 지지의사를 표명한 것이라고 할 수 있다.

그런데 박원순 시장이나 문재인 의원이 간과하는 사실이 있다. 유럽의 대중정당은 당원수가 줄어들고 있어서 대안 찾기에 고심하고 있는 반면, 우리는 당원수가 꾸준히 늘고 있다는 점이다. 특히 2004년 '오세훈법' 통과와 함께 열린우리당이 진성당원제를 채택하면서 한나라당과 민주당이 경쟁적으로 상향식 공천을 도입한 결과 지금은 양당의 진성당원 숫자가 약 60만 명에 이르는 것으로 알려지고 있다.

그동안 민주당 계열 정당이 추진하여 내놓은 당 혁신방안으로 가장 진일보한 것은 2010~11년 당시 천정배(千正培) 최고위원이 이끌던 당개혁특위의 '5대 중점과제'다. 기초의원, 광역의원, 영남지역 원외위원장, 국회의원, 전문가 등이 참여하고, 전국을 순회하는 공청회를 열면서 10개월 이상 진행된 작업 끝에 탄생한 대원칙은 '당직은 당원에게 공직후보는 국민참여로!'였다. 당 대표·최고위원·시도당위원장·지역위원장은 원칙적으로 당원이 선출하고, 대통령후보 등 각종 공직후보자는 당원과 국민이 함께 참여하는 국민참여 방식으로 선출하기로 원칙을 정했던 것이다. 즉 당 대표는 전국대의원 20%, 권리당원 30%, 일반당원 50%로, 지역위원장은 100% 전당원의 투표로 선출하고, 대통령후보는 완전

국민개방 경선을 실시하기로 했다. 아울러 당원의 일상적인 참여의식과 권리를 보장하기 위해 전당원정책투표제를 도입하는 것도 확정했다. 그러나 이 좋은 혁신안은 민주당과 '혁신과 통합'이 민주통합당으로 통합되면서 쓰레기통에 던져졌다.

대통령과 총리를 배출한 프랑스의 집권 사회당은 2012년 기준 당원수가 불과 17만 명이다. 정당과 노조 사이의 연계가 없는 프랑스 정치체제의 특징이 반영되었다고는 하지만 생각보다 굉장히 적지 않은가. 그래서 이 중도진보 정당은 일상적인 조직이 부족한 상태에서 아무래도 공산당(당원수 14만명), 녹색당 등 강력한 좌파정당의 지지를 이끌어 오기 위해서 유럽의 대중정당으로서는 최초로 미국식 오픈프라이머리를 도입한다.

2011년 말 프랑수아 올랑드 현 대통령후보를 뽑는 국민참여경선을 실시한 것이다. 그러나 그들이 실시한 국민참여경선은 우리나라의 국민참여경선과 달랐다. 프랑스 유권자 4,450만 명의 6.4%인 무려 288만 명이 제1야당인 사회당의 오픈프라이머리에 참여하기 위해 1유로(당시 환율 약 1,540원)의 후원금을 내는 수고를 감수해야 했고, 자유·평등·박애·정교분리·정의·연대·진보의 가치를 공유한다는 서약서에 서명까지 해야 했다. 돈과 가치, 그리고 시간이라는 비용을 지불하고 참여한 수백만 명 선거인단의 응집력이 있었기에 사회당은 마침내 17년만의 정권교체를 이루어낼 수 있었던 것이다.

이와 대비해 보면 우리는 어떠한가? 무려 80만 명을 모은 2012년 1·15 전당대회(한명숙 대표 선출)부터 시작해서 6·9 전당대회(이해찬 대표 선출), 그리고 대통령후보 선출까지 민주당의 모바일을 이용한 투표는 대한민국 정치사에 혁명을 이뤘다는 자평을 할 정도로 성공했다. 그러

	유권자수	투표율	선거인수	문재인후보 지지율
20대	7,331,764	65.2	4,780,310	65.8
30대	8,156,611	72.5	5,913,543	66.5
40대	8,815,552	78.7	6,937,839	55.6
50대	7,783,359	89.9	6,997,240	37.5
60대이상	8,439,481	78.8	6,650,311	27.7

(단위 : 명, %, 투표율 및 문재인 후보 지지율은 방송 3사 출구조사임)

나 대선에서는 20~30대를 끌어들이는 데 실패함으로써 무용지물임이 입증되었다. 문재인 후보는 20~30대에서 박근혜 후보에게 예상보다 많은 득표를 허용함으로써 50~60대에서의 손실을 만회하지 못하고 말았다.(표 36 참조) 1년 전 서울시장 보궐선거에서도 마찬가지였다. 박원순 후보는 주로 20대가 투표하는 부재자투표만 놓고 볼 때 25개구 전역에서 평균 43.7%를 얻어 54.7%를 얻은 나경원 후보에게 크게 뒤졌다.

과거 민주당의 모바일 선거인단 모집에는 자발성이 없었다. 사실상 경쟁적인 동원이었던 것이다. 각양각색의 단체, 향우회 조직을 활용해 치러낸, 기껏해야 '빠'들의 경쟁만이 있었을 뿐이다. 이들에게서 무슨 이념과 가치가 공유되겠는가. 집토끼인 당원조차 배제하면서 산토끼를 찾으러 새롭게 외부에 나간들 과연 쉽게 찾아지겠는가.

사실상 당원의 70~80%가 호남이거나 출향 호남인으로 이루어진 현실적인 분포로 볼 때, 당원의 배제는 곧 당 정체성에 대한 심각한 도전이 되고 만다. 대구지역 지역위원장들이 말하는 권리당원 지역별 인구비례 보정 주장은 그 진정성은 존중한다고 하더라도 한마디로 말해서 당의 존립 근거를 부인하는 처사가 아닐 수 없다. 누가 뭐래도 민주당(새정치민주연합)은 호남과 수도권의 출향 호남인이 기본 지지기반을 이루고, 이에 영남의 개혁세력과 중부 및 충청권의 건전한 야당세력이 함께 하는 정당이 되어야 한다. 왜 새정치민주연합이 오늘날 호남에서조차 외면을 받겠는가?

모바일은 편리성이고 말 그대로 테크놀러지일 뿐이다. 주와 종이 바뀌면 되겠는가? 대표적인 정당정치론자인 최장집(崔章集) 교수는 2012년 대선후보 경선에서 민주당이 모바일 투표를 도입한 것은 명백한 정당민주주의의 후퇴라고 비판한 바 있다. 이와 관련해 흔히 드는 외국 사례가 영국 노동당 이야기다.

한때 당원 100만 명이 넘던 영국 노동당도 20만 명 미만으로 당원수가 급감하자 2014년 3월 당원대회에서 모든 당원에게 공직선거 후보를 포함, 모든 의결과정에 동일한 1표를 행사하는 안건을 84%의 압도적 찬성으로 통과시킨다. 선진국에서는 당원직선제를 처음 시도한 정당이 된 것이다. 특이한 점은 기존 당원은 물론이고 온라인상에 등록하고 활동하는 '등록지지자'(Registered Supporters)에게도 동일하게 1표를 주겠다는 것이다.

물론 우리나라도 과거 민주노동당이 온라인 투표를 통해 의사결정과 당직 및 공직후보자 선출을 했으며, 그 전통은 구 통합진보당과 정의당에 의해 이어져 내려오고 있다. 그러나 영국 노동당은 일반 시민에게까지 개방한 것은 아니고, 단지 발달된 기술을 활용해 당을 현대화하고 이를 통해 청년층에 다가서려 한 것뿐이다. 한때 열린우리당이 시행했던 일종의 변형된 당우(黨友)제도와 비슷한 제도인 셈이다. 만약 우리나라에서 같은 제도가 시행된다면 오프라인에서 사람을 동원해서 온라인으로 가입시키려고 야단일 텐데 과연 영국 노동당에서는 어떤 변화가 생길지 주목해보기로 하자.

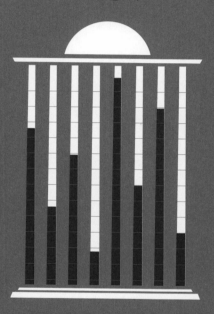

7장

풀뿌리민주주의 확대가
시대정신이다

위대한 리더는 지방자치에서 탄생한다

2014년 7월 14일 당 지도부 선출을 위한 새누리당 전당대회에서는 다섯 명의 대표 및 최고위원 중 세 명이 지방자치단체장과 지방의원 출신으로 채워졌다. 김태호(金台鎬, 전 경남지사), 이인제(李仁濟, 전 경기지사), 김을동(金乙東, 전 서울시의원) 최고위원이 바로 그들이다. 의원총회를 통해 뽑히는 이완구(李完九, 전 충남지사) 원내대표를 포함하면 새누리당 선출직 지도부의 3분의 2가 풀뿌리 출신의 정치인이다. 1991년 지방자치선거 부활 이후 급속하게 발전을 거듭한 우리의 지방자치는 이처럼 여의도 정치까지 바꿔 나가고 있다. 따라서 이번에는 민주주의의 근간으로 비유되며 그 영역이 더욱더 확대되고 있는 지방자치에 대해 살펴보기로 하자.

시진핑(習近平) 중국 국가 주석은 1982년부터 25년 동안 허베이성 정딩현 당위원회 부서기를 시작으로 푸젠성 및 저장성 성장, 저장성 및 상하이시 당위원회 서기 등 네 개의 성을 돌며 지방정부와 지방 당위원회에서 실력을 갈고 닦았다. 확고한 개혁개방의 설계자였던 부친의 영향을 받은 그는 특히 푸젠성과 저장성 당위원회 서기로 재직할 당시 경제 발전에 공을 많이 세우면서 자신의 정치적 입지를 강화할 수 있었다. 2인자인 리커창(李克强) 총리 또한 1999년 역대 최연소인 43세로 허난성 성장이 되었고, 랴오닝성 당위원회 서기를 지내며 지방에서 내륙 개발과 빈민촌 개조사업을 벌였다.

초대 주석 마오쩌둥(毛澤東)은 1921년 중국 공산당 1차 당 대회 이후 고향 장시로 돌아가 활발한 조직 활동을 벌였다. 3대 리셴녠(李先念)은 후베이성 인민정부 주석, 후베이성 당위원회 서기, 우한시 당위원회 서기 등을 거쳤으며, 4대 양상쿤(楊尙昆)도 1978년 광둥성 당위원회 제2서기와 1979년 광저우성 당위원회 제1서기를 역임했다.

5대 장쩌민(江澤民)은 1985년 상하이시 시장을 거쳐 1987년 상하이시 당서기장으로 선출됐으며, 바로 직전인 6대 후진타오(胡錦濤) 주석도 30대 초반 깐수성 건설위원회에서 8년간 근무한 경험이 있고, 1985년부터 7년 동안 구이저우성 당위원회 서기와 티베트자치구 당서기를 역임했다. 후진타오는 탁월한 조직능력을 인정받아 1992년 49살의 나이에 최연소 정치국 상무위원으로 발탁됐다. 이렇듯 역대 중국 국가주석 중 당대의 이론가 2대 류사오치(劉少奇)를 제외하면 전원이 지방정부 또는 지방 당위원회 근무 경험자들이다.

44대 미국 대통령 버락 오바마(Barack Obama)는 하버드 로스쿨을 졸업하고 고액 연봉이 보장되는 변호사의 길을 마다하고 고향도 아닌 시

주지사	주지사+주의원	주지사+시장	주의원	역대 대통령
9	4	2	9	44

(단위 : 명)

카고로 가서 빈민운동가의 길을 걷는다. 거기서 자신의 활동으로 빈민 몇 명은 구제할 수는 있지만 가난 그 자체는 해결할 수 없다고 생각한 그는, 정치에 입문하여 워싱턴이 아니라 북부 일리노이 주 3선 상원의원을 거쳐 연방 상원의원으로 진출했다. 역대 미국 대통령은 주의원 출신 9명, 주지사 출신 9명, 주의원과 주지사를 모두 경험한 인물이 4명, 시장과 주지사를 거친 인물이 2명이다. 합치면 24명이니 과반수가 넘는 숫자다.

독립선언을 기초한 토머스 제퍼슨(Thomas Jefferson)은 버지니아 주 하원의원과 주지사를 지냈으며, 노예를 해방시킨 대통령 에이브러햄 링컨(Abraham Lincoln)은 일리노이 주 주의원을 재수 끝에 겨우 당선됐다. 뉴딜 정책을 펼친 프랭클린 루스벨트(Franklin Roosevelt)는 뉴욕 주 상원의원과 주지사를 지냈고, 민족자결주의를 주창한 윌슨(Thomas Woodraw Wilson)은 뉴저지 주지사를 역임했다. 역대 최연소 대통령에 당선된 존 F. 케네디(John F. Kennedy)는 매사추세츠 주 재선 하원의원 출신이며, 빌 클린턴(Bill Clinton)은 아직도 미국 최연소 기록인 32세에 아칸소 주지사로 선출되어 4선을 역임했다. 이와 같이 연방국가 미국은 가위 지방자치의 나라다.

지방자치 경험은 필수다

이웃나라 일본에서도 풀뿌리 출신 총리는 더러 있었다. 1971년 33세의 나이로 참의원에 당선되면서 정계에 입문한 호소카와(細川護熙)는 1992년 5월, 오자와 이치로(小澤一郎) 등과 함께 자민당의 부패와 파벌주의를 비판하면서 탈당하여 일본신당을 창당한다. 내분이 겹친 상황에서 실시된 1993년 중의원선거에서 일본신당은 55석을 차지하고, 자민당은 과반수 확보에 실패하였다.

그 결과 호소카와는 7개 정당 연립내각의 총리로 선출되면서 1955년 자민당-사회당 양당체제 이후 최초로 자민당 출신이 아닌 총리가 되었다. 그는 총리 선출 전, 무려 11년 동안 규슈 중서부에 위치한 구마모토 현(熊本県) 지사를 지내면서 과감한 경제개혁을 단행하고 환경규제법을 강화하는 등 정치적 명성을 쌓은 바 있다.

일본의 식민지 지배를 사과한 '무라야마 담화'로 유명한 무라야마(村山富市)는 사회당이 47년 만에 배출한 총리대신이다. 그는 1955년 오이타 시의원 선거에 사회당 공천으로 출마해 내리 3선을 기록했고, 1963년부터 같은 오이타 현의원 선거에 당선되어 역시 3선에 성공했다. 그가 중앙정치 무대에 본격 등장 한 것은 1972년 중의원에 당선되면서부터다.

국민이 직접 뽑는 프랑스 대통령은 최근 세 명 연속 지방자치 경험자들이 당선되었다. 2012년 프랑수아 미테랑(Francois Mitterrand) 이후 17년 만에 사회당 정권을 되찾아온 프랑수아 올랑드 현 대통령은 2001년부터 8년간 파리 남서쪽 코레즈 데파르트망(Department)의 수도인 튈 시장을 역임했다.

그는 프랑스 정치 엘리트의 산실로 불리는 국립행정학교와 파리정치대학을 졸업한 뒤 판사와 모교 경제학 교수를 지냈으며, 이미 34세인 1988년에 하원의원을 역임했으나 인구가 채 2만 명도 안 되는 소도시 시장 직을 마다하지 않았다. 그는 루앙 시의원에 도전한 부친과 칸느 시의원에 출마한 바 있는 모친의 영향을 받아 일찍부터 풀뿌리민주주의의 중요성을 인식하고 있었다.

헝가리 이민 2세 출신으로 전후세대 최초의 대통령이 된 대중운동연합(UMP)의 니콜라 사르코지(Nicolas Sarkozy)는 만 22세 때 파리 근교 뇌이쉬르 센 시의원이 되었고, 28세 때는 시장으로 당선되었다. 한편 뇌이 쉬르 센 시 시장 재직 중인 1993년 인질 사건이 발생했는데, 당시 그는 관할 유아원에 침입한 인질범을 설득해 아이들을 구출해내는 대담한 용기를 보였다. 그 인기에 힘입어 1993년 에두아르 발라뒤르 총리 내각의 예산장관에 발탁되었고, 촉망 받는 정치인으로 급성장하는 계기가 되었다.

대권 삼수 끝에 엘리제궁 입성에 성공한 자크 시라크(Jacques Chirac) 전 대통령은 오랫동안 파리시장 공관에서 큰 꿈을 준비했다. 그는 1977년 파리시장에 당선된 이래 1995년까지 무려 18년 동안 시장 직을 유지했다. 우리나라라면 꿈도 꾸지 못할 일이지만 시라크는 대통령에 선출될 때까지 파리시장과 제1야당인 공화국연합 당수직을 함께 갖고 있었다.

민주화 역사가 우리와 비슷한 대만조차도 수도 타이베이 시장 출신이 총통으로 직행하는 관행이 이미 자리를 잡았다. 사상 최초로 정권교체를 이룬 민진당의 천수이볜 전 총통은 타이베이 시의원과 시장을 거쳐 총통 재선에도 성공한다. 천수이볜을 꺾고 다시 국민당 정권을 되찾아온 마잉주 현 총통도 타이베이시 시장을 역임했다. 이처럼 풀뿌리민주주의 경험은 선진국과 주변국에서는 벌써 오래 전부터 필수 코스가 되어 있다.

우리나라의 경우 새누리당 계열을 살펴보면, 제17대 이명박 대통령은 민선 서울시장을 직을 수행하면서 중앙차로제를 도입하여 극심한 교통난 극복에 일조했고, 청계천 복원으로 도심 한복판을 관광자원화 함으로써 마침내 지방자치단체장 출신으로는 최초로 청와대 입성의 주인공이 되는 데 성공했다.

민주당 계열의 경우, 김대중 대통령은 1990년 목숨을 건 13일 간의 단식으로 지방자치 선거를 쟁취했고, 재임 중 '중앙행정권한의 지방이양 촉진 등에 관한 법률'을 제정하여 자치 기반을 확충하였다. 노무현 대통령은 1994년 지방자치실무연구소를 설립하여 지방자치 초창기 지방의원의 의정활동 등을 도왔으며, 1995년 제1회 동시지방선거 당시에는 부산시장 선거에 직접 도전하기도 했다. 또 대통령 취임 후엔 국정과제의 제1을 지방분권으로 제시하고 세종시와 지방 혁신도시를 건설하여 지역균형발전의 성과를 남겼다. 이렇듯 지방자치와 깊은 관련이 있던 두 지도자는 결국 대통령이 되었고 지방자치 발전에도 족적을 남겼다.

DJ의 일관된 기준은 도덕성

과거나 지금이나 매번 총선이 다가오면 각 정당은 새로운 인물 수혈 문제로 바빠진다. 앞서 살펴본 선진국들은 주로 지방에서 경험을 쌓은 이들이 중앙 무대로 옮겨왔는데 이들 나라와 달리 우리는 지역발전의 주역이 자라날 수 있는 풀뿌리민주주의, 즉 지방자치제도를 실시한 역사가 매우 짧다. 그래서 풀뿌리를 토대로 자라난 인재들의 중앙무대 진입이 본격화된 지도 얼마 되지가 않았다. 그렇다면 그 이전에는 정치권에 새 바람을 일으킨 인재들이 어디서 어떻게 영입되었을까? 3김을 비롯한 각 당 지도자별로 그 모습을 정리해보기로 하자.

1980~90년대 국회의원 공천은 도덕적 우위를 바탕으로 민주화시대에 활약했던 재야운동가들이 좋은 점수를 받았다. 1987년 대선 때 3위에 그친 김대중 평민당 총재는 이듬해 13대 총선에 재야입당파인 평화민주연구회(평민연) 인사들을 수도권 중심으로 20여 명 출격시켰다. 이 중 민청학련 사건과 김대중 내란음모 사건 등으로 투옥된 바 있는 이해찬(李海瓚), 전남대 월남 파병 반대 시위와 유신반대 〈함성〉지 사건(1972년 말과 1973년 봄에 광주 시내의 대학과 고등학교에 뿌려진 유인물 〈함성〉이 발단이 된 사건)과 5·18 민주화운동 등으로 3회 구속된 전력이 있는 박석무(朴錫武), 1986년 부천서 성고문 사건 주임변호사 등으로 활동한 인권변호사이며 정의실천법조인회(정법회)를 발족해 이후 민변으로 발전시키는 이상수(李相洙), YWCA연합회 총무를 시작으로 한국여성단체협의회 부회장을 지낸 박영숙(朴英淑), 고 문익환(文益煥) 목사의 친동생으로 유신체제 반대투쟁을 전개한 문동환(文東煥) 등 11명을 당선시킨다.

평민당 당선자가 총 70명이었으니 그 중 평민연의 비중은 매우 높은 수준이었다. 평민연 출신 국회의원은 이후에도 계속 당선되어 총 16명이 배출된다. 19대 민주통합당 비례대표로 등원하여 2014년 세월호 유족과 함께 대리기사 폭행 사건에 휘말린 김현(金玄) 의원이 바로 학생대표로 평민연에 참여한 막내였다.

1992년 총선 때는 DJ가 연말에 있을 대선 3수에 대비해 (꼬마)민주당과의 합당주역인 재야인사들을 대거 공천했고 이부영(李富榮), 제정구(諸廷坵), 유인태(柳寅泰), 원혜영, 박계동(朴啓東) 등이 당선의 영예를 안았다. 경기 부천시장을 포함하여 국회의원 4선 등 선출직 5선에 빛나는 원혜영 의원은 민주당 원내대표, 민주통합당 공동대표 등을 역임했으며, 새정치민주연합 비대위에서 또다시 중요한 보직인 정치혁신실천위원장과 비대위원을 맡았다.

DJ가 1991년 실시된 지방선거에 대비해 만든 신민주연합 출신 인사들도 금배지 대열에 합류한다. 1980년 당시 고려대 총학생회장이었던 신계륜(申溪輪), 한국 여성노동운동의 대모이자 한국여성단체연합 회장을 역임한 이우정(李愚貞), 전국노련을 결성하고 카톨릭 노동상담소장을 역임한 노동운동가 김말룡(金末龍) 등이 그들이다.

정계은퇴를 번복하고 대선 4수를 위해 새정치국민회의를 창당한 DJ는 이에 동참하지 않은 노무현, 이부영, 제정구 등에 대항하기 위해 15대 총선 때는 다수의 재야인사들과 인권변호사들을 영입했다. 이미 민주화운동의 상징적 인물로서 죽음의 문턱을 넘나드는 고문을 받아 전세계에 알려진 김근태(金槿泰), 긴급조치 위반으로 복역한 후 전기기술자로 변신했던 김영환(金榮換), 원풍모방 노조지부장 출신인 방용석(方鏞錫) 등이 재야 출신이고, 사법연수원 3등 성적에도 불구하고 전두환 정권에서 법관 임용을 거부하며 민변 창립 멤버가 된 천정배(千正培), 부천서 성고문 사건을 변호하고 역시 민변 발기인으로 참여한 유선호(柳宣浩), 방송활동을 통해 약자 보호에 힘써온 신기남(辛基南), 장애우권익문제연구소장 출신의 이성재(李聖宰) 등은 모두 인권변호사를 영입한 케이스였다. 이들은 실제로 1997년 대선에서 많은 활약을 보인다.

김대중 대통령은 집권 이후에도 당이 관료와 전문가 중심으로 가지 않도록 재야와 젊은 피 수혈을 계속했으니 이른바 386이 그들이다. 16대 때 전대협 1기 의장과 부의장으로 6월 항쟁을 이끈 이인영(李仁榮), 우상호(禹相虎) 등 대학 총학생회장 출신의 젊은 피들이 적지 않게 공천되었고, 이 중 전대협 3기 의장인 임종석(任鍾晳)과 연세대 출신 송영길(宋永吉) 변호사가 당선됐다. 또한 대한적십자사 사무총장 출신으로 평생을 남북교류협력사업에 헌신한 서영훈(徐英勳), 성공회대학교 총장 출신으로 사제 서품 이후 유신반대 투쟁을 전개한 이재정(李在禎) 현 경기도 교육감, 크리스천아카데미 활동으로 구속되고 이후 한국여성단체연합 공동대표로 활동했던 한명숙(韓明淑) 등 재야 명망가들을 전국구로 영입하였다.

이상과 같이 김대중 총재는 공천권을 행사한 네 번의 총선에서 총 361명의 국회의원을 배출했는데, 이 중에서 37명이 재야운동가였으니 그 비중이 10%가 넘었다.

재야까지 수혈한 JP와 변호사를 선호한 YS

김대중 총재가 평민연을 통해 13대 총선을 준비하자 그의 영원한 라이벌인 김영삼 총재도 이에 뒤질세라 갖은 노력 끝에 인권변호사 3총사를 영입해 모두 등원에 성공시킨다. 1974년 민청학련 사건을 변호하다 긴급조치 위반으로 구속된 강신옥(姜信玉), 부산 민변의 초기 회원이었던 김광일과 노무현이 바로 그들이다.

그러나 YS는 노태우 총재 휘하에서 대표최고위원을 지내던 14대 총선에서는 3당 합당으로 과거와 같은 주도적 공천권 행사가 불가능한 가운데 이인제(李仁濟) 변호사 단 1명만을 건졌다. 집권에 성공한 YS는 신한국당을 탈바꿈시키기 위해 15대 총선 때에는 민중당 출신들을 영입해 공천을 주었다. 그리고 그 중에서 이우재(李佑宰, 상임대표 역임), 이재오(李在五, 사무총장 역임), 김문수(金文洙, 노동위원장 역임) 트리오를 당선시킨다.

한편 보수주의자인 신민주연합당 김종필 총재조차 13대 총선에서는 4·19 혁명 당시 학생대표로 참여한 설송웅(偰松雄)과 한일 국교정상화 반대 투쟁으로 구속된 전력이 있는 백승홍(白承弘)을 공천한다. 이후 설송웅은 새천년민주당 공천을 받아 16대 국회의원이 되었고, 백승홍은 15대 때 대구에서 무소속으로 당선된 후 16대에서는 한나라당 공천으로 재선되었다. 15대 총선에 자민련 깃발로 다시 나선 JP는 서울대 총학생회장 출신의 심양섭(沈良燮)을 경기도 군포에 출전시켰고, 충남대 총학생회장을 역임한 김칠환(金七煥)을 대전에 출마시켜 당선시켰다.

대권 재수를 준비하던 이회창 한나라당 총재도 16대 총선 당시 원희룡(元喜龍), 오세훈(吳世勳) 등 젊고 참신한 변호사들을 영입하여 당선시켰으며, 합당 과정에서 합류한 통합민주당 측 인사인 김부겸(金富謙), 서상섭(徐相燮), 안영근(安泳根) 등을 등원시켰다

이처럼 2000년 16대 총선까지 영입된 인재들 가운데 여야 모두 재야 또는 젊은 피 출신이 제법 몸값이 나갔다. 그들이 민주화 시대에 쌓은 피와 땀의 대가였다. 그러나 이런 사정은 21세기 들어서면서 서서히 변화하기 시작한다. 문민정부 수립 이후 제도권이 재야를 사실상 흡수하면서 민주화운동도 궤멸했고 재야는 더 이상 여야 정당의 인재 충원 산실의 역할을 못하게 된 것이다. 대신 그 자리는 관료와 전문직 종사자들

로 채워지기 시작했다. 따라서 각 당 수뇌부는 이전과는 전혀 다른 여건
에서 새로운 사람들을 찾아 나서야 했다.

제1야당은 연인원 40명이 지방의원·단체장 출신 국회의원

1991년 지방의회 부활 24년, 1995년 지방자치단체장 선거 실시 20년.
이제 성년을 맞이하는 우리 지방자치의 현주소다. 수많은 풀뿌리 일꾼
들이 거쳐 갔고 검증된 적지 않은 활동가를 배출했다. 여야 정치권이 국
민의 희망이 되지 못하고 있는 지금, 유일한 대안은 지방자치에서 성장
하고 능력이 입증된 풀뿌리 일꾼들을 여의도로 불러들이는 길뿐이다.
그런데 지금 이들은 그 소중한 경험을 제대로 살리고 있을까?

집권 새천년민주당은 2000년 16대 총선 때 23명의 지방의원과 지방
자치단체장 출신을 공천하여 12명을 당선시킨다. 서울 재선 송파구청
장 출신 김성순(金聖順), 인천시의원과 부평구청장을 역임한 최용규(崔龍
圭), 경기도의원 출신 원유철(元裕哲) 등이 그들이다. 이때부터 인재 영입
에 있어서 재야 인사보다는 풀뿌리 출신 비중이 더 높아지기 시작한다.

17대 때 열린우리당은 분당 직후 인물난에 허덕였음에도 불구하고, 지
방자치 일꾼을 겨우 29명 출마시켜 15명만을 당선시키는 데 그쳤다. 이러
한 안이한 인재 발굴로 인해 대통령 탄핵 바람을 타고 개헌 선까지 바라
보던 당초 예상에 크게 못 미친 결과를 낳고 만다. 3선 충주시장 출신의
이시종(李始鍾) 현 충북지사와 전남도의원을 거쳐 통합 여수시장을 역임
한 주승용(朱昇鎔) 의원이 첫 당선자 대열에 합류했고, 서울시의원 출신
의 우원식(禹元植) 전 민주통합당 최고위원도 여의도 입성에 성공했다.

3선의 박기춘(朴起春) 전 원내대표와 김우남(金宇南) 국회 농림축산식품해양수산 위원장 등 총 10명이 이때 초선 금배지를 달았다. 박기춘 의원은 경기도의회 재선의원을 하면서 새천년민주당 대표의원을 지냈으니 광역의회와 국회에서 잇달아 교섭단체 대표의원에 선출된 진기록을 갖게 되었다.

야당이 된 통합민주당은 18대 총선에서 풀뿌리 출신 22명을 공천하였고, 신인 4명과 재선 이상 7명을 당선시키는 데 그쳤다. 신인 4인방은 서울 관악구청장 출신 김희철(金熙喆), 광주시의원과 북구청장을 역임한 김재균(金載均), 1991년 광명시의원을 시작으로 경기도의원과 재선 광명시장을 거친 백재현(白在鉉), 전북 무주군수를 내리 3선 한 김세웅(金世雄) 등 4명이다.

19대 총선에서는 개표 결과 새누리당에 5% 이내로 아깝게 패배한 민주통합당 후보가 무려 22명이었듯이 곳곳에서 박빙의 승부가 펼쳐졌다. 야권이 승리하리라는 일반의 예측을 깨고 새누리당이 근소하게나마 과반수를 차지하도록 만든 든든한 후원자는 바로 그 지역을 장악하고 있던 지방자치단체장과 지방의원들이었다.

이에 반해 통합진보당과의 야권연대를 통해 과반수까지 장담하던 민주통합당은 전국적으로 단수공천을 남발하면서 지방자치일꾼 출신 공천은 겨우 21명에 그쳤다. 특히 초선 도전은 13명뿐이었으며 이 중 당선은 6명에 불과했다. 전남 강진군수 출신의 황주홍(黃柱洪), 광역의원 출신의 김성주(金成柱), 김윤덕(金潤德), 부좌현(夫佐炫), 기초와 광역의회를 거쳐 온 유대운(劉大運), 그리고 나머지 한 명 김민기(金敏基)는 기초의원 출신이었다.

고 김대중 대통령이 설립한 아태평화재단 연구실장으로 정계에 발을 들여놓은 황주홍 의원은 미국 미주리대 정치학 박사 출신으로 국민회의 창당 과정에도 합류했으나, 우여곡절 끝에 고향인 전남 강진에서 10년 만에 선출직 군수로 당선된다. 이후 지난 2010년 6·2 지방선거에서는 소신에 따라 기초단체장 정당공천제 폐지를 주장하며 민주당을 탈당했지만 3선에 성공했다.

19대 총선 때는 윤동환(尹棟煥) 전 강진군수의 부인인 국영애(鞠瑛愛) 전 전남도의원을 경선에서 꺾고 민주통합당 공천장을 손에 쥐었다. 그는 국회 등원 이래 이메일과 SNS에 올리기 시작한 '초선일지'를 통해 당의 '선명 야당' 노선이 낡은 과거라며 매우 비판적인 태도를 취하고 있는 대표적인 비노 인사다.

유대운 의원은 서울 강북구에서 지방의원만 4선을 거쳤다. 그는 6·25 동이로 태어나서 가난 때문에 고향을 떠나 무작정 인천으로 올라왔다. 자장면 배달부와 건설회사 잡부로 일하며 박봉에 시달리던 그는 임금을 떼이는 억울함을 겪으며 눈물을 훔치는 날이 많았다. 1982년 한국야쿠르트 이천공장에 근무할 때 노조 설립을 주도하며 최초로 해고됐고, 이후 5번의 해고를 통해 사회구조적 문제를 해결할 수 있는 방법으로 정치에 관심을 갖기 시작했다.

지방선거가 부활된 1991년에는 초대 강북구의원으로 당선됐고, 1995년 서울시의원으로 선출된 이후 내리 3선을 기록하며 초선 때는 문화교육위원장, 재선과 3선 때는 연달아 부의장 직을 맡기도 했다. 2004년 총선을 앞두고 지역구 조순형(趙舜衡) 의원이 열린우리당 행을 거부하고 대구로 선거구를 옮기는 바람에 그는 국회의원 도전에 나서게 된다. 그러나 당 지도부가 전략공천을 주기 위해 영입한 서울대 출신의 현직《한국일보》편집국장 최규식(崔奎植)과의 여론조사경선에서 밀려 패배의 쓴 맛을 봐야 했다.

　그 후 빈손 상경 40년 만에 노무현 대통령에 의해 공기업(승강기안전관리원) CEO로 발탁되었고, 207명의 정규직 전환 등 많은 혁신경영을 실천했다. 그리고 절치부심 끝에 2012년 19대 총선에서 그의 나이 만 62세에 비로소 국회 문을 두드려 당당히 여의도 입성에 성공한다. 지역구 안에서 초중고를 나왔고 성균관대 총학생회장과 진보정당 부대표를 지낸 미남의 젊은 피, 나이 차이가 21살이나 나는 박용진(朴用鎭) 후보를 상대로 당내 경선에서 거뜬하게 본선 행 티켓을 거머쥔 것이다. 여세를 몰아 야권단일화 경선과 본선에서 손쉽게 승리를 거둔 유대운 의원은 300명으로 늘어난 19대 국회의원 중 유일한 초등학교 졸업장 소유자이기도 하다.

　한편 1960년 제2공화국 시절 충북도의원을 역임한 바 있는 이용희 전 국회부의장과 1991년 지방자치선거 부활 이후 전남도의회 의장 경력으로 15대 총선 때 여의도 입성에 성공함으로써 풀뿌리의 표상이 된 국창근(鞠瑲根) 전 의원, 그리고 2014

인사청문회 발언 중인 유대운 의원

년 7·30 재보선을 통해 금배지를 단 신정훈(辛正勳) 전 나주시장을 포함하면 제1야당의 공천을 받은 풀뿌리 출신 국회의원은 모두 40명이다. 이 중 2015년 1월 현재 15명의 현역의원 대부분은 비록 아직 화려한 경력은 자랑하지 못하지만, 특유의 성실성을 바탕으로 탄탄한 지역기반을 닦아온 '작은 DJ'들로 성장하고 있다.

신정훈 의원은 고려대 운동권 출신으로 1985년 서울 미문화원 점거 농성 사건의 주범이다. 그는 남들보다 일찍이 귀향해 농민들과 부대끼면서 나주 수세거부대책위원회 총무와 나주농민회 사무국장을 지냈다. 이를 기반으로 1995년과 1998년 무소속으로 전남도의원에 출마하여 민주당 후보를 꺾고 2연속 당선되는 파란을 일으켰다. 가속도를 붙인 그는 2002년과 2006년에는 두 차례의 무소속 시장을 거치면서 '자치와 분권 실현을 위한 전국연대 상임대표' 등 지방분권운동에 앞장서는 등 왕성한 활동을 펼쳤다.

〈표 38〉 민주당(새정치연합) 지방의원·단체장 출신 당선현황

15대	국창근
16대	원유철 정장선 이희규 조재환 설송웅 김성순 최용규 김태홍 송석찬 이인제 전갑길 김방림
17대	우원식 김낙순 노현송 심재덕 이기우 이상락 박기춘 이시종 주승용 김우남 최용규 김태홍 원혜영 정장선 홍미영 이용희
18대	김희철 김성순 김재균 원혜영 백재현 정장선 박기춘 이시종 김세웅 주승용 김우남
19대	유대운 부좌현 김민기 김윤덕 김성주 황주홍 우원식 이찬열 원혜영 백재현 박기춘 주승용 이윤석 김우남
7·30 재보선	신정훈

(단, 공천자에 한함)

새누리당이 배출한 풀뿌리 출신 국회의원은 60명

2014년 10월 29일은 제2회 지방자치의 날이었다. 박정희 소장이 군사 쿠데타로 짓밟은 지방자치가 1987년 10월 29일 현행 헌법 통과를 계기로 부활되었으며, 이 날을 기념하여 그의 딸이 대통령이 되어 지방자치의 날을 제정하였으니 역사의 아이러니가 아닐 수 없다.

14대 총선 낙선 후 지방자치실무연구소를 만들어 지방자치 초창기 풀뿌리 일꾼들의 향도가 되었으며, 1995년 부산시장까지 출마했던 고 노무현 대통령조차도 감히 기념일까지는 생각하지 못했던 모양이다. 그가 임명한 재선 남해군수에 빛나는 '운동권' 출신 김두관(金斗官) 전 행정자치부 장관도 하지 못한 일을 전직 '관료'이자 3선 김포시장 출신 유정복 전 안전행정부 장관이 제1회 지방자치의 날 제정과 함께 제1회 지방자치 박람회를 마련한 것 또한 이채롭다.

이렇듯 민주진보진영이 비웃고 있는 사이 이제는 보수정당이 풀뿌리 지방자치에 한 발짝 더 전진해 있다. 지금은 1990년 지방자치선거 쟁취를 위해 김대중 총재가 목숨 걸고 단식을 하던 그런 시절이 아니다.

16대 총선에 나선 이회창 한나라당 총재는 야당이지만 15명의 풀뿌리 출신을 공천했다. 그러나 당선자는 11명으로 새천년민주당에 결코 밀리지 않았다. 경기 광명시장 출신 전재희(全在姬)와 인천 남구청장 출신 민봉기(閔鳳基) 외에는 전원이 지방의원 출신이라는 점이 색다르다. 전재희 의원은 YS가 민선 1기 광명시장에 출마시키기 위해 노동부 국장으로 재직 중인 그를 1994년 임명직 광명시장으로 발령 내며 최초의 민선 여성시장으로 당선시킨다. 4선 의원 출신의 킹메이커 김윤환(金潤煥)

을 꺾은 김성조(金晟祚) 전 경북도의원과 2013년 도로공사 사장 임명과정에서 친박 낙하산 논란을 불러온 김학송(金鶴松) 전 경남도의원도 이때 여의도에 입성한다.

대선 재수를 준비하던 이회창 총재는 읍참마속의 심정으로 1997년 대선 당시 자신의 중앙선거대책위 공동위원장을 지낸 허주 김윤환을 공천에서 탈락시키기로 하고 은밀하게 경북 구미로 사람을 보냈다. 1995년 제1회 지방선거에서 무소속으로 도의원에 당선된 바 있으며 구미청년회의소 회장을 역임하고 지역기반이 탄탄한 김성조가 마침 적격이었다. 결국 그는 민주국민당 창당으로 맞선 김윤환 의원을 10% 가까운 격차로 보기 좋게 눌러버렸다.

17대 때 탄핵 태풍 속에서 한나라당은 박근혜 대표의 천막당사 등, 뼈를 깎는 노력으로 121석 당선이라는 선방 기록을 남긴다. 야당임에도 불구하고 풀뿌리 출신 21명을 출전시켜 그 중 12명을 당선시킨 것이 이런 성과를 만드는 데 적지 않은 도움이 되었다. 해운대구청장 출신 서병수(徐秉洙) 부산시장이 이때 재선되었고, 김포시장 출신 유정복(劉正福) 인천시장도 같은 날 초선 금배지를 달았다. 권오을(權伍乙) 전 경북도의원이 3선에 성공하여 농림해양수산위원장이 되었고, 경남도의원 출신인 정갑윤(鄭甲潤) 현 국회부의장이 이때 연속 당선에 성공한다.

18대에는 통합민주당과의 의석 차가 153 대 81이 될 정도로 워낙 크게 벌어졌던 만큼 박빙 지역도 적었고, 한나라당의 풀뿌리 출신 지역밀착형 후보에 대한 수요가 크지 않았다. 그러나 한나라당은 공천한 지방의원·단체장 출신 중 신인 9명과 재선 이상 10명을 무더기로 당선시켰다. 신인 중에서는 전국정보통신노동조합연맹 위원장과 한국노총 사무총장, 노사정위원회 상무위원 등을 지낸 노동운동가 출신 김성태(金聖泰) 후보가 서울에서 금배지를 목에 걸었으며, 서울대 정치학과 졸업 후 고향인 강원도 홍천으로 내려가 만 29세에 군의원부터 출발하여 도의원을 거쳐 차곡차곡 단계를 밟아온 황영철(黃永哲) 후보도 2전 3기 끝에 당선의 영예를 안았다.

새누리당은 19대 총선 때만 무려 45명의 풀뿌리 출신을 공천하여 27명을 당선시킨다. 초선 도전이 무려 28명이었으며, 이 중 당선자는 14명이었다. 박원순 서울시장의 전담 '딴지맨'을 자처하고 나선 이노근(李老根) 의원, 깔끔한 마스크로 원내대변인을 맡은 이장우(李莊雨) 의원, 야당 텃밭 안산에서 생환한 김명연(金明淵) 의원 등이 대표적인 초선들이다. 2014년 7·30 재·보선에서도 새누리당은 15개 선거구 가운데 4개 지역에서 해당 지역 지방자치단체장 출신을 후보로 공천했고 100% 당선시켰다. 울산시장 출신 박맹우(朴孟雨), 부산 해운대구청장 출신 배덕광(裵德光), 대전 대덕구청장 출신 정용기(鄭容起), 충북 충주시장 출신 이

〈표 39〉 새누리당 지방의원·단체장 출신 당선 현황

16대	전재희 민봉기 도종이 권태망 박승국 윤두환 신현태 박혁규 권오을 김성조 김학송
17대	김충환 이명규 유정복 허천 서병수 정갑윤 전재희 박혁규 권오을 김성조 김학송 김명주
18대	김성태 김충환 서병수 이명규 이학재 정갑윤 윤두환 임해규 원유철 김성수 김학용 유정복 허천 황영철 김성조 강석호 김학송 김정권 임동규
19대	강기윤 이노근 김성태 김을동 신동우 이종진 안덕수 이장우 박성효 이채익 이재영 김명연 이우현 유승우 이진복 서병수 유재중 이학재 정갑윤 함진규 원유철 김학용 유정복 정우택 강석호 김태호 황영철 이완구(2013년 보궐)
7·30 재보선	박맹우 배덕광 정용기 이종배

(단, 공천자에 한함)

종배 의원(李鍾培)이 그들이다. 이들을 포함하면 그동안 새누리당이 배출한 풀뿌리 출신 국회의원은 모두 60명이다.

특히 18대 이후 2014년 7·30 재·보선까지 신인 또는 영입인사가 무려 40명으로 최근 들어서서 집중적으로 풀뿌리의 중요성을 깨닫고 있으니, 이제 새누리당을 진짜 풀뿌리당이라고 해야 할 것이다. 2015년 1월 현재 새누리당에서는 27명 현역의원이 풀뿌리 경력을 바탕으로 새롭게 여의도의 주역으로 활동하고 있다. 비록 아직까지 화려한 이력은 내세우지 못하지만, 주민밀착 활동과 특유의 성실함을 기반으로 탄탄하게 지역을 닦아온 이들이야말로 미래의 '작은 박정희'들이라 할 수 있겠다.

차기 대권 경쟁은 풀뿌리 잔치로

우리나라는 지금 제18대 박근혜 대통령까지 총 8명의 직선 대통령을 배출했다. 그러나 이 중에 지방자치 경험자는 서울시장을 거친 이명박 전 대통령이 유일하다. 그가 14대, 15대 국회의원을 먼저 했으니 선후가 뒤바뀐 감은 없지 않지만, 그래도 어쨌든 민선 지방정부를 경영해본 경험을 지닌 첫 번째 대통령이 바로 이명박 대통령이다.

이에 대한 학습효과였을까? 지난 2010년 지방선거에서는 공직 경력이 전무한 노무현 전 대통령의 측근 안희정 후보가 충남지사로 출마, 불모지에서 기호 2번의 깃발을 꽂았다. 사실 그는 노 전 대통령이 국회의원에 낙선하고 설립한 지방자치실무연구소의 사무국장으로 들어갔으므로 꽤 익숙한 풀뿌리 정치인이다. 그는 지난해 지방선거 당시 "기회가 되면 도지사 직을 유지하며 2017년 당내 대선경선에 도전을 하겠다"는 의사를 명확하게 밝혔다.

오세훈 전 시장의 무리한 주민투표와 안철수 의원의 양보로 찾아온 기회를 잘 살린 박원순 서울시장은 2011년 보궐선거 당선에 이어 2014년 지방선거에서도 서울시민의 압도적인 지지를 받음으로써 차기 대선 주자로서 자리매김을 확실히 했다. 그는 줄곧 각종 여론조사에서 여야 통틀어 차기 대선주자 지지도 1위를 놓치지 않고 있다. 2012년 민주당 김두관 지사의 중도사퇴로 새로운 기회를 얻어 경남지사 잔여임기를 마친 홍준표 지사 역시 2014년 6·4 선거에서 연임하면서 대권의 큰 꿈을 꾸게 되었다.

당선 직후 상대 후보에게 도정 인수위원장을 제안하여 성사시킨 원희룡 제주지사. 그는 도지사로도 선배인 신구범(愼久範) 전 지사를 모시는 발상의 전환을 시도했다. 이는 2005년 노무현 전 대통령이 한나라당에 제안한 대연정을 연상케 한다. 2005년 상반기 재보선에서 열린우리당은 6전 전패의 성적으로 과반수가 무너지고, 이때부터 번번이 법안 통과에서 야당의 저지에 가로막힌 노 전 대통령은 그 탈출구로 연합정치 모색에 나섰지만 한나라당의 거부로 실패하였다.

그런데 10년 만에 정작 그 결실을 본 사람은 오히려 그 반대편에 서 있었던 남경필 전 의원이다. 그는 이제 경기도지사가 되어 새정치연합에 경기도식 연정을 제안, 5개월 이상 정무부지사를 공석으로 두면서까지 끈질기게 야당을 설득했다. 경기도의회의 2014년 지방선거 후 의석 분포는 재적의원 128명 중 새정치연합이 78명, 새누리당이 50명인 여소 야대 구조다. 과반을 장악하고 있는 야당의 협조 없이는 도지사가 의욕을 갖고 있어도 할 수 있는 게 거의 없다고 해도 과언이 아니다.

남경필 지사와 이기우 부지사의 연정출범 기념촬영

남 지사는 취임 이후 과거 정무부지사의 이름을 사회통합부지사로 바꾸고, 보건복지국과 환경국, 여성가족국, 대외협력담당관과 경기복지 재단 등 여섯 개 산하기관을 관장하도록 했다. 사회통합부지사는 정무 기능 뿐 아니라 관련 업무를 담당할 인사 추천권과 예산 편성권도 갖는 데, 경기도 예산의 4분의 1에 해당하는 돈을 주무른다. 이처럼 경기도 조 직의 일부를 야당에 내어주는 셈이니 형태만큼은 '공동 지방정부'라고 부를 수 있다. 이 실험은 2014년 12월 초 경기도의원 출신의 이기우 전 열린우리당 의원이 사회통합부지사 취임식을 갖고 업무를 개시함으로 써 본격 궤도에 들어섰다.

이렇게 보면 여야의 차기 대권후보군은 김무성, 문재인, 안철수 의원 정도를 빼고 나면 나머지는 전부 전 현직 지방자치단체장 출신이다. 남 경필, 홍준표, 원희룡, 박원순, 안희정 등 현직과 오세훈 전 서울시장, 김문수 전 경기지사 그리고 2014년 7·30 보궐선거 패배로 정계를 은퇴하고 물러나 있지만, 야권 내 잠재 후보군으로 분류돼 있는 손학규 전 경기지사까지가 그들이다. 2014년 지방선거 당시 대구시장에 도전하여 40.3%의 높은 득표력을 보여주었고, 그 후 큰 꿈을 키워가는 김부겸 전 의원도 이제는 더 이상 여의도 정치인이 아니다.

신문배달부 출신 경남도의원, 국회부의장 되다

2014년 5월 23일 새누리당 의원총회장. 19대 후반기 국회의장 후보자 선출투표는 예상 밖으로 정의화(鄭義和) 의원이 황우여(黃祐呂) 전 당대표를 더블스코어 이상 차이로 따돌렸다. 그러나 세간의 주목을 받진 못했지만 이날 또 하나의 작은 이변이 일어났다. 무명의 정갑윤(鄭甲潤) 의원이 당 최고위원과 국회 국토해양위원장을 지낸 송광호(宋光浩) 의원을 제치고 여당 몫 국회부의장 후보자로 선출된 것이다. 그는 이미 1차 투표에서 서울대 총학생회장 출신으로 당 정책위의장과 최고위원을 역임한 심재철(沈在哲) 의원을 가볍게 누르고 결선에 오른 바 있다. 더구나 그는 19대 전반기에도 국회부의장에 도전했다가 경선 끝에 이병석(李秉錫) 전 부의장에게 한 차례 고배를 마셨었다.

정갑윤 의원은 13대 이후 선출된 제1부의장 중에서 장관, 국회 상임위원장 또는 당 3역(원내대표, 사무총장, 정책위의장)을 거치지 않은 유일한 인물이다. 임기 1년짜리 예산결산특별위원장과 윤리특별위원장 경력이 전부인 그가 여당 몫 부의장에 오를 수 있었던 진짜 배경은 무엇일까?

6·25 전쟁이 발발하던 1950년 경남 울산에서 평범한 농군의 아들로

태어난 소년 정갑윤은 매 끼니를 걱정하며, 신문배달과 가정교사 일을 하는 등 어려운 학창시절을 보냈다. 또래 친구들보다 2년 늦게 초등학교에 입학할 만큼 찢어지게 가난했지만, 월반으로 5년 만에 간신히 졸업할 수 있었다. 그래도 고달픔을 핑계로 삶을 포기하지는 않았고, 남들보다 더 열심히 땀을 흘리며 공부했다. 드디어 명문 울산제일중에 진학했고, 부산에 있는 경남고로 유학을 가기도 했다. 그렇지만 결국에는 가정형편 탓에 상경의 꿈을 접고 고향으로 돌아와 울산공과대학(현 울산대학교) 입학과 동시에 목재업에 뛰어들었고, 30년 이상 전문 경영인으로 수완을 발휘했다.

이와 더불어 울산 재건학교 건립 등 지역사회 공헌활동에도 활발하게 참여한다. 어린 후배들이 배움에 한이 있어서는 안 되겠기에 울산 재건학교 건립을 위해 당시 각 초등학교를 돌아다니며 버려진 책걸상을 직접 수리하여 가져다준 일화는 지금도 유명하다. 1970년대 당시 그는 자신의 지식을 이웃과 나누기 위해 야학교사로 10년간 활동했으며, 이러한 정신이 바탕이 되어 현재도 전국야학협의회 고문으로 여전히 맹렬한 활동에 나서고 있다.

한편 청년 정갑윤은 그늘진 곳에서도 희망을 잃지 않고 살아가는 사람들을 위하여 "사랑과 나눔의 보다 더 체계적인 실천"을 목표로 정치에 입문하게 된다. 그는 1991년 울산 정치1번지 중구에서 민자당 공천으로 경남도의원에 당선되어 본격적인 정치무대에 들어섰다. 그러나 1996년 무모하게 무소속으로 나선 15대 총선에서 3위로 낙선, 1998년 지방선거에서는 중구청장 후보로 나섰으나 간신히 7.4% 차로 따라붙으며 2위를 차지하는 데 만족해야 했다. 고진감래라던가, 마침내 세 번의 도전 끝에 찾아온 2002년 하반기 국회의원 보궐선거에서 당선기회를 잡은 그는 이후 내리 3선을 기록 중이다.

정 부의장이 지난 12년 동안 여의도에서 여야를 넘나들며 보여준 정치 인맥은 특히 대단하다. 그는 문희상 비상대책위원장, 박기춘 전 원내대표, 강기정 의원 등 많은 새정치민주연합 의원들과 깊은 관계를 유지해온 광폭행보의 정치인이다. 이를 바탕으로 2011년 예결위원장 시절, 8년 만에 여야 합의로 법정기한 내 결산을 통과시켜 정치의 기본인 대화와 타협의 정신을 선보이기도 했다.

이는 그가 야당과 소통하려는 자세가 밑바탕에 있었기 때문에 가능한 일이었고, 국회의원 내부 평가도 야당의원 쪽에서 더 좋은 것으로 나타난다. 그러다보니 친박과 친이 사이에 낄 때가 있을 경우, 강성이 아니기 때문에 오히려 여당 내에서 어려움을 겪는 경우가 더러 발생하기도 한다. 사실 지방의원 출신이 기를 펴기 힘든 곳이 여의도 바닥인데, 그는 특유의 친화력으로 이를 잘 극복해내고 있다.

정 부의장은 지난 2009년부터 자신의 세비로 매월 쌀 400kg을 울산지역 다섯 군데 사회복지기관에 기부하고 있으며, 모친 장례식 때 접수한 부의금 수천만 원을 지역사회복지기관에 쾌척하기도 했다. 그리고 2012년 울산지역에서 열여섯 번째로 아너소사이어티 클럽(사회복지공동모금회가 20007년 설립한 개인 고액기부자 클럽, 5년 이내에 1억 원 이상을 납부하기로 하고 약정한 개인 기부자는 약정회원이 되고, 일시 또는 누적으로 1억 원 이상의 기부금을 완납한 개인 기부자는 정회원이 될 수 있다)에 가입하여 지속적인 나눔을 실천하고 있다. 이처럼 그는 말뿐이 아니라 어려운 이웃과 함께하며 실천하는 행동가다.

출처 : (연합뉴스)

국회 본회의장에 입장하는 정갑윤 부의장

"정심정행(正心正行)을 항상 마음에 새기고 '신뢰와 원칙 정치'를 실천하겠습니다." 끼니를 걱정하던 가난한 신문배달부가 지방 중소도시 광역의원을 거쳐 쟁쟁한 거물들을 꺾고 국회부의장으로 우뚝 선 까닭이 바로 여기에 있다.

보건복지위 1등 국회의원은 기초의원 낙선자였다

낮에는 돌을 던지고 밤에는 막걸리를 마시며 토론하는 생활에 익숙했던 386세대는 1960년대에 태어나 1980년대에 대학에 다니면서 학생운동과 민주화 투쟁에 앞장섰던 세대를 일컫는 말이다. 그들은 사회에 진출한 후에도 정치개혁을 지지하는 진보성향을 나타냈으며, 2002년 대통령 선거 때에는 노무현 후보를 당선시키는 데 결집된 정치적 동력을 보여주기도 했다.

386세대의 대표 주자인 청년 김성주(金成柱)는 1982년 서울대에 진학하지만 한가로이 면학할 분위기가 아니었다. 전두환 정권과 맞선 선후배와 친구들이 그의 손을 이끌었고, 자연스럽게 학생운동과 노동운동에 참여하며 두 번의 구속을 반복한다. 그가 고향 전주에 돌아오게 된 건

우연한 계기였다. 1989년 대규모 시위 현장에서 사복경찰의 구둣발에 허리를 찍혀 그만 전치 8주의 진단을 받았다. 천신만고 끝에 국가와의 소송을 벌여 승소하기는 하였으나, 부상의 후유증을 극복하기 위해 결국 떠난 지 8년 만에 어머니 품으로 안긴 것이다.

고향에서의 새로운 삶은 그를 IT 관련 전문가로 거듭나게 했다. 때마침 불어온 정보통신산업의 호황은 그에게 많은 기회를 마련해 주었다. 어느덧 지역사회에서도 낯이 익어갈 무렵 15대 총선이 실시되었는데, 관내에서는 젊은 피 정동영 후보가 공천장을 받고 내려왔다. '민주화 운동'이 아닌 다른 일로 세상에 참여할 구실을 엿보고 있었던 그에게 그만 그것이 돌파구가 돼 버렸다. 정 후보의 정책 담당 자원봉사자로 결합, 당선 후엔 지구당 정책실장을 맡으면서 본격적으로 그는 현실정치에 뛰어들었다.

대부분의 국회의원이 낙하산으로 정치를 시작하듯 그의 고향 전북도 예외는 아니다. 출신지만 전북이고 서울에서 출세한 사람들이 공천장을 받고 내려오기 일쑤였다. 그래서 그는 이를 타파해보고자 차근차근 단계를 밟아나가기로 했다. 정치권 입문 2년 만에 기초의원에 도전하기로 결심한 것이다.

1998년 출생지도 아니고 활동 근거지도 아닌 불리한 전주 외곽 도농 복합 지역에 아무런 준비도 없는 상태에서 그는 출마의 변을 띄웠다. 상대는 그 동(洞) 토박이에 현직 전주시의원이었다. 설마 전주고-서울대 출신이 농고 출신에게 떨어질까 하는 안이한 생각이었지만 도리어 뭔가 한 대 크게 얻어맞는 일이 벌어졌다. 뚜껑을 열어보니 단 25표 차였지만 패배는 패배였다. 그래도 그에게는 이 선거가 의미 있는 도전이었다. 그의 무모한 도전은 여기서 멈추지 않았다. 4년 뒤 질 게 뻔한 도의원 경선에 또 한 차례 나선 것이다. 패배는 쓰디 썼고 그에게는 한 번 더 귀중한 체험이 쌓였다.

2전 3기의 기회는 전혀 색다르게 찾아왔다. 2006년 지방선거를 앞두고 열린우리당은 처음으로 당원 자유경선을 실시하였다. 아무런 조직과 지지기반도 없는 상태에서 3선의 막강한 후보와 맞선다는 것은 결코 쉬운 일이 아니었다. 그는 당원들을 만나 지금까지 어떻게 살아왔고 앞으로 어떤 일을 하고 싶은지 열심히 설명하고 지지를 구했다. 아마 경선이 아니었다면 세 번째 벽을 통과하지 못했을 것이다.

2010년 도의원 재선도 힘들기는 마찬가지였다. 2009년 국회의원 재선거 당시, 당명에 따라 무소속 정동영 후보의 선거운동을 돕지 않은 것이 결과적으로 불이익을 받게 돼버렸다. 결국 정세균 당대표의 중재로 전략공천이 확정되어 간신히 재선고지를 넘어섰지만 과정이 그를 너무나 지치게 했다.

환경복지위원장을 역임하는 등 이미 전북도의회에서 복지전문가로 인정받은 김성주는 지역 시민사회 전문가들과 수많은 토론회, 간담회를 통해 의제를 발굴하고 실현 가능한 정책을 만들어 조례를 제정하는 과정을 쉬지 않고 계속했다. 사회적 기업과 마을 만들기, 작은 도서관 육성, 강 살리기는 그가 몇 년 간의 논의와 준비 끝에 만들어낸 조례들이며, 이런 성과를 통해 도의회를 한층 업그레이드 했다는 평가를 받기도 했다.

드디어 3선을 지낸 정동영 의원이 덕진구를 떠나자 그에게도 새로운 기회가 찾아왔다. 2012년 19대 총선을 앞두고 지역 활동가 세 명, 서울 사람 두 명 등 다섯 명이 공천을 신청했으나 일부가 중도에 포기를 하고 결국 시민운동가 출신 이재규 후보와 경선을 치르게 됐다. 그리고 도의회 활동을 높이 산 선거인단의 예상 밖 지지에 힘입어 그는 가볍게 경선을 통과했다. 본선에서도 그는 전북 지역에서 당선된 초선의원 7명 중 가장 높은 62.5%라는 압도적 득표율을 올리며 여의도 스타를 예고해놓았다.

전북도의회에서 갈고 닦은 그의 진가는 국회의사당에서 본격적으로 발휘되기 시작했다. 전반기 보건복지위를 배정받아 활동하는 한편, 운영위원회 위원, 정치개혁특위 위원, 그리고 진주의료원 사태를 다룬 공공의료정상화를 위한 국정조사특위 위원으로 활동했다. 당에서도 원내 부대표와 '을(乙)지키기 위원회' 위원 등으로 바쁘게 움직였다. 이 과정에서 상임위 출석률 1위 등 성실한 의정 활동을 인정받아 국정감사 2년 연속 우수의원으로 선정되기도 했다.

후반기에 들어와서도 김 의원은 보건복지위에 잔류하였는데 이제는 야당 간사 업무까지 맡았다. 2014년 정기국회에서는 예산결산 소위원장과 함께 법안심사소위원회(상임위 전체회의에 안건을 상정하기 전에 법안, 예산결산안, 청원안을 각각 다루는 소위를 구성하여 사전 심사를 한다) 위원으로 참여하게 되었다. 보건복지위 소속 위원 중 이 같은 겹치기 출석은 그가 유일하며, 타 상임위에서도 흔치 않은 일이니 그만큼 능력을 인정받은 것이라 할 수 있다.

게다가 당에서는 노동, 환경, 여성가족 분야 등을 포괄하는 제4정책조정위원장 직을 제수 받아 비상대책위원회의 등 각종 회의에 참석하고 있다. 얼마 전 공무원연금 개혁 문제가 핵심 이슈로 떠오르자 당에서는 김 의원을 공적연금발전 TF 간사 자리에 또 앉혔다. 그는 정기국회가 폐

회된 지금도 충분한 수면조차 취하지 못하고 1인 4~5역을 해내느라 24시간이 부족할 지경이다.

상임위원회 회의에 참석한 김성주 의원

김 의원은 2014년 정기국회 기간 중 복지 사각지대 해소와 '송파 세 모녀' 재발 방지대책을 마련을 위해 '세 모녀 3법'이 보건복지위를 통과하도록 앞장섰다. 이로써 긴급복지에 5만여 명, 기초생활보장에 57만여 명의 추가 혜택이 기대된다.

노후보장 분야에서 기초연금제도 시행 후에도 여전히 달라지지 않는 노후빈곤 문제와 연금사각지대 해소방안을 꾸준하게 제기해온 그는 최근에는 공적연금의 강화를 목표로 국민연금 소득대체율을 45%로 보장하는 내용의 국민연금법 개정안을 발의하기도 했다.

김성주 의원, 그가 비전으로 제시하는 보편복지국가 건설, 지속가능한 사회, 사회적 경제 실현의 길은 멀고도 기나긴 여정이다. 그렇지만 그에게는 이 길이야말로 반드시 가야만 하는 길일 것이다.

마이너스 투표제로 투표율을 제고하자

2014년 12월 미국의 중간선거 투표율은 36.6%로 최악에 머물렀다. 이는 1942년 프랭클린 루스벨트 대통령 재임 당시 치른 중간선거의 투표율 33.9% 이후 72년 만의 최저치다. 투표율이 60%를 넘은 주는 단 한 곳도 없었다. 무려 43개 주의 투표율은 50%를 밑돌았다. 유권자가 많은 캘리포니아, 텍사스, 뉴욕 등 '빅3' 지역에서는 유권자 3명당 불과 1명씩만 투표에 참여했다. 뉴욕 주의 투표율은 28.8%에 그쳤다. 30대 미만 젊은 층의 선거 무관심 현상도 두드러졌다. 이 중간선거에서 투표장에 나온 유권자 가운데 젊은 층은 13%에 그쳤다. 2년 전 선거에서도 19%에 불과했는데 이번에 더욱 낮아진 것이다.

《뉴욕타임스》는 "낮은 선거 참여율은 미국의 민주주의라는 측면에서는 더욱 심각한 결과"이며, 투표율 저하를 극복할 방안으로 현재 시행되고 있는 조기투표와 우편투표의 활성화를 들었지만 필자가 보기에 이것은 근본적인 대안이 아니다. 《뉴욕타임스》는 같은 기사에서 투표율이 특히 낮았던 이유로 정치에 대한 무관심과 유권자의 분노와 좌절이 깊어진 점 등을 꼽았다. 사회적 약자들이 주로 투표에 불참했고, 그 결과는 오바마의 참패이자 상하 양원 모두에서 여소야대 출현으로 귀결됐다. 민주당의 전통적 지지층은 자신의 삶에 변화를 줄 수 있다는 보장이 없는데, 굳이 귀한 돈과 시간을 들여 투표장까지 가기를 꺼려한 것이다.

표심은 미국의 경기회복 체감도가 갈랐다. 일단 눈에 보이는 미국 경제지표는 괜찮았다. 우선 연방준비은행(FRB, 미국의 중앙은행)이 관심 사항으로 관리한 실업률은 좋아졌다. 2009년 10월 최고치인 10%에서 투표 직전인 9월에는 5.9%까지 떨어졌다. 자넷 옐런(Janet Yellen) FRB 의장은 양적완화 정책 종료를 선언하면서 "일자리 증가가 확연해지고 노동 시장이 좋아지고 있다"고 했다. 하지만 현실은 이러한 경제지표와 따로 가고 있었다.

공화당은 이 점을 집중적으로 부각했다. 실제로 지난 2010년 이후 새로운 일자리의 44%가 비정규직이었다. 이들 대부분이 민주당 고정 지지층이었지만 그들의 직업은 안정적이지 않았고 임금도 제 자리 걸음이었다. 취업 자체를 포기한 사람들을 포함하면 경기침체는 계속되고 있고 개선 기미도 잘 보이지 않았다. 결국 그들이 대거 기권하면서 공화당이 반사이익을 보게 된 셈이다.

이제 민주당 혼자만으로는 더 이상 흑인, 히스패닉, 동양계 등 21세기 다양한 사회의 다원적 변화를 담아낼 수 없다. 다당제를 통한 새로운 정당 출현을 통해서 투표율 저하를 근본적으로 극복해야 한다. 그러나 문제는 미국을 지배해온 승자독식의 소선거구제가 만들어낸 적대적 공생관계인 양당제가 쉽게 무너지지 않을 것이라는 점에 있다.

2014년 12월 일본의 조기 총선도 투표율 52.66%로 사상 최저를 기록했다.《도쿄신문》은 전국 47개 도도부 현(都道府縣·광역지방자치단체) 가운데 아오모리(靑森) 현 등 여덟 개 현의 소선거구 투표율이 50%를 밑돌았다고 심각성을 지적했다. 그 결과 집권 자민당은 단독 과반수(238석)에 크게 웃도는 290석을 차지하는 압승을 기록했다. 11월 하순《아사히신문》여론조사에서 30%대까지 추락했던 아베 신조(安倍晋三) 내각의 지지율에 비춰보면 이례적이다. 연립여당인 공명당도 35석으로 의석을 늘렸다.

투표율이 크게 낮아졌다는 것은 국민의 정치적 무관심이 극에 달했다는 뜻이다. 일본 언론들은 "유권자들이 투표장을 찾지 않은 이유는 여당이 마음에 들지 않음에도 불구하고 야당이 대안 세력이라는 신뢰를 주지 못했기 때문"이라고 평가했다.《아사히신문》이 총선 직후 실시한 전화 여론조사에서 자민당 압승 이유에 대해 "야당에 매력이 없었기 때문"이라고 응답한 사람이 무려 72%였다. 2009~2012년 사이 집권당이었던 민주당에 정권을 맡길 수 있다고 응답한 사람은 단 3%에 불과했다.

가이에다 반리(海江田万里) 대표가 낙선할 정도로 완패한 제1야당 민주당은 73석을 얻는 데 그쳤다. 민주당은 계파 갈등과 정책 부재로 국민의 외면을 받았다. 민주당은 실패한 아베노믹스에 대한 공격만 되풀이할 뿐 그 대안 제시는 전혀 없었다. 불과 수년 전 수권 경험이 있는 정당의 모습이 아니었다. 이로써 조기 총선으로 승부수를 띄운 아베의 아베노믹스도 새로운 기회를 맞이하게 됐다.

일본은 475명의 중의원 중 295석을 소선거구에서 선출하고 180석은 비례대표로 배정한다. 결선투표제가 없는 소선거구 투표는 투표율이 낮으면 낮을수록 보수여당이 유리할 수밖에 없다. 자민당은 소선거구에서

48%의 득표율을 올렸지만, 의석의 75.3%인 222석을 휩쓸었다. 이에 반해 민주당은 소선거구에서 22.5%의 득표율을 기록했지만 의석은 12.9%인 38석에 그쳤다. 민주당 후보들이 지역구에서 자민당 후보에 밀리며 2위로 낙선한 사례가 많았던 탓이다.

결국 연립여당의 대승은 지역구별로 1명만 당선되는 소선거구제 하에서 허약한 야당들을 상대로 자민·공명당이 긴밀한 공조를 펼친 데 따른 결과로 분석된다. 자민당과 연대한 공명당은 소선거구에 출마한 아홉 명 전원이 당선됐다. 2012년 총선 때도 자민당은 소선거구에서 43.0%의 득표율로 의석의 79%를 가져갔지만, 민주당은 22.8%의 득표율을 올리고도 의석은 겨우 9% 밖에 점유하지 못했다.

2009년 총선에서는 만년 야당 민주당이 총 480석 의석 중 308석을 차지, 119석에 그친 자민당을 누르고 슈퍼 정당으로 탄생한다. 일본 총선 사상 1개 정당이 얻은 의석으로는 전무후무한 최대 의석이었다. 이때는 1994년 소선거구 비례대표 병립제가 도입된 이후 최고치인 69.3%의 투표율 때문에 가능한 일이었다. 당시 유권자들은 민주당의 신자유주의를 넘어선 생활정치, 즉 복지노선, 관료정치와 공공사업 의존체질을 타파하는 개혁노선, 미일동맹 중시로부터 아시아로의 균형노선의 전환 등을 적극적으로 지지했다.

우리 주변에는 "선진국이 될수록 투표율이 낮아진다"는 상식을 가진 사람을 어렵지 않게 찾아볼 수 있다. 개인주의가 강하기 때문이라는 그럴듯한 이유도 뒤따른다. 하지만 각국의 투표율을 보여주는 간단한 도표만으로도 상식은 순식간에 근거 없는 선입견으로 뒤바뀐다. 오히려 "투표율이 높아야 선진국"이라는 말이 더 사실에 가깝다. 높은 투표율

구 분	호주	벨기에	덴마크	독일	프랑스	미국	일본	한국	평균
투표율	94.8	91.4	86.1	78.4	71.1	68.9	62.6	56.9	71.4
순위	1위	2위	3위	10위	15위	19위	21위	26위	

(단위 : %, 2000년~2009년 평균, 출처 IDEA)

은 저절로 얻어지는 것이 아니다. 국민의 다양한 목소리를 담아낼 수 있
도록 선택의 폭을 넓혀주는 다당제가 첫 번째요, 의무투표를 포함한 여
러 가지 투표율 제고방안 마련이 두 번째 필요조건이다.

유엔이 공인한 '민주주의·선거 지원 국제기구'(IDEA)가 발표한 수치
에 의하면, 2000년부터 2009년까지 10년간 경제협력개발기구(OECD) 30
개 회원국의 평균 투표율은 71.4%였다. 그런데 대표적인 양당제 국가인
미국과 한국은 68.9%와 56.9%로 각각 19위와 26위를 차지했다. 사실상
자민당 1당 독주체제인 일본도 62.6%로 하위권이다.

선진국들이 예전보다 선거에 대한 관심과 투표율이 떨어졌다고는
하지만, IDEA가 계산한 1945년부터 2001년까지 평균 투표율은 호주
94.5%, 벨기에 92.5%, 덴마크 85.9%, 미국 66.5%, 일본 69.5%로 큰 차이
가 없었다. 즉 "선진국은 원래 투표율이 낮다"라는 속설은 별 근거가 없
어지는 셈이다.

이와 같이 선진국이 높은 투표율을 유지하는 비결은, 국민의 투표참
여를 높이기 위해 비례대표제 도입 등 끊임없이 제도개선을 위해 노력
해 왔다는 데 있다. 심지어 투표의무화를 법제화하는 경우도 적지 않았
다. 대표적인 의무투표제 시행 국가인 호주에서는 하원의원 투표율이

59.4%까지 떨어지자 의무투표제를 시행했고, 제도 도입 후 곧바로 투표율이 91.4%로 올랐다. 호주는 투표 불참시 벌금 20~50달러를 부과하며, 벌금 미납 시에는 징역형에 처해진다. 투표 1회 불참 시 50유로, 2회 불참 시 125유로의 벌금을 부과하는 벨기에는 2003년 총선 투표율이 경이적인 96.4%였다.

2013년 총선 때도 호주 상원의 투표율은 95.1%로 최근 들어 세계 최고 기록을 세웠다. 2014년 총선을 실시한 스웨덴은 우리나라 대선보다 10%포인트나 높은 85.8%의 투표율을 나타냈다. 2012년 총선을 치른 네덜란드가 우리의 대선 투표율과 엇비슷한 74.6% 수준이다. 이처럼 세계 최고의 투표율을 보이는 나라는 사표(死票)를 철저하게 방지할 수 있도록 선거제도를 통해 자연스럽게 유권자를 투표장으로 불러낸다. 그러므로 좋은 선거제도를 갖춘 투표선진국이 대개는 경제도 선진국이다.

일본이나 우리처럼 독과점 정당이 지역구에서 득표율보다 많은 의석을 획득하는 경우를 막기 위해 유럽 각국에서는 정당비례대표제를 도입하고 있다. 독일 등에서 시행 중인 이 제도의 취지는 국민의 의사를 최대한 정확히 의석에 반영하려는 데 있다. 이와 반면에 2010년 영국 총선의 투표율은 65.1%였다. 선진국치고는 매우 낮은 편이다. 비례대표 없는 소선거구 다수대표제를 채택하고 있는 영국만의 독특한 선거제도 탓이다. 이는 21세기 다원화된 각계의 요구를 반영하는 데 미치지 못하므로 많은 유권자들을 투표장으로 불러낼 수 없는 구조적 한계를 안고 있다. 이 방식은 다수를 득표한 1인만을 뽑기 때문에 사표가 가장 많이 발생할 수 있는 선거제도다.

우리나라도 정권을 놓고 격돌하는 대통령 선거를 예외로 하면 총선과 지방선거의 투표율이 매우 낮은 수준이다. 2008년 총선 때 46.1%, 2002년 지방선거 때 48.8% 등 50%에도 미치지 못하는 투표율은 당선 자의 대표성 자체도 위협받는 지경에 이른다.

국회의원 선거를 보면, 1988년 13대 소선거구제 부활 이후 총 일곱 번의 선거가 있었는데, 대통령 탄핵 후폭풍이 있었던 17대 총선은 예외로 하고, 제3당이 교섭단체를 구성한 13대, 14대, 15대 총선 결과는 60~70%대의 높은 투표율을 기록했다. 그러나 새누리당(한나라당)과 민주당이 양당체제로 승부를 벌인 16대, 18대, 19대 총선은 이보다 낮은 40~50%대 투표율에 머물렀다. 특히 치열하게 접전을 벌인 지난 2012년 19대 총선 투표율도 고작 54.2%를 기록했다. 이유는 위에서 얘기한대로 투표할 정당 또는 후보자가 없거나, 있더라도 당선 가능성이 낮은 제도를 이유로 유권자들이 투표장 찾기를 꺼려하기 때문이다.

따라서 우리도 투표율을 제고시키기 위해서는 사표를 거의 완벽하게 방지할 수 있으며 인류가 발견해낸 가장 좋은 선거제도인 독일식 정당 명부제를 도입하는 것이 최상의 대안이다.

《한국일보》가 2015년 1월 1일 발표한 신년여론조사(조사기관 조원씨앤아이, 조사기간 2014년 12월 20~21일, 표본수 1,000명, 표본오차는 95% 신뢰수준에서 ±3.1%p, 응답률 13.4%) 결과를 보더라도 국민은 독일식(35.2%) 주별 정당명부제와 일본식(27.8%) 권역별 정당명부제를 선호했다. 전체 의석의 절반인 비례대표를 주별 인구비례에 따라 배분하는 독일식 선거제도를 우리 실정에 따라 권역별로 바꾸어 지난 2012년 총선에서 새누리당이 얻은 득표율을 대입하여 모의실험을 해보면, 새누리당의 호남권 예상 의석수는 4석이다. 미치도록 일하고 싶다던 이정현 의원이 세금 폭탄을 터트리지 않고도 무난히 당선될 수 있게 되는 것이다. 다음으로 노르웨이, 핀란드, 네덜란드 등지에서 실시하는 대선거구제 또는 중대선거구제도도 역시 우리나라만의 독특한 지역주의를 완화하는 차원에서 적극 검토해 볼 수 있다. 위에서 언급한 《한국일보》의 2015년 신년 여론조사에서는 중선거구제 도입을 바라는 의견이 현행 소선거구 병립 비례대표제에 이어 두 번째로 높은 37.6%에 달했다.

그러나 이와 같은 근본적인 선거제도 개혁에 관한 논의는 정치권과 시민사회의 충분한 토론을 통해 합의를 모아가야 하므로 결코 쉬운 일이 아니다. 더구나 양대 독과점 정당이 득표수보다 많은 의석을 차지하고 있는 현실에서 그들이 순순히 기득권을 내려놓기를 기대하기도 어렵다. 그러므로 필자는 당장은 지금 처한 현실에서 실천 가능한 방식의 투표율 제고방안을 제안해보려고 한다. 소위 '마이너스 투표제'가 그것이다.

지난 2000년 16대 총선 당시 참여연대, 문화연대, 녹색연합 등은 부패, 반개혁 정치인들의 '국회에서의 퇴출'을 목표로 전국 412개 단체들로 구성된 총선시민연대를 발족한다. 이들은 공천 반대자 64명과 반인권 전력 및 납세 비리, 저질 언행 관련자 22명 등 모두 86명의 낙선 대상자 명단을 발표했다.

총선연대는 피케팅이나 가두방송, 현수막 게시 등을 통해 특정후보를 떨어뜨리는 운동을 전개했고, 이에 대해 정치권에서는 총선연대의 낙천 낙선 운동은 불법이라고 비판했다. 그러나 총선연대는 이에 굴하지 않고 낙선운동을 강행하면서 국민적 지지를 받았다. 결국 86명의 낙선 대상자 가운데 68. 6%인 59명이 떨어졌고, 22명의 집중 낙선 대상자 중의 낙선자는 15명이었다. 특히 수도권에서는 20명의 낙선 대상자 중 1명을 제외하고 전원이 낙선하면서 이 운동은 성공적으로 평가되었다.

마이너스 투표제는 바로 이러한 총선시민연대의 낙천낙선 운동을 장내로 불러들여 제도권화하는 게 그 핵심이다. 각 정당의 공천자 또는 무소속 후보가 출마하면, 유권자는 지금까지는 "찍을 후보자가 없다"며 투표장을 찾지 않았지만, 마이너스 투표제가 도입되면 더 나쁜 후보에게 마이너스 투표를 함으로써 반드시 떨어뜨리기 위해 투표장을 찾게 될 것이다. 이로써 투표할 이유가 하나 더 생기는 것이다.

이런 방식으로 유권자가 플러스 또는 마이너스 투표를 해서 그 결과를 합산하여 최종 당선자를 가리는 제도가 바로 마이너스 투표제다. 이런 제도가 시행되면 지지자와 반대자가 얼마나 되는지 확인할 수 있기 때문에 당선자든 낙선자든 자기 반성의 기회를 가질 수 있고 더욱 분발할 계기를 마련할 수 있을 것이다.

부패를 경계하며 투명하고 공정한 의정활동을 마음에 새기지 않고서는 선거에 나서는 것 자체가 어려워질 테니 마이너스 투표제는 우리 정치권과 선거운동의 선진화에도 도움이 될 수 있을 것이다. 어떤 후보에게는 마이너스 득표수가 플러스 득표수보다 더 많이 나오는 참극도 생길 것이다. 이런 후보라면 곧바로 정치권에서 아웃되는 자연정화 작용도 기대할 수 있지 않겠는가. 유권자에게는 이런 상상만으로도 신나고 통쾌한 투표가 되지 않을까. 적어도 투표율 제고를 위해서는 이만한 제도가 없을 것이다.

지은이 | **최광웅**

국내 1호 데이타 정치평론가. 객관적인 데이터와 사실을 근거로 대한민국 정치의 지형도를 읽고 정확한 예측을 하는 전문가로 여의도 정치판에서는 정평이 나 있다. 이념적 시각에 물든 편파 왜곡된 억측과 뒷말 수준의 담론이 넘치는 국내 정치 평론계에서 그의 입지가 두드러져 보이는 이유다.

전주고를 졸업하고 1982년 서울대학교에 입학한 저자는 재학 중 민주화운동으로 구속되고 안기부에 연행되는 등 고생 끝에 10년 반 만에 종교학과를 졸업하고 민주당 사무처에 들어가 활동하였다. 풀뿌리민주주의의 중요성을 깨닫고 서울시의원에 당선되어 의정활동을 수행하였고, 참여정부 청와대에서 정무수석실 선임행정관, 인사수석실 인사제도비서관을 역임하였다. 과학기술부 인사추천 업무를 담당한 인연으로 한때 한국항공우주연구원 상임감사로 근무했다. 손학규 대표의 권유로 민주당 조직담당사무부총장직을 수행하면서 당 개혁특위 개혁안 마련에 힘을 쏟았으며, 민주통합당 청년비례대표 공천심사위원회 위원을 맡기도 했다. 2006년부터 극동대학교 교양학부에서 '국가와 행정'을 강의하고 있으며, 2012년부터 청색기술연구회에서 차세대 성장동력 개발에도 참여하고 있다. 현재 데이터정치연구소를 운영 중이다.

E-mail : c062782@gmail.com

바보 선거
데이터로 보는 한국 정치의 놀라운 진실

1판 1쇄 펴냄 | 2015년 1월 23일
1판 2쇄 펴냄 | 2015년 1월 28일

지은이 | 최광웅
펴낸이 | 김정호
펴낸곳 | 아카넷

출판등록 2000년 1월 24일(제2-3009호)
413-120 경기도 파주시 회동길 445-3
전화 | 031-955-9511(편집) · 031-955-9514(주문) / 팩스 | 031-955-9519
책임편집 | 김일수
www.acanet.co.kr

ⓒ 최광웅, 2015

Printed in Seoul, Korea.

ISBN 978-89-5733-398-3 03340

이 도서의 국립중앙도서관 출판예정도서목록(CIP)은
서지정보유통지원시스템 홈페이지(http://seoji.nl.go.kr)와
국가자료공동목록시스템(http://www.nl.go.kr/kolisnet)에서 이용하실 수 있습니다.
(CIP제어번호: CIP2015000077)